KB268689

인간 그리고 멘토링

그리고

차세대 리더에게 주는
희망이야기

셀프업 29

인간 그리고 멘토링

차세대 리더에게 주는
희망이야기

류재석 지음

이담 Books

1. 이 책의 개요(Outline)

이 책은 개인 간에 만남과 헤어짐이 자연스럽게 이뤄지는 전통적 멘토링(Typical Mentoring)을 설명하고 있으며 전문 멘토(Mentor)를 세워 1:1로 차세대 인격적인 리더(Leader)를 세우는 것을 목적으로 집필되었다.

주요 내용은 재미를 담은 12편의 명작 멘토링 사례와 호기심을 유발할 수 있는 인재개발 5개 게임, 약간의 논리를 살린 인간존중 5가지 전략, 그리고 책임감을 북돋울 수 있는 12개월 행동지침으로 구성되었다.

이 책은 인간, 인격, 인성, 인권, 인간존중에 관심이 있는 자, 교육자, 중고 대학생, 조직에서 부하 육성 관리자, 산업체 강사, 멘토링에 관심 있는 자, 특히 멘토 등 멘토링 활동에 직접 참여하는 자들에게 개인 및 단체 선물로 적극 추천한다.

2. 이 책의 서언(Preface)

1) 멘토링 공동체(Community)

사람(Person, 라틴어로는 *Persona*)이라는 단어가 헬라어 '프로소폰 (*Prosopon*), 즉 '얼굴을 맞대고'라는 단어에서 유래했다는 사실은 의미심장하다. 동양에서도 한자로 사람 인(人) 자를 보면 서로 글자 획이 받치고 있음을 알 수 있다.

다시 말하면, 각 인간은 서로 대면하고 서(Standing) 있는 존재, 다른 사람을 향하여 돌아서서 대화하며 관계를 맺고 있는 존재란 뜻이다. 이와 대조적으로 개인(Individule)이란 단어는 사람(Person)이란 단어보다 수백 년 뒤에 생겨났는데, 라틴어로 '나눠질 수 없는'(*Individuls*)이란 단어에서 유래하였다.

이런 유래는 우리가 어떻게 살아가야 하는가에 대해 중요한 단서를 제공한다. 우리는 단절된 개인이 아니라 서로 마주보며 공동체 안에서 살아가는 사람들이다. 우리는 우리를 인격적으로 성숙게 하는 다른 사람을 필요로 하는 공동체 안에서 살아가는 한 가족이다.

우리는 자신의 정체성을 조직의 공동체라는 맥락에서 찾게 된다. 우리는 함께(Together) 있을 때 다른 사람의 도움을 통해 가장 잘 배울 수 있다는 것이다.

당신의 삶 속에 울려 퍼졌던 지혜로운 음성들, 얼굴을 마주 대했던 그 옛사람들을 다시 한 번 떠올려 보라. 그들 중에는 교육도 별로 받지 못했고, 삶의 깊이를 가르치기에는 자격이 없어 보이는 의외의 사람들도 포함되어 있지 않은가?

우리의 인생의 멘토(Mentor)나 스승이 자기 스스로를 꼭 인격을 갖춘 전문가나 교육자라고 생각하는 것은 아니다. 그러므로 당신의 삶 속에서 우연이든 의도적이든 삶의 조언자로서 그와 인생의 한 과정을 마주 손잡고 여행했다는 사실 자체를 멘토링으로서 의미로 새기면 되는 것이다.

이러한 관점에서 당신도, 자신의 삶으로 멘토링에 참여했고, 오늘날 가정에서 직장에서 교회에서 그리고 모든 처소에서 멘토링이 우리 주변의 삶이었음을 깨닫기 원한다.

멘토링은 멘토가 멘제인 상대방의 잠재력을 발휘할 수 있도록 자신의 삶을 쏟아 돕는 것이다. 이 멘토링의 힘은 매우 강력해서 눈앞에서 상대방의 삶이 변화하는 것을 볼 수 있다.

정열을 쏟아 상대방이 삶의 장애물을 극복하도록 돕고 특히 개인 만족감 차원에서 인간성(Humanity)과, 그리고 조직의 효율성 차원에서 생산성(Productivity)을 한 단계 업그레이드할 수 있는 방법으로 특히 개인적으로는 삶의 현장에서 한 사람의 진정한 변화를 가져다주는 인간 경영 프로그램인 것이다.

3. 이 책의 내용(Contents)

Part 1. 멘토링 원리

최근에 이르러 산업계나 교육계 등에서 붐을 일으키는 멘토링은 사실상 오랜 역사를 지닌 개념이다. 그 뿌리를 캔다면, 멘토(Mentor)

는 유명한 호머(Homer)의 서사시 오디세이(Odyssey)에 나오는 이타
카(Ithaca) 왕 오디세우스의 친구의 이름이었다. 왕이 트로이(Troy)
전쟁(B.C. 1250)에 나갈 때 아들 텔레마쿠스(Telemachus)를 멘토에
게 맡기고 지도를 부탁했는데, 20년 후 왕이 전쟁에서 돌아왔을 때
왕자는 왕의 자질을 갖춘 지혜롭고 현명한 사람으로 성장해 있었
다. 이 파트에서는 멘토링에 관한 올바른 이론을 정립하고 실행 프
로그램을 체계 있게 진행할 수 있도록 가장 기본적인 주제 7가지
를 선정하여 다루고자 한다.

　　주제 1. 멘토링 의미(Meaning)
　　주제 2. 멘토링 원리(Principal)
　　주제 3. 멘토링 정의(Definition)
　　주제 4. 멘토링 유형(Kinds)
　　주제 5. 멘토링 특성(Feature)
　　주제 6. 멘토링 발전단계(Trend)
　　주제 7. 멘토링 장단점(Good & Bad)

Part 2. 멘토링 교육탄생

먼저 멘토링은 전쟁의 위기에서 이타카 왕국을 멘토라는 스승이
20년간 어린 왕자 텔레마쿠스와 동행함으로 지혜롭고 현명한 왕으
로 성장하여 그전보다 나라가 더욱 재건되었다는 이야기에서부터
출발한다.

이러한 내용을 근거로 멘토링은 왕자를 왕으로 세우는, 즉 오늘

날 핵심인재 개발, 영재, 천재 개발로 차세대 지도자를 길러내는 인간 경영 프로그램이다.

이해를 돕는 차원에서 아래 4개 왕국에서 멘토링 교육 프로그램으로 왕자를 영재 스타로 개발하는 사례를 소개한다.

1장 이타카 왕자교육 멘토링 이야기

2장 유대인 왕자교육 멘토링 이야기

3장 프랑스 왕자교육 멘토링 이야기

4장 이씨조선 왕자교육 멘토링 이야기

Part 3. 멘토링 필요성

산업화가 진전될수록 개인주의는 병세가 악화되었고 공동체가 해체되면서 개인과 개인 사이에 단절된 틈을 타고 죄(罪)는 밀물처럼 밀려들어 왔다. 범죄는 갈수록 흉포화·지능화되었다. 학원 폭력과 가정 파괴도 전 세계적으로 심각성을 더해 왔다.

개인주의가 극에 달해 있는 현대사회에서 이 같은 병폐는 더욱 짙게 나타났고 드디어 인간관계 중심의 리더십 유형인 멘토링(Mentoring)이 그 사회적 대안으로 등장하여 유행병처럼 번지고 있다.

1장 오늘날 멘토링의 중요성

2장 역사적인 차원에서 중요성

3장 현대사회 멘토링의 필요성

Part 4. 인간 그리고 멘토링 Best – 12

평생교육의 세계적인 권위자인 레빈슨 교수(1979 예일대)는 저서 남자의 계절에서 멘토가 없는 사람은 부모가 없는 고아와 같다고 말했고 로체 교수(1978 하버드대)는 그의 논문에서 성공한 임원 대부분은 배경에 멘토가 있다고 발표했다.

그렇다고 아무나 멘토로 참여할 수 있는 것은 아니다. 그러므로 상사, 팀장, 코치, 교사라고 해서 모두 멘토가 될 수 있는 것은 아니다. 훌륭한 멘토는 이러한 역할을 다할 수 있는 전인적인 삶의 조언자가 되기를 원한다.

아래에 소개하는 12편은 국내외에서 명작 멘토링으로 선발된 것으로 멘제와 더불어 역경을 딛고 아름다운 동행으로 우리에게 희망을 전해 주는 이야기이다.

Story 1. 월드스타 멘토링 이야기

    NO. 1 박지성(朴智星) 축구선수/멘토 히딩크 감독

    NO. 2 박태환(朴泰桓) 수영선수/멘토 노민상 감독

    NO. 3 이창호(李昌鎬) 바둑기사/멘토 조훈현 사범

    NO. 4 신현수 바이올리니스트/멘토 김남윤 교수

Story 2. 여성리더 멘토링 이야기

    NO. 5 조수미(曺秀美) 성악가/멘토 카라얀 지휘

    NO. 6 인순이(김인순) 가수 /멘토 김수환 추기경

    NO. 7 드라마 대장금/멘토 한 상궁

Part 5. 인간존중 리더십

　어떤 회사건 어떤 직장이건 인간성 바탕 위에 상산성과를 확실하게 보다 강력하게 잘 연구하여 철저하게 실행하는 것이 인간존중 경영의 첫 단계이다.

　인간존중은 고창(高唱)되는 것이 아니라 실행되는 것이어야 하지만, 그러기 위해 인간존중이란 어떤 것이며 무엇을 어떻게 하면 좋은가 하는 것을 자기들의 회사, 자기들의 직장, 그리고 자기 자신의 생활에 비추어 잘 생각해 보기를 바란다.

　인간존중은 먼저 자기 자신의 인격 존중부터 시작해야 한다. 존중해 준다, 존중을 받는다는 것이 아니라 먼저 스스로의 실행이 근본이다.

1장 21세기 인간존중시대

2장 인간존중의 당위성

3장 인간존중의 실제

4장 인간존중 전망

5장 인간존중 지수

Part 6. 인간 자기개발게임

한국인 정서에 맞게 개발된 멘토링 게임은 먼저 멘토링에 참여하는 멘토/멘제의 개인 성장 개발에 초점을 두고 자신의 가치가 업그레이드되는 과정을 체험함으로 멘토링 활동에 몰입할 수 있도록 자생력으로 멘토링을 진행하고자 하는 프로그램이다. 이 게임 프로그램의 특징은 1) 멘토링 게임은 이론에 대응하는 멘토링 현장 프로그램이다. 2) 한국인의 정서를 감안하여 진단도구를 개발하였다. 3) 조직보다는 우선 개인성장 개발에 역점을 두었다. 4) 멘토/멘제가 Workshop형태로 학습 몰입도를 극대화했다.

게임 1. 인격개발 게임(Star Game)

게임 2. 성격개발 게임(Lynchpin Game)

게임 3. 감성개발 게임(EQ Game)

게임 4. 칭찬개발 게임(Pygmalion Game)

게임 5. 생애개발 게임(Life Plan Game)

Part 7. 인간 멘토링 행동지침

멘토링 활동은 두 사람 간의 상호 협정으로 이루어진다. 상호 간 이해의 범위에서 현장 활동을 성공적으로 할 수 있도록 일정한 형식으로 12주제에 104 Tip으로 실무 행동 지침서를 소개한다.

1. 멘토링 스타트(Mentoring Start)

2. 멘토링 테크닉(Mentoring Technic)

3. 멘토링 스타일(Mentoring Style)

4. 멘토링 스마일(Mentoring Smile)

5. 멘토링 테마(Mentoring Theme)

6. 멘토링 마인드(Mentoring Mind)

7. 멘토링 보이스(Mentoring Voice)

8. 멘토링 카리스마(Mentoring Charisma)

9. 멘토링 에티켓(Mentoring Etiquette)

10. 멘토링 액션(Mentoring Etiquette)

11. 멘토링 유익(Mentoring Benefit)

12. 멘토링 마무리(Mentoring Complete)

* 이 책의 출간감사 Thanks

멘토링 코리아 설립 당시(1998. 2. 1) Bob Biehl 박사(美 멘토링 전문가)와 William Gray 교수(加 브리티시 대학)로부터 전화 이메일 책자 등의 귀중한 자료를 제공받은 것에 대하여 두 분에게 진심으로 감사를 드린다.

초창기부터 한국적인 정서에 맞는 올바른 이론 정립과 생산성 확보에 필수적인 실행 프로그램을 개발하는 데 전문연구원으로 동참한 민홍기 박사, 김영회 박사, 최창호 박사, 최명국 박사, 탁충실 위원 그리고 최근에 합류한 김순환 박사, 이제빈 박사, 한광훈 박사, 김해영 박사, 조병용 박사, 김동철 박사, 김성일 군목, 조주영 박사, 안만수 박사, 전종현 위원, 박화현 위원, 문일상 위원에게 감사를 드린다.

멘토링 자격증을 취득하고 전문업체로 멘토링 보급에 파트너십을 하고 있는 김호정 원장(멘토링 솔루션), 이용철 원장(한국멘토링코칭센터), 나병선 대표(멘토링코리아컨설팅), 홍은경 소장(핸즈코리아), 이영남 대표(SMI KOREA), 신정범 목사(큰비전교회), 이순길 목사(소망교회)와 그 외 현장에서 멘토링 보급에 앞장서고 있는 66명 멘토링 지도사에게 감사를 드린다.

멘토링 불모지 한국에서 정부기관 도입에 앞장선 노동부 부천지청 최광휘 사무관, 농림수산부 신경순 사무관, 지식경제부 김영화 서기관, 행정안전부 이정래 서기관, 그리고 최근 교육과학기술부 임용우 팀장님께 감사를 드린다.

멘토링은 저자에게 하나님이 25년 만에 기도의 응답으로 주신 선물(Gift)이다. 이에 감사하는 마음으로 멘토링에 열정을 가지고 다이아몬드와 같은 고품질의 프로그램으로 개발하여 1) 하나님께 영광, 2) 조직개발에 기여, 그리고 3) 많은 사람에게 유익을 주고자 한다(고전 10:31~33).

저자의 멘토로서 8년간 저자에게 청교도 삶을 각인시킨(1980~1988) 故 김용기 장로님(가나안농군학교설립자)과 대를 이어 멘토링 관계를 이어오고 있는 김평일 가나안농군학교교장께 감사를 드린다.

이 책이 발간되기까지 짧지 않은 세월 속에서 기도의 응원군인 서현교회 김경원 목사님과 성도님들, 그리고 저자의 에너지 근원이 된 아내 임금자를 포함한 가족인 류환, 류현, 한현숙, 류경헌, 류지영, 안성훈에게 감사를 드린다.

마지막으로 어려운 여건 속에서도 기꺼이 출판을 맡아 수고한 한국학술정보(주) 출판사 임직원님들께 심심한 감사를 드린다.

2010. 01. 01

류재석 드림

목 차

Part 1

멘토링의 원리

　최근에 이르러 산업계나 교육계 등에서 붐을 일으키는 멘토링은 사실상 오랜 역사를 지닌 개념이다. 그 뿌리를 캔다면, 멘토(Mentor)는 유명한 호머(Homer)의 서사시 오디세이(Odyssey)에 나오는 이타카(Ithaca) 왕 오디세우스의 친구의 이름이다. 왕이 트로이(Troy) 전쟁(B.C. 1250)에 출정할 때 왕자인 텔레마쿠스(Telemachus)를 멘토에게 맡기고 지도를 부탁하였는데, 20년 후 왕이 전쟁에서 돌아왔을 때 텔레마쿠스는 왕의 자질을 갖춘 지혜롭고 현명한 사람으로 성장해 있었다. 이 신화적 인물에 대한 아주 흥미 있는 사실은 멘토가 지혜 있는 노인이나 혹은 사람들을 인도하는 목자를 나타내는 말로서 당시에 현실적으로 실생활에 사용되었다는 사실이다. 그러다가 얼마 후 이 용어는 역사에서 사라지게 되었는데, 최근에 그 학적 가치를 인정받으면서 그 사용이 다시 시작된 것이다.

　이 용어 멘토가 영문 소문자 'mentor'로 사용될 때는 '스승'이나 '교사'라는 포괄적인 뜻으로 사용되고 있으며, 우리가 일반적으로 멘토라고 할 때는 바로 이런 의미가 함축되어 있다. 그 후 멘토는 한 사람의 인생을 이끌어 주는 지도자, 후견인이란 의미로 사용되며 그런 제도를 멘토링(Mentoring)이라고 불렀다.

　이 파트에서는 멘토링에 관한 올바른 이론을 정립하고 실행 프로그램을 체계 있게 진행할 수 있도록 가장 기본적인 주제 7가지를 선정하여 다루고자 한다.

Episode ◀ 왕자 한 사람 택한 현명한 지혜

사냥을 떠난 왕은 어쩌다 데리고 간 어린 왕자를 산중에서 잃게되었다. 백방으로 노력했으나 결국 포기하고 낙심천만으로 왕궁으로 돌아왔다. 일주일 후에 산중에 사는 할아버지 등에 엎여 어린 왕자는 돌아와 왕은 크게 기뻐하고 무엇을 원하는가라고 할아버지에게 물었다. 한참을 생각하다가 할아버지는 재산도 권력도 다 필요 없고 한 가지 원하는 것은 1년에 한 번씩 왕자가 산골 자기 집을 방문해 달라는 것이었다. 왕은 “참 싱거운 사람이군.” 하면서 그 약속을 지켜주었다. 그러자 이 소식을 들은 수많은 사람들이 그 산골집을 찾게 되어 그 할아버지는 현명하게 한 사람 왕자를 택한 이유로 일약 유명인사로 대접을 받게 되었다.

주제 1. 멘토링 의미(Meaning)

주제 2. 멘토링 원리(Principal)

주제 3. 멘토링 정의(Definition)

주제 4. 멘토링 유형(Kinds)

주제 5. 멘토링 특성(Feature)

주제 6. 멘토링 발전단계(Trend)

주제 7. 멘토링 장단점(Good & Bad)

주제 1
멘토링 의미(Meaning)

☺ 탈무드: [인류에게는 단 하나의 조상이 있을 뿐이다. 따라서 어느 한 사람이 다른 한 사람보다 우월하다고 할 수 없다. 만일 당신이 어떤 사람을 죽였다면 온 인류를 죽인 것과 같다. 또 어떤 사람의 목숨을 건져 주었다면 온 인류를 구한 것과 같다. 세계는 한 사람에 의해 시작되었으므로 그 최초의 사람을 죽였다면 오늘날 인류는 존재하지 않았을 것이기 때문이다.]

멘토링(Mentoring)은 아주 오래된 이론으로, 그리스 신화(B.C. 1250년대 트로이 전쟁을 소재로 한 호머저서)에 등장하는 오디세우스 아들 텔레마쿠스(Telemachus)의 지도를 맡길 정도로 신임했던 그의 친구 멘토(Mentor)의 이름에서 유래했다.

오늘날 지식시대의 출현과, 지속적인 학습의 장으로 변모한 조직의 풍토로 인해, 멘토링은 각 조직의 경영자(CEO)가 수행해야 할 가장 중요하고 가치 있는 역할 가운데 하나로 새롭게 부상하고 있다. 역할 모델이 되고, 피드백을 제공하고, 재능을 키워 주고, 발전을 독려하며, 개인과 팀의 장점을 이끌어 냄으로써, 경영자는 멘토링을 통해 조직 내의 결속을 다지고, 궁극적으로 조직의 업무 수행 능력과 수익성을 높일 수 있으며, 필요한 데도 떠나려는 직원들의 이직을 낮출 수도 있다.

하지만 훌륭한 스승이 되는 일이 쉬운 일이 아닌 것처럼, 멘토링은 아무나 구사할 수 있는 쉬운 기술은 아니다. 그렇다고 CEO나 리더 혹은 팀장들이 멘토가 되는 일을 두려워해서는 안 된다. 멘토의 역할을 맡을 리더들이 적은 조직에서는 훌륭한 직원들이 성장할 수 없고, 조직원들의 브레인 파워(Brain Power)를 사장시키는 조직에는 지식시대의 미래가 있을 수 없다. 다행이 오늘날 멘토가 되기 위해서 멘토링에 관한 모든 기술들은 일정한 학습과 훈련을 통해서 충분히 습득할 수 있는 것이다. 변화와 경쟁을 즐기면서 리드(Lead)하는 조직이 되기 위해서는 학습하는 조직이 되어야 하고, 학습하는 조직에는 멘토가 필요하다.

오늘날 조직들은 어제의 지식, 어제의 전략, 어제의 리더십, 어제의 기술이 더 이상 내일의 성공을 보장해 주지 않는다는 것을 깨닫고 있다. 날마다 새로운 지식 새로운 전략, 새로운 리더십, 새로운 기술이 요구되는 시대인 것이다.

어제 대학이나 MBA 과정에서 배운 지식은 오늘 이미 쓸모가 없어지고, 과거의 파란만장했던 경험들은 내일의 전략 수립에 아무런 도움이 되지 않는다. 그렇다면 조직은 어떻게 날마다 새로운 지식과 전략과 리더십과 기술을 개발할 수가 있을까? 끊임없이 학습하는 조직이 되는 수밖에는 달리 방법이 없다. 더 빨리 배우고, 더 빨리 변화할 수 있는 조직만이 살아남는다. 그러므로 구성원들이 더 빨리 배우로, 변화를 즐길 수 있도록 리드하는 경영자, 그가 바로 오늘 우리에게 필요한 경영자요 CEO이며, 우리는 이를 멘토라 부른다.

그러나 리더와 경영자를 꿈꾸기 전에 먼저 멘토가 되라. 구성원들이 자발적으로 참여하고 끊임없이 학습하는 새로운 조직 풍토가 되기 위해서는 그의 지름길로 멘토링 선택에 관심을 갖는 것이다.

[멘토링 용어]

멘토(Mentor) - 자신의 역량을 발휘하여 전인적인 삶의 조언을 해 주는 사람이다.

멘제(Menger) - 자신의 잠재역량을 의욕적으로 개발하고자 도움을 받는 사람이다.

멘토링(Mentoring) - 멘토와 멘제가 일정한 목표를 가지고 상호 유익을 가지고 활동하는 상태이다. 현장 훈련을 통한 인재 육성 활동, 즉 회사나 업무에 대한 풍부한 경험과 전문 지식을 갖고 있는 사람이 1:1로 전담하여 구성원(멘제: Menger)을 지도, 코치, 조언하면서 실력과 잠재력을 개발, 성장시키는 활동이다. 최근에 많은 기업들이 도입하고 있는 후견인 제도가 바로 멘토링의 전형적인 사례이다.

(유사용어 프로테제 Protégé(불란서에서 호칭) 멘토리 Mentoree
(영국) 멘티

Mentee(미국)

* 멘제(Menger) - 한국에서 멘토링코리아 프로그램에 의하여 형
님, 동생이라는 의미로 호칭한다.

주제 2

멘토링 원리(Principal)

☺ 소크라테스: [가장 위급한 순간이오면 결국 현명한 한 사람이
전체 사회를 구할 것이다. 그러나 그 반대의 경우는 없을 것이다.]

멘토링 프로그램은 왕자 교육이라는 고품질의 인재개발에서부터
출발한다. 한 왕자를 위하여 멘토는 20여 년간 인격을 상징한 수
학, 철학, 논리학을 교재로 사용하여 전인적인 삶이라는 주제로 지
혜롭고 현명한 왕으로 성장시켰다. 그러한 멘토링의 원리를 알기
쉽게 5가지로 요약한다면

원리 1. 한 사람 멘토(Mentor)와 한 사람 멘제(Menger)를 선정한다

멘토/멘제를 선정하는 것은 특별한 기준이 있어야 한다. 일반적
으로 아무나 선정하는 것이 아니라 각 조직마다 멘토링 목표에 맞

게 특정한 사람을 멘토와 멘제로 선정한다는 의미가 내포되어 있다.

원리 2. 일정 기간 동안 멘제 중심의 1:1관계를 맺는다

멘토링 활동에는 조직마다 멘토와 멘제에게 약정한 기간을 설정
해 주어야 한다. 특히 1:1로 연결하고 활동을 하되 멘제중심의 활
동이 이뤄져야만이 올바른 멘토링이라고 볼 수 있다. 당초 왕자 텔
레마쿠스에 초점을 맞추고 멘토 선생이 20년간 집중적으로 열정을
다하여 현명한 지도자로 성장시켰다는 것에 유의해야 한다. 멘토나
리더가 중심이 된다는 것은 멘토링의 활동에서 본질에 크게 벗어
나고 있다는 것을 알아야 한다.

원리 3. 멘토의 역량(Competency)을 최대한 발휘한다

멘토가 멘제를 위하여 자신의 가장 노하우격인 역량(남이 따를
수 없는 경쟁력 있는 능력)을 발휘하여 멘제를 업그레이드하는 데
전심전력을 다하여야 한다. 멘토와 멘제가 미팅(Meeting) 시 신변잡
기 차원에 모임이라면 효과를 거두기에는 어렵다고 본다. 특히 메
토가 제대로 역량을 갖추고 멘제에게 전이(轉移)가 이뤄진다면 자
동적으로 지식경영과 학습조직이 이뤄진다고 볼 수 있다.

원리 4. 멘제의 특성과 잠재력을 개발한다

멘토링 활동이 성공하려면 가장 중요한 포인트가 멘제의 Data
Base를 구축하는 것이다. 개인의 인적 사항은 물론이고 상호 간 관

계를 더욱 돈독히 하기 위하여 예를 들면 성격분석을 통하여 멘토／멘제 상호 성격의 차이를 극복하는 데 노력하여야 한다. 잠재력이라는 것은 멘토／멘제의 가치개발에 초점을 두되, 당초 멘토가 텔레마쿠스에게 20년 동안 교재로 수학, 철학, 논리학을 가르쳤듯이 오늘날 멘토링의 교육훈련의 콘텐츠(Contents)는 인격의 가치를 개발하여 업그레이드하는 데 중점을 두고 있다.

원리 5. 인격을 갖춘 차세대 리더로 세우는 원투원 멘토십이다

멘토가 멘제를 일정 기간 동안 멘토링함에 있어 먼저 자신의 인격, 즉, 지, 정, 의에 대한 역량을 서비스하는 것이다. 멘제가 인격적으로 업그레이드한다는 뜻은 지적 분야만 힘쓸 것이 아니라 정서적 분야, 절제력이나 판단력 분야 등 균형을 맞춰 개발한다는 것이다. 여기서 리더라는 뜻은 두 가지 면으로 생각할 수 있다. 첫째는 위대한 지도자로 사회적으로 큰 영향력을 발휘한다는 것이고 둘째는 조직 적용 멘토링에서 리더라는 개념은 멘토의 도움을 받은 멘제가 일정 기간이 지나서 멘제 자신도 도움 주는 멘토로 생활태도가 바뀌는 것을 의미한다.

주제 3
멘토링 정의(Definition)

☺ 잭 웰치: ["최고의 인재를 뽑을 수 있고 최고의 인재를 키울 수 있다면 그 기업은 성공할 것이다." 경영자는 한 손에는 물뿌리개를, 한 손에는 비료를 들고 꽃밭에서 꽃을 가꾸는 사람과 같다. 인적 자원이 중시되는 미래 지식기반 경제에서 경영자의 가장 중요한 역할이란 바로 인적 자원 개발이다. 나는 업무시간의 70%를 꽃밭에서 보내고 있다.]

아래 영문 내용을 살펴보면 미국에서도 아직은 멘토링에 대한 합의된 정의를 정확히 이끌어 내진 못한 상태라고 볼 수 있다.

☞ Mentoring: The most complex of all human activities(The dictionary of occupational titles, a US dept. of labor publication).

또한 우리말로 옮길 만한 적절한 단어를 찾지 못하여 대부분 그대로 사용하고 있다. 이것은 멘토링이 가지고 있는 사상이나 의미가 너무나 다양하여 한마디로 정의하거나 옮긴다는 것이 그만큼 잘못 해석될 위험을 내포하고 있음을 시사한다.

아무리 어렵다 할지라도 정의를 말하지 않고 어떤 주제에 대하여 논한다는 것은 앞으로 전개해야 하는 이야기의 초점을 분명히 할 수 없다고 본다. 오히려 각자의 주장을 통하여 합의된 정의에 조금씩 조금씩 다가갈 수 있으리라 생각되어 아래 멘토링 전문가들의 정의를 살펴보고자 한다.

1) 윌리엄 그레이(William Gray)

오늘날 새로운 멘토링 패러다임(New Mentoring Paradigm)은 멘제들이 조직에 혁신적인 공헌을 하도록 자신의 다양성, 창조성, 아이디어, 열정, 독창성 등을 발휘할 수 있도록 힘을 불어넣어 줄 뿐만 아니라 멘토가 이미 삶 전체를 통하여 알고 있는 것으로서 멘제를 '세우는' 전통적인 개념을 포함한다.

2) 신유근 교수(서울대)

조직에서 이루어지는 학습은 공식적인 것뿐 아니라 직장 선후배 간에 또는 동료 간에 조언이나 도움을 통해 이루어지기도 한다. 실제 조직에서 구성원들이 학습하는 행위나 지식들은 이렇게 구성원들 간의 상호작용 과정에서 습득하는 경우가 상당히 많은 것이다. 이때 조직에 영향력이 있는 사람들로부터 필요한 관심을 받도록 신참자에게 영향을 주는 직위나 역할을 수행하는 사람을 멘토(Mentor)라 하고 그러한 멘토의 활동을 멘토링(Mentoring)이라 한다.

3) 밥빌(Bobb Biehl)

당신이 좋아하고 신뢰하며, 당신이 인생에서 승리하는 것을 보고 싶어 하는 사람과의 관계다. 멘제가 지닌 잠재력을 이끌어 내어 하나님이 주신 가능성에 이르도록 돕는 것이다. 결론적으로 멘토링은 평생을 지속해야 하는 관계이다. 그 관계 속에서 멘토는 멘제와 하나님이 주신 잠재력을 발견할 수 있도록 도와준다.

4) 로버트 클린턴(Robert Clinton)

멘토링은 관계적 개념이다. 한 사람이 한 사람에게 능력을 전이(轉移)하는 것이다. 능력의 전이는 하나님이 주신 자원을 서로 나눔에서 온다.

이러한 정의들을 종합하면, 첫째 어떤 사람이 다른 사람을 돕는다는 것과, 둘째는 인간관계이며, 다음으로는 일과성이 아니라 일정기간이나 평생으로 지속되는 관계임을 발견할 수 있을 것이다. 이로써 저자는 다음과 같이 정의하는 데 조금도 주저하지 않게 되었다.

첫째, 멘토링은 인간관계(Personal Relationship)이다.

분명한 목적과 의도를 가지고, 도움을 주는 멘토(Mentor)와 도움받는 멘제(Menger)가 1:1로 관계를 맺어 활동을 하는 인간관계이다.

둘째, 멘토링은 상호유익(Mutual Effects)을 준다.

멘토와 멘제가 수평적인 원칙에서 멘토링하는 동안 상호 간 잠재력이 개발됨으로 유익을 얻게 된다는 것이다. 이때 분명한 것은 먼저 멘제 개발에 초점을 맞추는 것이어야 한다.

셋째, 멘토링은 약정 기간 동안 과정 중심(Process Oriented)이다.

이는 일과성 위주의 행사(Events)가 아니라 멘토와 멘제 간에 약정한 기간 동안에 창의적인 프로그램을 개발하여 계속적으로 과정과정마다 적용해서 활성화되어야 한다는 것을 의미한다.

이상과 같이 정의를 내리는 이유는 멘토링이 기업에서만 행해지는 활동이 아니라 오히려 교회나 공공기관, 특히 교육기관에서 더욱 활발하게 활용되고 있는 인재개발 방법론으로서 정착되고 있기 때문이다.

주제 4

멘토링 유형(Kinds)

☺ 마쓰시타 고노스케: [단골손님이 "당신네 회사는 무엇을 만들고 있느냐?"라고 질문할 때마다 "마스시타(송하) 전기는 사람을 만들고 있다. 전기 제품도 만들고 있지만 이에 앞서서 사람을 만들고 있다."라고 대답한다.]

1) 전통적 멘토링(Typical Mentoring)

역사 이래로 오늘날에 이르기까지 계속되고 있는 1:1인간관계에서 자연스럽게 연결되어 활동하고 있는 형태를 말한다. 둘만의 관계이기 때문에 어느 누구의 간섭 없이 만나고 헤어지는 것이 자유스러운 관계이다.

그러므로 개인 간의 멘토링 적용에는 좋으나 격식을 갖춘 조직에 적용하는 데는 분명히 한계가 있음을 알아야 한다. 사례로 소크

라테스와 플라톤, 프로이드와 칼융, 설리반 선생과 헬렌켈러, 그레
이엄과 링컨 대통령, 국내사례로 동의보감 허준과 유의태, 상도에
서 임상옥과 홍득주, 인기 드라마 대장금에서 장금이와 한 상궁 등
수도 없이 많은 사례가 있다.

2) 유사 멘토링(Side Mentoring)

멘토링의 형식은 갖추었으나 그 활동내용(Contents)에서 문제가
있는 것을 유사멘토링이라고 했다. 1:1관계나 1:소그룹 관계를 말
하는데 처음 연결은 멘토링 형식이나 실제 현장에서 활동 시 멘토
링 프로그램이 제대로 갖추어지지 않은 형태를 말한다. 국내에서
대부분 적용하고 있는 OJT제, 후견인제, 사수조수제, 지도사원제,
신병과 고참병제, 일대일 제자훈련, 도제제도, 팀장제 최근 인기 끌
고 있는 코칭 스킬 등이라고 볼 수 있다.

3) 제도적 멘토링(Systematic Mentoring)

전통적 멘토링이나, 유사멘토링은 프로그램을 제대로 갖추지 못
한 관계로 대부분 일회성 교육으로 끝나게 된다. 새로운 멘토링은
William Gray 상급자(加 브리티시 기업)가 개발한 6단계 매뉴얼을
멘토링 코리아에서 4개 과정(4Process) 매뉴얼로 멘토링 시스템에
적용하는 종합프로그램을 말한다. 바로 제도적 멘토링 프로그램
(Systematic Mentoring Program)이며 준비과정, 도입과정, 활동과정,
평가과정 프로그램을 적용하는 것을 말한다.

주제 5

멘토링 특성(Feature)

☺ 김승호 보령회장: ["기업은 곧 사람이다. 사람을 가장 우선으로 생각하는 정신이 없으면 그 기업은 이미 기업으로서의 생명을 잃은 것이다. 기업의 생명력은 바로 사람을 존중하고 귀하게 여기는 마음에서 비롯된다. 바로 이러한 인간존중 정신이 보령제약의 창업 철학이자 존재이유다."]

멘토링의 특성은 일반 리더십과 멘토링의 차별성과 시너지를 다룬 내용이다. 일반 리더는 양(量 – Mass) 관리와 멘토는 질(質 – Quality) 관리로 구분할 수 있으나 상호 Synergy로 인재경쟁력을 확보하여 이상적인 유기체 조직을 구축할 수 있다. 멘토링은 멘토가 인간성(Humanity)을, 일반 리더가 생산성(Productivity)을 담당하여 효과적인 성과를 도출하는 프로그램이다.

특성 1. 멘토링의 이념(Idealogy)

멘토십의 이념은 인간존중에서부터 출발한다. 여기서 인간존중이라는 의미는 멘제의 무한대한 잠재력을 개발해 준다는 것이다. 바로 그냥 놔두면 5% 정도 개발될 것이 멘토가 관여함으로 더욱 업그레이드시켜 준다는 것이다(보통사람 5% 개발, 노벨상 수상자 10% 개발, 에디슨 15% 개발).

특성 2. 멘토링의 정의(Definition)

멘토십의 정의는 멘토와 멘제의 인간관계를 촉진한 데 있다. 카네기재단의 발표 자료에 의하면 성공한 사람 10,000명을 상대로 성공요인 설문조사의 결과가 8,500명(85%)이 인간관계에 있다고 대답하고 있다. 국내 직장생활에서 가장 중요하다고 대답한 것이 인간관계가 45%로 제일 높게 나타나고 있다. 그렇다면 멘토와 멘제 간에 어떠한 기준으로 관계가 설정되어야 하는가? 바로 존경과 신뢰관계를 들 수 있다.

특성 3. 멘토링의 목적(Purpose)과 목표(Target)(개인, 조직)

멘토링의 목적은 멘제를 차세대 리더로 세우 것(Standing Together)이다. 리더라는 개념은 사회적으로 위대한 지도자라는 뜻도 있지만 조직 적용 멘토링에서는 도움 받는 멘제가 훗날 도움을 주는 멘토로 삶의 태도가 바뀌는 것을 말한다. 조직에서의 목표는 바로 멘제가 멘토로 변함으로 중간지도자를 개발하게 되는데 결국 인재경쟁

력을 확보하게 되는 것을 의미하고 개인에서 목표는 인격, 즉 인격
가치를 업그레이드하는 것이 목표다.

　- 목적: 인격적인 차세대 리더개발
　- 목표: 1) 개인목표 - 인격가치 개발(Humanity)
　　　　　2) 조직목표 - 생산성과 개발(Productivity)

특성 4. 멘토링의 내용(Contents)

멘토링 핵심 내용(Contents)은 인격(知, 情, 意) 자체다. 그러므로
멘토링 활동은 바로 知的에 치우친 교육이 아니라 전인적인 삶으
로 조언해 주는 인재개발이 되어야 한다. 그 기원은 그리스신화에
서 멘토(Mentor) 스승이 텔레마쿠스(Telemachus) 왕자를 20년간 멘
토링할 때 교재로 수학(知를 상징), 철학(情을 상징), 논리학(意를
상징)을 사용했다는 데서 기인한다.

특성 5. 멘토링의 전략(Strategy)

멘토십의 전략은 멘제 중심의 1:1(One to One)서비스를 말한다.
멘제 중심의 서비스란 일반 리더십이나 유사멘토링에서 리더 중심
으로 활동이 이뤄지는 것과 큰 차이가 있는 것이다. 그러므로 멘제
중심의 1:1의미는 멘제1:멘토1, 멘제1:멘토다수 등식을 말한다.

주제 6
멘토링 발전단계(Trend)

☺ 빌게이츠 회장: ["만일 어느 날 아침에 깨어보니 마이크로소프트가 화재로 모두 타 잿더미가 되었다 하더라도 내게 20명의 최우수 직원만 준다면 빠른 시일 내에 모든 것을 다시 시작할 수 있다."]

멘토링이 북미 사회에서 관심을 갖게 된 것은 1978년 예일대학의 레빈슨(Levinson) 교수가 베스트셀러 「남자의 생의 계절」(The season of man's life)이란 책을 출판하고부터이다. 레빈슨 교수는 이 책에서 "성인 시기로 들어가는 사람에게 좋은 멘토가 없다는 것은 마치 어린 아이에게 좋은 부모가 없는 것과 같다."고 역설했다.

한편, 1979년 로체(Roche, 美 하버드대학교) 교수는 '하버드 비즈니스 리뷰'(Harvard Business Review)지에 당시 "사업계에서 임원 자리에 있는 대부분의 사람들이 과거에 멘토가 있었다."는 설문결과를 발표한 이후 미국의 많은 직장에서는, 이 멘토링 프로그램에 큰 관심을 보이고 있으며 연구하고 직접 현장에 적용해 왔다.

최근 2000년 12월호 하버드 비즈니스 리뷰지에 레너드(Leonard 하버드대 인사조직 담당) 교수의 "실리콘밸리 벤처 창업자를 위한 멘토"라는 글은 경영에 서툰 벤처 창업자에게 「멘토는 사업의 성공과 실패를 결정짓는 주요 역할을 한다」는 글을 발표함으로 벤처 창업경영자에게 큰 관심을 갖게 했다.

이렇듯 멘토링에 대한 관심이 70년대 말을 기점으로 80년대에 와서 학계에 상당한 주목을 받게 되었고 이후로 멘토링에 대한 서적과 논문이 쏟아져 나오게 되었다. 특히 결정적으로 멘토링이 조직에 체계를 갖추어 자리 잡게 된 계기는 William Gray 교수(加 브리티시대)의 뉴멘토링 프로그램(New Mentoring Program)이 1982년에 공식으로 발표되면서부터이다.

이 프로그램의 특징은 전통적인 멘토링(Typical Mentoring)이 개인과 개인 간에 자연적이고 자발적으로 연결되는 반면, 뉴멘토링 프로그램에서는 반드시 멘토링 목표, 멘토와 멘제의 선정기준, 멘토링의 약정 기간을 계획적으로 체계적으로 정하는 것이 필수 조건이 되기 때문에 기업에서는 생산성을 추가(追加)할 수 있는 기틀을 마련하게 되어 존슨 & 존슨, 벨코어, NCR, AT & T, 벨연구소, 메릴린치社, 모토롤라 등에서 성공사례가 계속해서 발표되었다.

이러한 단계를 거쳐 멘토링은 기업, 학교, 교회, 군대, 공공기관 등의 조직과 사회 각계각층에 깊숙이 자리 잡게 되었고 일상의 필수적인 인재개발기법으로 자리를 잡게 되었다.

이제는 멘토 마니아(Mentor-mania)란 신조어까지 나올 정도로 발전되었다. 참고로 멘토링 자료가 필요한 독자들을 위하여 아마존

닷컴(Amazon.com)에 Mentoring을 검색하면 240여 종의 책이 소개
되고 멘토링의 단체와 연구기관으로 150여 곳이 활동하고 있음을
엿볼 수 있다.

주제 7

멘토링 장단점(Good & Bad)

☺ 이건희 회장: ["우수인력 한 사람이 10만 명을 먹여 살린다. 바둑 1급 10명이 힘을 모아도 바둑 1단 한 명을 이길 수 없다." "성공하는 경영자는 본능적으로 사람 욕심이 있어야 한다." "우수 인재를 확보하고 양성하는 것이 기본 책무다."]

[장점]

멘토링의 장점은 다음과 같이 요약될 수 있다.

첫째, 멘토링의 장점은 전인적인 교육이 가능하다는 것이다. 멘토는 멘제에게 단순한 지식만을 전달하는 사람이 아니다. 그는 멘제와의 관계를 통하여 올바르고 필요한 기술, 지식, 신앙을 가르쳐 줄 수 있다. 조직 사회에서 적응하며 자신을 발전시키는 법을 조언해 줄 수 있다. 이런 면에서 멘토링은 한 부분만을 교육하는 것이 아니라, 멘제의 여러 부분을 보충해 줄 수 있는 전인교육이 되는 것이다.

둘째, 멘제는 멘토를 통해서 현실에 올바로 적응하는 법을 배운다. 새로운 분야에 처음 뛰어든 사람은 대체로 현실감각이 떨어진다. 사업에 뛰어든 사람은 단기간 안에 재벌이 되려는 꿈을 꾼다. 공부에 뛰어든 사람은 뼈를 깎는 수고도 없이 박사학위를 취득하려고 생각한다. 목회에 뛰어든 사람은 몇 년 내에 수천 명의 성도를 가진 교회를 꿈꾼다. 꿈과 비전 자체가 나쁘다는 것이 아니라, 현실성이 없는 꿈과 비전은 자신과 주변 사람에게 실망과 고통을 안겨줄 뿐이다. 그러나 멘토를 둔 사람은 현실을 바로 볼 수 있는 안목을 키우며, 다른 사람보다 빨리 자신이 처한 환경에 적응할 수 있다.

셋째, 자신의 분야에서 멘제는 남다른 확신을 가지고 일들을 추진할 수 있다. 자신의 재능을 극대화시켜 더욱 빛나게 할 것이며, 미래에 자신의 분야에서 지도자가 되는 데에 필요한 소양들 △리더십 △결단력 △추진력 △탄력성을 갖추게 된다.

넷째, 멘토링은 어떤 사람에게 발생될 수 있는 심각한 문제들을 초기에 발견, 해결할 수 있다. 예를 들어 불륜관계, 약물중독, 공금의 유용, 직권의 남용 등은 초기에 그 원인만 제거하면 얼마든지 사람을 파멸로부터 미연에 방지할 수 있다. 멘토가 있는 사람은 이러한 문제가 진척되기 전에 멘토에게 조언과 협조를 구함으로써 죄의 깊은 수렁에 빠지는 것을 방지하게 된다.

[단점]

　멘토링은 여러 가지 장점들도 있지만 단점들도 있다는 사실을 잊으면 안 된다. 먼저 멘토링 유대관계에서 가장 장애가 되는 것은 '경쟁의식'이다. 그래서 같은 분야에 있는 사람에게 멘토링을 해 주기를 원하면 멘제가 어느 정도 수준에 올랐을 때 멘토로서의 관계는 끝내는 것이 좋다. 그리고 그 다음부터는 동역자나 동료의 관계로 들어가는 것이 바람직하다.

　두 번째 단점은 시간과 헌신에 대한 부담이다. 일반적으로 멘토의 위치에 있는 사람은 어느 분야든지 전문가의 위치에 있는 사람이다. 그는 대체적으로 바쁜 일정에 쫓기고 있는 사람이다. 멘토링의 핵심은 관계중심인데 자신의 멘제와 충분한 시간을 같이할 수 없는 약점이 도사리고 있다. 이에 대한 대책으로 멘토가 멘제와의 시간을 양적인 면보다 질적인 면을 고려하면 문제를 극복할 수 있다.

Part 2

멘토링 교육탄생

먼저 멘토링은 전쟁의 위기에서 이타카 왕국을 멘토라는 스승이 20년간 어린 왕자 텔레마쿠스와 동행함으로 지혜롭고 현명한 왕으로 성장하여 그전보다 나라가 더욱 재건되었다는 이야기에서부터 출발한다.

이러한 내용을 근거로 멘토링은 왕자를 왕으로 세우는, 즉 오늘날 핵심인재 개발, 영재, 천재 개발로 차세대 지도자를 길러내는 인간 경영 프로그램이다.

이해를 돕는 차원에서 아래 4개 왕국에서 멘토링 교육 프로그램으로 왕자를 영재 스타로 개발하는 사례를 소개하고자 한다.

Episode ◀ 선생의 인격

유대인의 지혜문서인 탈무드에서 한 대목을 인용한다. 내용은 학교와 도서관이 다른 점은 무엇인가가 주제이다.

"어째서 학생은 이 학교에 입학하려 하는가?" 하고 면접담당 랍비가 학생에게 질문을 했다. "이 학교는 전통과 공부하기 좋은 분위기라서 열심히 공부하고 싶습니다." 하고 입시학생은 답변했다. 그러자 랍비는 "만약 학생이 공부하고 싶다면 도서관으로 가는 편이 나을 것이다. 학교는 공부하는 곳이 아니다."라고 도저히 이해할 수 없는 말을 했다. 그러자 학생은 반대로 랍비에게 물었다.

"그렇다면 저는 이 학교에 입학할 필요가 없다는 말씀입니까?" 그러자 랍비는 "학교라는 곳은 위대한 선생님 앞에 앉는 것이다. 바로 그들이라는 살아 있는 교본에서 모든 삶을 배우는 것이다. 학

생은 위대한 랍비나 선생을 지켜봄으로써 배워 가는 것이다."라는
시험관 랍비의 최종 답변이었다.

1장 이타카 왕자교육 멘토링 이야기
2장 유대인 왕자교육 멘토링 이야기
3장 프랑스 왕자교육 멘토링 이야기
4장 이씨조선 왕자교육 멘토링 이야기

1장
이타카 왕자 교육 멘토링 이야기

참고 저서 <그리스 신화> 호머 저

멘토링의 첫출발은 B.C. 1250년경 트로이(Troy) 전쟁이 발발하자 이타카 왕국의 오디세우스 왕이 출정하면서 어린 왕자 텔레마쿠스(Telemachus)를 멘토(Mentor)라는 스승에게 맡김으로써 시작된다(호머의 저서 그리스신화). 이로 인해 이타카 왕국은 왕이 비어 있고 왕자는 어리고 왕권을 노리는 간신들은 왕비 페넬로페를 괴롭히는 암울한 시대를 맞게 되었다.

여기에서 멘토는 20년 동안 먼저 왕자를 지혜롭고 현명한 왕으로 성장시켰고 왕비를 도와 왕권을 지켰으며 왕자와 협력하여 왕의 귀국을 도왔다. 왕이 귀국하면서 암울했던 왕국은 평온을 되찾고 왕자가 왕으로 등극하면서 이타카 왕국은 희망찬 재건의 역사가 이루어졌다.

[멘토의 1:1왕자스타 개발법]

멘토(Mentor)가 텔레마쿠스 왕자를 위해 1:1 Tutorial System 상
담학습 방법을 아래와 같이 열거한다
  - 멘토는 왕자와 대화식으로 학습을 하였다. - 대화식
  - 멘토는 왕자와 열렬한 토론을 벌였다. - 토론식
  - 멘토는 질문자이고 왕자는 대답하였다. - 문답식
  - 멘토는 왕자와 동료처럼 거리를 좁혔다. - 동료식
  - 멘토는 왕자에게 사물을 예로 들어 설명했다. - 예화식
  - 멘토는 왕자에게 아버지처럼 정답게 지냈다. - 정답게

2장

유대인 왕자 멘토링 교육

참고 저서 <유대인 자녀교육> 현용수 저

오늘 우리 사회가 겪고 있는 가치관의 혼돈과 무질서는 사회의 기본 단위인 가정의 뿌리가 크게 흔들리는 데서 비롯된다고 해도 과언이 아니다. 그럼에도 세계 역사상 최악의 조건에도 불구하고 가장 우수한 민족으로 지탱해 온 유태인-그 배후에는 부모들의 토라와 탈무드, 그리고 구약 성경을 교재로 한 1:1 멘토링 방식의 교육이 깊숙이 자리 잡고 있음을 알 수 있다.

유대인의 지도자로서 탁월한 모세의 리더십은 그 배후에 멘토링이 깊숙이 자리 잡고 있음을 엿볼 수 있다. 모세를 위한 4사람의 멘토를 통해 이스라엘 지도자로 성장한 것과 그리고 그 후 자신이 멘토가 되어 여호수아를 자기를 대신하여 지도자로 세웠던 멘토링의 기록을 요약해서 살펴보기로 하자.

(1) 모세의 유년 시절 멘토 - 어머니 요게벳

첫째는 유아 시절에 어머니 요게벳과의 멘토링을 들 수 있다(출 2:1 - 10, 히 11:23). 요게벳은 당대 애굽의 법률을 어기면서 어린 모세를 3개월 동안이나 몰래 길렀고 갈대상자에 넣어 나일 강에다 띄우면서도 소망을 잃지 않고 미리암을 보내 망을 볼 수 있도록 지혜롭게 행동을 했음을 볼 수 있다. 어린 모세를 품에 안고 요게벳의 무언의 모성애는 부모와 자녀관계 속에서 1:1 멘토링 관계가 지속되었음을 알 수 있다.

(2) 모세의 소년 시절 멘토 - 애굽의 바로왕궁의 공주

둘째는 청소년 시절에 바로공주와의 멘토링 관계다(출 2:10, 행 7:22). 나일 강에서 갈대상자에 띄운 아기 모세를 발견한 바로공주는 참으로 큰 용단을 내린 것을 볼 수 있다. 히브리 아이임에도 양자를 삼아 바로 궁궐에서 왕자교육을 제대로 시킴으로 "모세는 애굽사람의 학술을 다 배워 그 말과 행사가 능하더라(행 7:22)."는 말씀이 기적적으로 바로 공주와 40여 년간의 멘토링 관계를 읽을 수가 있다.

(3) 모세의 청년 시절 멘토 - 장인 이드로

셋째는 장성한 모세가 이스라엘의 지도자 역할을 수행할 때 이드로와의 멘토링 관계다(출 2:11, 18:2 - 6, 18:13 - 27). 출애굽기 18장에서 모세는 국정의 중대사인 재판을 혼자 담당하여 많은 시간과 힘을 쏟고 있었다. 그 일이 모세에게 너무나 힘들어 앞으로 문제가 될 것으로 판단한 모세의 장인 이드로는 한 가지 제안을 했다. 즉 모든 재판을 혼자 다 담당하지 말고 온 백성 가운데서 재덕

이 겸전한 자들로 천부장과 백부장과 오십부장과 십부장을 삼아 웬만한 재판들은 스스로 하도록 위임함으로 모세의 큰 짐을 덜어 주었다.

이드로는 모세의 상황을 듣고 시기적절한 충고를 줌으로써 상담자로서의 멘토의 역할(멘토는 그 강도와 정도의 크기에 따라 제자 훈련자, 영적 지도자, 코치, 상담자, 교사, 후원자, 현세적 모델, 역사적 모델로서의 멘토 등 여덟 가지로 나눌 수 있다)을 잘 수행하였다.

(4) 모세의 장년 시절 멘토 – 형님 아론

넷째는 멘토인 아론과의 멘토링 관계이다(출 4:10, 14, 28). 아론은 이스라엘 최초의 제사장이며 모세의 세 살 연장 형이었다. 입이 둔한 모세를 도와 대언하고(출 4:10) 지팡이로서 모세의 명을 따라 바로 앞에서 이적을 행하였다(출 7:19).

(5) 모세의 노년 시절 자신이 멘토 – 여호수아 후계자

다섯째는 모세 노년에 후계자 여호수아와의 멘토링 관계이다(출 17:8 – 16, 신 34:9). 모세와 여호수아는 멘토링의 좋은 모델이다. 하나님께서는 이스라엘의 차기 지도자를 위해 모세를 멘토로 삼아 여호수아를 오랫동안 준비시키셨다. 모세는 여호수아를 회막, 지성소, 시내산 등으로 데리고 갔고(출 24:9 – 18, 33:7 – 11), 하나님의 말씀을 직접 가르치고 전했으며(출 17:14, 수 1:18), 때때로 개인적으로 지도하였다(민 11:28 – 30). 또한 여호수아는 지도자로서의 모세를 사역의 모델로 삼아 그의 행동 하나하나를 눈여겨보면서 배웠다(출 32:15 – 35). 그 결과 여호수아와 모세는 유사점이 많았다. 이러한 유사점은 여호수아에게 끼친 모세의 멘토링의 영향이다.

3장

프랑스 왕자 멘토링 교육

참고 저서 <텔레마쿠스 모험> 페넬롱 저

멘토링 이론을 역사 속에 처음 정착시킨 사람은 17세기 프랑스의 성직자 페넬롱이다. 그는 직접 루이 14세 장손(長孫)의 멘토가 되어 8년 동안 성공적으로 멘토링을 완수함으로 역사 속에 존재하는 최초의 멘토가 되었다.

B.C. 1250년을 무대로 한 호머의 그리스 신화에 나오는 멘토(Mentor)에 관한 기록만 가지고는 현재 우리가 알고 있는 멘토링을 프로그램화하기에는 너무나 추상적인 논리 전개라고 볼 수 있다. 이에 페넬롱(Fenelon)의 저서 [텔레마쿠스의 모험]을 통하여 프랑스를 비롯한 유럽 전역에 멘토링을 꽃피우게 한 사례들이 오늘날 우리에게 멘토링을 현장 적용하는 데 더욱 흥미롭고 효과적으로 활용할 수 있는 자료들이다.

오디세우스나 율리시스 신화는 서구 문학에 훨씬 더 잘 알려져 있다. 그러나 멘토의 신화를 유일하게 역사 속에서 다룬 작품은 프랑수아 페넬롱(Francois Fenelon, 1651 – 1715)이 1699년에 쓴 소설 「텔레마쿠스의 모험」(Les Aventures de Telemaque)이다. 이것은 교육적인 목적으로 쓴 일련의 수필로서, 고도의 도덕적 진지함을 갖춘 이야기다. 페넬롱은 프랑스 가스코뉴(Gascon) 귀족의 작은 아들이었다.

페넬롱은 장 자크 올리에르(Jean Jacques Olier, 1608 – 1657)와 그의 제자 트롱송(Tronson)의 멘토링을 받으면서 자라게 되는데, 이를 통해 페넬롱은 사회적인 지위나 외형적인 명성을 두고 다투는 것보다는 무명인으로 사는 삶이 더 가치 있는 인생임을 배우게 된다.

이렇게 하여 페넬롱은 그리스도의 임재 안에서 그 자신의 내면적인 확신과 스스로의 존재 근거를 세워 나갔다. 그 결과 페넬롱은 궁중 생활이라는 외부적인 존재 근거에 대해 무관심할 수 있었으며 따라서 진심으로 그로부터 자유로울 수 있었다.

그럼에도 불구하고 페넬롱은, 루이 14세의 장손으로서 프랑스 왕위를 계승할 인물인 부르고뉴(Burgundy)의 공작의 멘토가 되어서, 그가 여섯 살 되던 해부터 열네 살이 될 때(1689 – 1697)까지 그를 맡게 된다.

이리하여 페넬롱은 곤란하고 위험스러운 과업을 수행하게 되었다. 이 공작은 그야말로 '천방지축'이었다. 시몽(Saint – Simon)이 관찰한 바로는, "그는 너무나 충동적인 성격인 나머지, 자신이 하고 싶지 않은 뭔가를 해야 할 시간을 알려 준다는 이유로 시계(時計) 자체를 부수려고 했으며, 비가 와서 자신이 하고 싶은 것을 못 하게 되자, 비를 향하여 더 이상 격렬할 수 없는 분노를 터뜨렸다."

그리고 이를 못 하게 하면 할수록 분노는 더욱 격양되었다. 한마디로 그는 어린 독재자로서, 오디세우스 유형의 할아버지 루이 14세를 그대로 닮았다. 그러나 페넬롱이 8년간의 멘토링을 마쳤을 즈음, 이 공작은 열네 살답지 않게 온유하고, 인내심이 있고, 지혜로운 청년으로 자랐으며, 그 후 일생 동안 페넬롱의 친구가 되었다.

4장
이씨조선 왕자 멘토링 교육

참고 저서 <왕세자 교육> 김정호, 김문식 저

이씨 조선은 세계에서 드물게 단일 성씨로 500년의 역사를 주관해 왔다. 저자는 멘토링식 왕자 교육에서 그 이유를 찾고자 한다.

3정승을 비롯한 고위관리 20명의 1:1 개인지도, 하급관리 39명의 학습시중, 전문사서 13명에 의한 서책관리, 단 한 명의 왕세자 교육을 위해 유례없이 많은 인력과 재정을 투입했던 조선시대의 왕세자 교육은 <조선 왕조실폭>을 비롯한 <보양청일기>, <강학청일기>, <육전조례> 등 20여 종의 고서들에 수록되었다.

1. 왕세자 교육의 실상

"난잡한 놀이를 즐기지 말고 아침에 일찍 일어날 것. 환관들의 말을 듣지 말고 뜻을 고상하고 원대하게 가질 것." 단일 성씨 왕조로는 세계에서 가장 길었다는 조선왕조. 당파싸움이나 쇄국 정책 등 부정적인 인상으로 남았지만 단일 성씨로 500년을 버틴 조선에는 분명 이유가 있었다. 그중 하나가 왕세자에 대한 철저한 교육과 훈련 시스템이었다.

원자가 태어나면 교육과 양육을 보양청이라는 기관에서 담당했다. 원자는 3살 정도가 되면 한문 단자(單字)를 배우는 것으로 공부를 시작했다. '천자문'이나 '유합'을 가지고 한 글자씩 배웠다. 더 중요시한 것은 예절이었다. 어린 나이에도 불구하고 늘 정장을 했고 스승 앞에서는 자세도 흐뜨릴 수 없었다. 6살이 되면 성균관 대제학 등 석학에게 특강을 듣기 시작했고 원자가 책을 한 권 떼면 왕과 왕비 앞에서 배강(背講)을 했다. 배강은 일종의 발표회다.

재미있는 건 학습에 들어가기 전 원자에게 꼭 조청(물엿) 두 숟가락씩 먹였다는 사실이다. 흡수가 빠른 당분을 섭취시켜 수업에 들어가기 전 머리를 맑게 해 주려는 의도였다. 학습이 끝나는 밤이 되면 옻칠을 한 목욕통에 따뜻한 소금물을 받아 목욕을 시켰다. 후계자 교육은 왕세자에 책봉되면서 본격적으로 시작됐다. 거처를 동궁(東宮)으로 옮기고 시강원소속의 개인교사 20명, 사서 13명을 두고 교육을 받았다. 성균관에도 입학해야 했다.

성균관 안에서는 아무리 세자라고 해도 스승에게 먼저 고개를 숙여야 했고 격이 낮은 계단과 통로를 이용해야 했다. 수업을 받을 때는 서당에서 공부하는 백성들처럼 책상을 사용하지 못하고 바닥에 책을 놓고 수업을 들어야 했다. 왕세자의 하루는 고달팠다. 아침에 일어나 반드시 윗사람들에게 문안 인사를 해야 했고 문안에서 돌아오면 조강(朝講)에 들어갔다. 낮에는 주강, 저녁에는 석강이 있었다.

간혹 이 같은 교육을 못 견디는 세자들도 있었다. 그럴 경우 왕에게 호되게 혼이 났고 세자 자리를 박탈당하는 경우도 있었다. 교육을 제대로 받지 못하는 사례는 선왕이 갑자기 죽어서 운 좋게 국왕자리에 올랐을 때인데 성군이 되는 경우가 드물다. 유교를 바탕에 둔 왕도정치를 이상으로 삼았던 조선은 이처럼 군주의 교육에 심혈을 기울였다. 조선이 500년이라는 풍상을 이겨낸 이면에는 이 같은 멘토링식 영재 교육 시스템이 존재했던 것이다.

2. 왕세자교육의 멘토링 방식 사례

특별히 멘토링 사례로 들자면 멘토 변계량과 왕자 양녕대군, 멘토 이수와 세종대왕, 멘토 두 명의 강호산인과 문종, 멘토 허침, 조지서와 연산대군을 들 수 있겠다. 구체적으로 왕세자 교육 방법을 아래 내용으로 소개한다.

왕세자　－아무개가 지금 선생님에게 수업하기를 요청합니다.

멘토박사－아무개는 덕이 없습니다. 청컨대 왕세자는 욕됨이 없게 하소서.

왕세자　－(다시 청한다.)

멘토박사－아무개는 덕이 없습니다만 왕세자께서 자리에 나가시면 아무개가 감히 뵙겠습니다.

왕세자　－아무개가 감히 빈객(賓客)을 대하는 예로 볼 수가 없습니다. 뵙도록 하여 주실 것을 요청합니다.

멘토박사 - 아무개가 사양하여도 허락하지 않으므로, 명을 따르겠
습니다.

* 대화가 끝나면 왕세자는 무릎을 꿇고 예물을 드렸으며, 멘토박
사도 무릎을 꿇고 예물을 받았다.

Part 3

멘토링의 필요성

19세기까지만 해도 가정교육이나 서당교육 등 교육현장에서는 인간의 관계와 관계 사이에서 이어져 내려오는 인격적 감화와 영향력이 사회적으로 일반화되어 있었다. 그러나 20세기 이후 학교라는 제도적인 교육은 공장에서 대량 생산되는 물품처럼 인격적인 영향력이 배제된 채 규격화되고 경쟁적인 모습으로 생산에 소요인력을 공급하는 데 앞장서 왔다. 산업화가 진전될수록 개인주의는 병세가 악화되었고 공동체가 해체되면서 개인과 개인 사이에 단절된 틈을 타고 죄(罪)는 밀물처럼 밀려들어 왔다. 범죄는 갈수록 흉포화·지능화되었다. 학원 폭력과 가정파괴도 전 세계적으로 심각성을 더해 왔다.

개인주의가 극에 달해 있는 현대사회에서 이 같은 병폐는 더욱 짙게 나타났고 드디어 인간관계 중심의 리더십 유형인 멘토링(Mentoring)이 그 사회적 대안으로 등장하여 유행병처럼 번지고 있다. 오늘날 21세기는 미래학자들이 예견한 것처럼 각 조직에서 인재전쟁(The War for Person)을 치를 만큼 인간관계가 갈급한 시대(Mentoring Age)라고 부르게 되었다. 그로 인하여 지금까지 각 조직에서 대량집단 교육체계로 이어오던 인재 육성 전략도 이제는 새로운 틀(New Paradigm)을 강력히 요구받게 되었던 것이다.

오늘날처럼 고도로 개인주의화된 사회에서는 우리가 사회적 존재임을 잊어버리기 쉽다. 우리가 개인으로서 너무나 자율적으로 움직이고 행동하는 이 시대에, 우리 문화는 황폐해졌다. 그러나 조금만 깊이 생각해 보면, 심지어 우리 안에도 얼마나 다양한 '타자'가 존재하는지 알 수 있다.

Episode ◀ 지식보다 더 우선한 인간성

하버드 의대 수석합격자가 의기양양하게 최종 면접 시험장에 도
착했다. 그는 그를 알아보는 주위의 시선을 느끼면서 우쭐하는 마
음으로 콧노래를 부르면서 차례를 기다리고 있었다. '괜히 시간만
낭비하는 군' 하고 속으로 되뇌었다.

이윽고 차례가 와서 가벼운 마음으로 담당 교수에게 목례를 하
고 정 위치에서 질문에 대한 마음의 준비를 하고 있었다. 하얀 머
리카락이 인상적인 노교수는 무엇인가 서류를 계속 주시하고 있었
다. 이윽고 간단한 몇 가지 문답을 나눈 후에 교수의 색다른 질문
을 받고 그 학생은 한참이나 말문을 열지 못했다. 재차 노교수는
"학생 헌혈해 본 경험 있나?" 하고 답을 재촉했다. 그제야 "예?
예…… 해 본 적이 없다."라고 대답했다. "의사가 되려면 지식도
중요하지만 인간을 사랑하는 마음이 앞서야 하네." 그 후 최종 합
격자 명단에 아쉽게도 그 학생의 이름이 없었다.

1장 오늘날 멘토링의 중요성
2장 역사적인 차원에서 중요성
3장 현대사회 멘토링의 필요성

1장
오늘날 멘토링의 중요성

오늘날 멘토링이 각 개인에게 그토록 중요하게 된 다섯 가지 주요 원인은 다음과 같다.

1) 유동성(流動性)

우리 사회의 유동성은 불안정한 심리를 널리 유포시키고 인간관계의 단절을 가져온다. 가까이 사는 친척이라고 해야 수십 혹은 수백 리 떨어진 곳에 살고 있다. 사람들은 과거에 자연스럽게 멘토가 되었던 이모나 삼촌과 멀리 떨어져 살게 되었다. 우리는 자연스럽게 가르침을 받는 멘토링 관계를 발전시키기 위하여 특별한 노력을 기울여야만 한다.

2) 남성다움 / 여성다움

내가 조사한 남성 중에서 30%가량이 자신의 남성다움에 관한 문제로 고심하고 있었다. 그들은 다음과 같은 질문을 하였다. "남자란 무엇인가? 어떻게 완전한 남자로 성장하는가? 남자는 자신이 남자라는 것을 언제 알게 되는가?" 멘토링은 남성다움의 문제가 드러나고, 논의되고, 정의될 수 있는 기회를 제공해 줄 수 있다. 또한 멘토링 과정에서가 아니면 불가능한, 확신의 단계로 들어갈 수 있도록 도와준다. 여성들도 마찬가지로 성인이 되고 성인다운 생각을 갖기 위해 애를 쓴다. 성숙한 여성 멘토는 가정에서 어머니가 가르쳐 줄 수 없는 수준의 여성다움을 갖도록 도와주고 모범을 보여줄 수 있다.

3) 모범

멘토링이 오늘날 중요한 또 다른 이유는 어른으로서의 역할과 관계에 대한 건전한 모범의 필요성이 절박해졌기 때문이다. 당신은 '하이테크'나 '하이터치'라는 말을 들어보았을 것이다. 이런 말들은 과학 기술이 날로 정밀해짐에 따라 삶의 균형을 유지하기 위해 따뜻한 인간관계의 필요성이 더욱 증가하고 있다는 것을 보여준다. 우리는 첨단기술 사회에 접어들면서 더욱 깊은 인간관계를 필요로 한다. 우리는 사람들과 이전에 경험하지 못했던 차원의 관계를 유지할 필요가 있다.

엘빈 토플러(Alvin Toffler)는 미래쇼크(Future Shock)에서 변화가 빠른 속도로 일어나면 모든 의미가 흐려지기 시작한다는 점을 지적했다. 첨단기술시대에 걸맞게 변화가 급속도로 진행되면, 우리가 깊은 진리와 밀접한 멘토링 관계를 유지하는 일이 더욱 중요해진다. 멘토링은 기술이나 가치나 사회가 얼마나 발전하는가에 상관없이 혹은 우리의 주변 생활환경이 얼마나 변화되는가에 상관없이 변치 않는 일관성을 제공해 준다. 우리는 성인으로서 수행해야 할 역할과 관계에 대한 건전한 모범을 필요로 한다. 첨단 기술세계를 살아가는 우리는 종종 기계나 컴퓨터에 주로 관련된 사람을 모범으로 삼는다. 우리는 기계와 기술뿐만 아니라 인간의 삶에도 관심을 가질 수 있는 사람을 모범으로 삼을 필요가 있다.

4) 작은 집단

집단이 작아질수록 각 집단의 지도자를 돌보고 멘토링하고 세우는 일은 더욱 중요해진다. 만일 어떤 회사에 2만 명의 직원이 있다면, 그 회사의 몇몇 지도급 인물이 나가더라도 회사는 큰 타격을 입지 않을 것이다. 하지만 4명, 40명, 400명의 사원을 거느린 회사는 단 1명의 지도자도 쉽게 내보내지 못한다. 따라서 멘토링은 지금 시대에 더욱 절박하게 요구된다.

5) 자녀와 후손

얼마 전, 우리 자녀와 후손이 태어난 후 어른이 될 때까지 성장해야 할 세계와 환경을 깊이 생각해 본 기회가 있었는데 그려진 세계의 모습은 그리 밝지도 유쾌하지도 않았다.

우리 자녀의 후손이 직면하게 될 온갖 고난과 유혹과 위험들을 기록해 보았다. 상당히 긴 목록이었다. 아마 당신도 이러한 목록을 만들 수 있으리라 생각한다. 내가 작성한 목록에 수록된 대부분의 항목은 지금 시대에는 상상하지도 못할 것들이었다. 하지만 우리 자녀와 후손은 거의 다 고등학교에 입학하기 전까지 실제 상황이나 TV와 비디오 등을 통해 갖가지 유해한 것이 묘사되고 조장까지 되는 것을 볼 터이다. 일부 아이들은 초등학교에 들어가기 전부터 이런 유해상황에 노출될 것이다.

당신도 다음의 결론에 동감하리라 확신한다. 우리 자녀와 후손이 성장해서 살아가게 될 세상은 우리가 지내온 세상보다 살아가기가 힘들 것이다. 우리 아이가 앞으로 건실한 인간으로 성장하려면, 어떤 의미에서 '용사'로 교육받아야 한다. 총칼로 무장해야 한다는 뜻이 아니고, 비양심적이고 폭력에 물든 악의적인 음모에 대항하여 당당하게 자신을 지켜내야 한다는 것이다. 우리 자녀와 후손이 살아갈 세상을 생각하면서, 많은 멘토들이 후손들을 악한 세파로부터 올바로 살아가는 데 힘을 주리라고 기대하였다. 우리 자녀와 후손이 자기들을 이끌어 줄 멘토 없이 보호와 인도를 받지 못하고 성장하는 것은 상상하기도 두려운 일이다. 아이가 중학교, 고등학교, 대학교 혹은 사회에 발을 들여놓으면서 자기 스스로의 힘으로만 올바른 내성을 갖출 수 있는가? 그럴 수는 없다. 또한 그렇게 홀로 내버려두어서도 안 된다. 이런 사실 때문에 멘토링은 고귀한 우선권을 지닌 사역이고, 최선의 열정을 기울여야 할 일이다.

2장
역사적인 차원에서 중요성

아마 100년 전에는 멘토링에 관한 책이 필요 없었으리라는 생각이 든다. 그리고 18세기의 출판업자는 그런 책을 보면 "도대체 이게 무슨 내용이야?"라고 못마땅한 듯이 중얼거렸을 것이다.

왜냐하면 최근까지 멘토링, 즉 한 사람을 가르치고 키우는 일은 세대 간에 이루어지는 삶의 방식이었기 때문이다. 그런 가르침의 방법은 인간의 몸에 호흡이 필요한 것처럼 인간관계에 중대한 필수적인 것이었다.

멘토링은 너무나 인간 생활 속에서 평범하게 자리 잡고 있었으므로 당연하게 여겨졌고 거의 주목을 받지 못했다. 과거에는 멘토링하는 일이 어디에서나 이루어졌다. 농장에서, 청소년은 자기 아버지와 어머니 그리고 대가족을 이루고 있는 가족들의 멘토링을 받았다. 아주 오래전부터 가족의 구성원들은 아이들에게 '남성다움'

과 '여성다움'에 대한 감각을 길러 주었다. 또 가족들은 자녀에게 그들이 무슨 일을 어떻게 해야 하는지 가르쳐 주었고, 공동체의 각 구성원들의 의무와 관계에 대해 일러주었다.

멘토링은 장인(匠人)들의 세계에서 가장 중요한 학습 방법이었다. 견습생은 수년에 걸쳐 숙련공 곁에서 단순히 관련된 기술은 물론이고 그 세계와 관련된 모든 '생활방식'을 배웠다. 고대 대학에서도 이와 유사한 방식으로 학문이 전달되었다. 학생은 학자의 집에 기거하며 배웠다. 또한 고대 왕국에서는 경험 많은 기사가 초보자에게 전투기술을 전수하였다. 미술가는 자기 작업실에서 혼신의 힘을 다해 제자를 길러 냈다. 정신적인 발달에 이루는 면에서 멘토링하는 방식은 어느 분야든 거의 동일하였다.

과거와는 달리, 현대에 와서 멘토링의 기능은 매우 약화되었다. 이제는 자녀들이 부모와 매일 어울리거나 잠자리 전에 약 10여 분의 대화시간을 매일 갖는 집은 별로 찾아볼 수 없다. 대부분의 대학에서, 교수와 학생이 강의실 밖에서 만나는 모습도 쉽사리 보기 어렵다. 또한 수작업을 주로 하는 기능공이 기계를 주로 다루는 기술자에게 자리를 내어준 거의 모든 산업현장에서 개인적으로 기능을 전수하는 모습은 사라졌다. 현재까지 개인적인 멘토링의 방법이 남아 있는 분야는 스포츠와 예술 계통이다. 그런 분야는 개인적인 일대일 관계를 통하여 현저한 발전을 가져올 수 있기 때문이다.

오늘날, 사람의 발전은 오로지 교실 안에서만 이루어진다고 믿어지는 현실에서, 한 개인에 대한 보증은 감독관이나 멘토의 인가가 아닌 교육기관의 수료증을 통해서 이루어진다. 사람들에 대한 판단의 기준은 지혜보다는 지식에, 인격보다는 업적에, 독창성보다는 유용성에 기초하고 있다. 현실이 이러한 이상, 멘토링은 우리의 가치 체계에서 부수적인 기준으로 자리 잡게 될 것이다.

그러나 좋은 소식도 있다. 즉 아직도 많은 사람들이 멘토링 기능이 점점 쇠퇴해 가고 있기 때문에 우리 문화 속에서 귀중한 무언가를 잃어가고 있다는 사실을 깨닫고 있다는 것이다. 문학계와 교육계 그리고 사회사업 분야에서 멘토링에 대한 새로운 관심이 일고 있다.

바로 이 점에서 18세기 출판업자라면 거들떠보지 않았을 멘토링에 관한 책을 20세기의 출판업자들이 내놓으려고 애쓰는 이유를 발견하게 된다. 그들은 현대인들이 멘토링의 기능을 회복하고 멘토링을 모든 인간관계에서 최상의 활동으로 삼으려는 절박한 필요성을 지니고 있음을 간파하고 있는 것이다.

3장

현대사회 멘토링의 필요성

멘토링은 타자(他者)를 인정하고 함께 살아가는 것을 의미한다. 오늘날처럼 고도로 개인주의화된 사회에서는 우리가 사회적 존재임을 잊어버리기 쉽다.

우리가 개인으로서 너무나 자율적으로 움직이고 행동하는 이 시대에, 우리 문화는 황폐해졌다. 그러나 조금만 깊이 생각해 보면, 심지어 우리 안에도 얼마나 다양한 '타자'가 존재하는지 알 수 있다.

당신과 나는 몸을 가지고 산다. 우리는 남자 또는 여자로 산다. 심지어 나는 자신과 자주 대화를 나눈다. 윤리적으로도 나는 다른 사람들을 고려하는 가운데 행동해야 한다.

가장 궁극적으로 우리는 초월적인 타자이신 신 앞에서 살아가야 한다. 아니면 적어도 우리는 나 자신을 초월하는 사회적인 실재를 의식하지 않으면 안 된다. 이처럼 우리 삶에 관여하고 있는 다양한 '타자들'은 모두 '홀로 삶을 꾸려 갈 수 있다'거나 '자아실현의 삶'

을 추구할 수 있다는 생각이 착각임을 일깨워 준다.

생태학자들에 의하면 기존의 숲을 갈아엎고 그 위에 다시 나무를 심었을 때가, 외따로 떨어진 벌판에 새로 나무를 심었을 때보다 훨씬 더 잘 자란다고 한다. 새로 심은 나무의 뿌리는 기존의 나무 뿌리가 박혀 있던 보이지 않는 경로를 따라 훨씬 더 쉽게, 그리고 훨씬 더 깊이 자라게 될 것이다. 마찬가지로 인간도 이전 사람들이 닦아 놓은 인생 경로를 따라 나아갈 때 가장 잘 성장할 수 있다. 마치 이전에는 나보다 더 지혜 있는 자가 아무도 없었다는 듯 처음부터 새로 시작할 필요는 없다.

우리는 사회 속에서 배우고 개발할 때 가장 잘 배우게 되며, 온전한 인격으로 가장 잘 성장할 수 있다. 왜냐하면 우리의 좁은 시야를 넘어 우리가 보지 못한 것을 보았거나 인생에서 아직 부딪혀 보지 못한 도전과 장애물들을 우리보다 앞서 경험한 이들이 있기 때문이다.

윤리적으로도, 나는 다른 사람들 고려하는 가운데 행동하지 않으면 안 된다. 이 모든 관계 안에서 나는 내 삶 속의 '타자'를 인지하는 법을 배우도록 '멘토링' 받아야 한다. 그리하여 나는 자폐적이거나 이기적이거나 자기중심적이 되지 않도록 해야 한다. 멘토링은 사실 '타자화'(othering)의 과정이라고 해도 과언이 아니다. 이 과정에서 우리는 다른 사람들의 도전과 도움을 통해 개발한 사회생활의 제반 기술뿐만 아니라, 다른 사람들이 우리에게 제공하는 교육의 자원을 인지하게 되기 때문이다.

회사의 수익성과 함께 멘토링의 자원인 노동력의 효율성이 중시되는 사회다. 강력한 개인주의 경향에도 불구하고, 일반 사회에서는 멘토링을 통해 내향적인 자아를 교정할 수 있으리라는 인식이 높아지고 있다. 더욱이 우리가 살고 있는 첨단 기술 세계가 점점 더 복잡해지면서 학습이라는 것도 일생을 통해 지속되는 과정으로 인식하게 되었다.

전문 지식이 무한대로 팽창하는 세계에서 우리는 끊임없이 새로운 기술을 축적할 수 있다. 오늘날의 학습은 어린 시절 교실에서나 경험할 수 있는 것으로 여겨지지 않고 일종의 여행으로 묘사된다. 그것도 여행의 동반자들과 피차 영향을 주고받는 '상호적인' 여행이다. 이 동반자들은 '상담자', '코치', '도전을 주는 사람', 심지어는 '원격 멘토'(long – distance mentor)의 역할을 수행하는 이들이다.

따라서 학습 과정을 심화시키기 위한 현대적인 의사소통 기술만 해도 좀 더 대인 관계적 기술들이 훨씬 더 많이 동원되고 있다. 예컨대, 듣는 기술, 요점 파악, 긍정적인 기대 형성, 자신을 솔직히 나누는 법, 과제와 목표 설정, 모형화(modeling), 미러링(mirroring: 자신이 상대의 거울이 되어 의사소통의 깊이를 심화시키는 효과), 전통의 유지와 계승, 성품 형성, 자기반성의 촉진, 타인 존중, 신뢰 형성, 기타 등등 수없이 많다.

성공적인 기업체들에게도 이제는 그들의 유능한 직원들이야말로 '우수한 기업'을 만들기 위한 가장 큰 자원으로 간주되고 있다. 이런 역동적인 상호 작용 속에서, 피드백(feedback)은 하나의 새로운 통용어로 굳어지게 되어, "피드백을 요청하다", "피드백을 받다", "피드백을 고려하여 행동하다" 들의 말을 사용되고 있다. 궁극적으로, 가장 훌륭한 직원은 그저 기술이 입증된 숙련공이 아니라, CEO에게 전적으로 헌신한 사람으로서 가장 '인격적으로 성숙한 모습'

을 보여주는 인물이다. 회사의 '수익성'과 함께 노동력의 '효율성'(effectiveness)이 중시되고 있는데, 이것은 멘토링 프로그램에 대한 현재 기업들의 투자를 보면 알 수 있다.

멘토링을 직업적으로 상품화한 이들이 실제로 맨 처음 주목했던 것은 스포츠 코치들이 보여준 효율성이었다. 또한 이러한 효율성은 선수들끼리 서로 간에 경기 전략을 일깨워 주거나 팀 전체의 사기를 진작하는 가운데 개발되기도 한다. 과다한 업무에 시달리고 있는 공 교육자들에게도 이런 멘토링이 새로운 사회적 지원이 중요한 형태로 간주되고 있다.

이는 전통적으로 보이스카우트나 걸스카우트, 의형제·의자매(Big Brothers and Big Sisters: 고아 및 불량소년 소녀 등을 선도하기 위해 형이나 언니 역할을 하는 멘토) 맺기, 해외 연수 등과 같은 프로그램을 통해 실행되어 왔다. 인턴제도가 늘어나는 추세 또한 좀 더 전문화된 훈련에 기여하였다. 마찬가지로 각종 사회적 병리 현상들로 인해 멘토들은 자발적인 활동의 기회를 많이 갖게 되었다.

이렇게 오늘날의 멘토링이 서구 사회 내에게 철학적이고도 실용적인 관심의 대상이 되면서 사회적 계약 관계의 영역이 광범위하게 확산되고 있다. 멘토링이 폭넓은 영역에 적용되면서 긍정적인 유익이 더 많이 나타나는 것으로 여겨지고 있다. 마치 '감성'의 개념이 대중화되면서 인간의 관심사를 이성적인 영역 너머로 넓혀 놓았듯이, '멘토링' 역시 우리 인간은 관계적인 존재가 될 때 가장 많은 능력을 발휘할 수 있으며 따라서 서로 네트워크를 형성할 필요가 있음을 일깨워 준다.

멘토는 아마 인류의 역사만큼이나 오래되었을 것이다. 무당과 마법사, 예언자와 철학자, 지도자와 선생은 역사의 초창기부터 존재해 왔다. 모세와 여호수아, 공자와 맹자, 소크라테스와 플라톤 모두, 선생과 학생의 관계, 또 스승과 제자의 관계를 통해서 자신의 삶의 방식들을 전수해 주었다. 이렇게 하여, 훌륭한 사상가들의 정신은 대를 이어 전해 내려왔다. 스승으로서 이들의 영향력이 지대했던 데에는, 이들이 스스로 모범이 되어서, 사상적으로뿐만 아니라 실천적으로도 본받을 수 있는 삶의 방식을 제공했기 때문이다.

그러나 현대의 합리주의는, 더 이상 우리에게 설득력이 없는 '합리적인 거대 서사'(grand rational narratives)를 사용하여, 마치 '진리'와 '삶'이 별도인 양, 그 모범의 중요성을 흐려 놓았다. 이제 우리 세대는 이렇게 현실에서 유리된 일반론적 개념이 식상해져서, 진리를 실제 삶의 방식으로 살아내는 모범을 찾고 있다. 현대적인 인생관을 주장하는 이들이 종종 인간다움의 표본이 되기에는 너무나 궁색해서, 우리는 그들의 모순된 모습에 식상하고 말았다.

필요성 1 – 현대사회의 소외 문제가 심각하다.

이처럼 멘토에 대한 관심이 지대해졌다는 사실은, 첫째로 오늘날 우리 시대의 소외 문제가 그만큼 심각하다는 것을 말해 준다. 또한 그것은 역사와 과거 전통에 대한 우리의 무관심을 드러낸다. 오늘날 우리는 대부분의 사회에서 연장자들이 감당하던 역할과 장인 정신의 기반이 되는 도제 제도(appreniceship)의 오랜 전통을 망각한 것이다.

필요성 2 - '해결사'가 아니라 지혜로운 친구(Fellowship)가 필요하다.

둘째로, 우리에게 가장 적합한 도움을 주는 사람을 찾을 때, '해결사'나 심지어 '교사'로도 충분하지 않다. 기술 사회에 살고 있는 우리는 모든 것을 도구적인 지식으로 축소하여 뭐든지 '해결'하려는 경향이 있다. 그러나 기술이 지혜로운 동반자를 대체할 수는 없다. 기술 사회에 살면서 우리는 '타자의 임재'를 놓치고 있다. 또한 지식을 '사물에 관해 사고하는 것'과 쉽사리 혼동하는 정보화 사회에서 살고 있다.

효과적인 가르침에는 양육과 보살핌의 관계가 내재되어 있음을 잊었다. 무엇보다 지혜란 정보처리의 차원에서 얻을 수 있는 것이 아니다. 원인에 집착하는 행동주의 역시 관계를 대체하기에는 뭔가 부족한 것으로서, 행동주의자들은 너무 '바빠서' 우정을 길러 나갈 겨를이 없다. "행동 없는 사상은 무의미하며, 우정 없는 행동은 무의미하다."고 한 그리스 철학자들의 말은 참으로 지혜롭다.

만일 교사가 친구처럼 친절하게 학생들을 가르친다면, 학생들은 학습과정에서 훨씬 더 큰 격려를 얻을 것이고, 교사와의 관계에서 신뢰를 형성할 수 있을 것이다. 따라서 지혜, 곧 멘토 안에 체현된 지혜야말로 탁월함에 이르는 길이다. 내가 삶을 더욱 충만하게 살아가도록 도우며, 그 과정에서 인격적으로 기만당했다는 느낌을 받지 않게 돕는 사람 - 사물이 아니라 바로 친구다.

필요성 3 - 자아의 고립이 증가하고 있다.

셋째, 오늘날 멘토에 대한 관심이 증가하는 것은 우리 사회 내에 그만큼 자아의 고립이 증가하고 있음을 반영하는 것일 수 있다. 전문직과 제도에 대한 사회적 의존도가 약해지면서 사람들이 멘토의 필요성에 눈을 뜨고 있는 것이 틀림없다. 비인격적인 사회 구조에서는 마음을 연 솔직한 피드백을 얻기가 어렵다. 지나칠 정도로 흉허물 없는 피드백은 도리어 직장을 잃을 위험 부담을 안을 수도 있다. 오늘날과 같이 극도로 경쟁이 심하고, 걸핏하면 소송을 일삼으며, 정략에 따라 움직이는 사회에서는 인정, 양육, 격려, 신용, 이해와 같은 것을 찾아보기가 어렵다.

또한 성(sexuality)이 다른 경우에도 사회적 성차(gender difference)라는 양극적 속성 속에서 다시금 우리는 고립되어 간다. 심지어 성별이 동일해도 고립되어 간다. 그러나 '성적으로 상호보완적인' 멘토링은, 그저 '정치적으로 옳은' 관계를 유지하는 것과는 비교가 안 될 정도로, 인격적인 관계에 대한 새로운 지평을 열어줄 수도 있다.

필요성 4 – 언행일치의 지도자가 요구된다.

넷째, 오늘날과 같이 지도자들의 명예가 땅에 떨어지고, 우상으로 여기던 것들이 몰락하고, 영웅시하던 것들이 매력을 잃은 시대에는 자신이 말한 그대로 실천해 내는 도덕적인 모범이 필요하다. 즉 이론과 실제가 하나로 연결되고, 머리와 가슴과 팔이 하나가 되어, 공적인 삶이나 사적인 삶이나 삶 전체가 고상하게 통합되어 있는, 그런 모범이 필요하다.

아마도 깨어진 가정에서 자랐거나, 결혼생활이 순탄치 못하거나, 역기능적인 관계를 경험한 이들은 인생의 '변화'를 모색하기 위해 멘토를 더욱 열심히 찾을 것이다. 멘토는 곁에 있어주는 부모일 수도 있고, 보통 친구들과는 전혀 다른 방식으로 우리를 대하는 진실한 친구일 수도 있으며, 아니면 무엇이 참인지 그리고 무엇이 지혜로운 결정인지 본을 통해 보여주는 제삼자일 수도 있다. 이 모든 것으로 미루어, 인생 여정의 동반자로서 우리와 함께하는 애정 어린 멘토는 약속의 땅을 바라보도록 눈을 열어줄 것이다.

인간 그리고 멘토링 Best - 12

인간은 역사 이래로 관계 본능에서 이 세상에 태어나자마자 부모와 관계, 친척, 선생님, 친구, 그리고 직장 선배와 관계를 자연스럽게 유지한다. 이와 같이 전통적으로 관계되는 전통적인 멘토링(Typical Mentoring)은 개인과 개인이 자연스럽게 연결되어 고난과 역경을 극복하고 개성에 맞는 적성개발과 잠재 역량개발로 함께 희망을 꽃피우는 아름다운 동행이다.

평생교육의 세계적인 권위자인 레빈슨 교수(1979 예일대)는 저서 남자의 계절에서 멘토가 없는 사람은 부모가 없는 고아와 같다고 말했고 로체 교수(1978 하버드대)는 그의 논문에서 성공한 임원 대부분은 배경에 멘토가 있다고 발표했다.

그렇다고 아무나 멘토로 참여할 수 있는 것은 아니다. 그러므로 상사, 팀장, 코치, 교사라고 해서 모두 멘토가 될 수 있는 것은 아니다. 훌륭한 멘토는 이러한 역할을 다할 수 있는 전인적인 삶의 조언자가 되기를 원한다.

특히 초대 멘토가 교재로 수학, 철학, 논리학을 사용한 것을 염두에 두어야 한다. 멘토는 멘제를 위하여 이 세 권이 오늘날 상징적으로 인격(知, 情, 意), 즉 전인적인 서비스를 요구받게 된다. 아래에 소개하는 12편은 국내외에서 명작 멘토링으로 선발된 것으로 멘제와 더불어 역경을 딛고 아음다운 동행으로 우리에게 희망을 전해 주는 이야기다.

Story 1. 월드스타 멘토링 이야기

    NO. 1 축구 박지성/멘토 히딩크 감독

    NO. 2 수영 박태환/멘토 노민상 감독

Story 1.
월드스타 멘토링 이야기

NO. 1 박지성(朴智星) 축구선수

멘토: 히딩크 감독

왜소한 체격에, 그리고 축구하기에 불리한 평발에, 이러한 어려운 여건 가운데 택한 축구, 모진 고난 속에 정신력으로 버티고 있는 박지성 선수에게 구세주로 나타난 멘토 히딩크 감독, 슬럼프를 맞고 있을 때 "박지성은 정신력이 뛰어나 성공할 수 있다."라고 던진 감동의 한마디는 월드컵 4강, 에인트호벤 그리고 맨유까지 박지성을 스타선수로 만든 희망이야기가 되었다.

1. 박지성 Profile

출생: 1981년 2월 25일
소속: 맨체스터유나이티드FC MF(미드필더)
학력: 명지대학교, 오사카경제법과대학교
데뷔: 2000년 교토 퍼플상가 입단
수상: 2007년 잉글랜드 프리미어리그 우승
　　　2009년 슈퍼매거진 슈퍼어워드 아시아선수상
경력: 2008년 경기 국제보트쇼 및 코리아 매치컵 세계요트대회 홍보대사
2009년 제19회 남아공월드컵 최종예선 국가대표

박지성(朴智星) 선수는 대한민국의 프로 축구 선수이다. 2002년 한일 월드컵과 2006년 독일 월드컵에 국가 대표로 출전하였고 2005년 UEFA 챔피언스 리그 본선에 PSV 에인트호번소속으로 참가하여 AC밀란과의 4강전에서 한국인 최초로 득점을 기록했다. 2005년 6월 맨체스터 유나이티드의 알렉스 퍼거슨 감독에 의해 발탁되었다. 최근 박지성(28)은 새벽(2009. 5. 28일) 이탈리아 로마에서 열린 UEFA(유럽축구연맹) 챔피언스 리그 결승전 FC바르셀로나와의 경기에 선발로 출전해 66분을 뛰었다. 그는 아시아 선수 중 최초로 꿈의 무대인 챔피언스 리그 결승전 무대를 밟은 영예를 누렸다.

2. 멘토의 영향력 이야기

멘토 히딩크 감독은 2001년 한국월드컵 축구 대표 감독으로 취임하여 한국팀의 4강 신화를 이룩했으며 그 후 본국 에인트호벤 감독으로 가

면서 박지성 선수를 스카우트하여 3년 정도 보살펴주었다.

1) 멘토는 전문적인(IQ) 부문에 얼마나 도움을 주었는가?
   예: 기술, 업무, 학습, 지식, 노하우 등

[선수 개별 트레이닝 방법]
- 그는 선수 개인 개인의 체력의 가치를 개발했다. 먼저 파워 프로그램을 도입하여 선수들의 체력을 요소요소 체크하여 과학적으로 관리해 줌으로써 선수들이 90분간 충분한 체력을 유지할 수 있도록 강훈련을 시켰다.
- 그는 선수 개개인의 기술의 가치를 개발했다. 그는 비디오(Video) 분석 프로그램으로 자(自), 타(他) 선수들의 경기 테크닉까지 하나하나 분석해 줌으로써 자신은 물론 타 선수들의 기술까지 분석할 수 있어 실력 제일주의의 분위기를 만들었다.
- 그는 선수 개개인의 따뜻한 인정 개발에 남다른 방법을 택했다. 그는 축구의 전문가로서 기술은 물론 사람 자체도 챙길 줄 아는 지도자로서 선수들의 정신력, 경쟁력, 담력, 경험, 체력 등을 개발하는 데 노하우를 갖고 있다.

[많이 준 기회]
- 히딩크 감독은 평가전에서 박 선수에게 예상외로 많은 기회를 주었다. 처음엔 10분 정도 시합에서 뛰게 하더니 다음번에 20분을, 그 다음번엔 전반전을 모두 뛰게 하는 식이었다.

2) 멘토는 정서적인(EQ) 부문에 얼마나 도움을 주었는가?

　예: 마음관리, 건강관리, 인간관계관리

[첫 번째 골인하고 포옹]

- 지난 월드컵 경기가 있고 나서 사람들은 박 선수와 히딩크 감독을 부자지간처럼 끈끈한 정이 넘치는 사이쯤으로 안다. 2002년 한일 월드컵 본선 조별 예선전 마지막 경기였던 포르투갈과의 경기에서 골을 넣은 박 선수가 멋진 세레모니 대신 감독 품에 달려가 안긴 행동 등이 그런 생각을 불러일으켰을 것이다.

[두 번째 C.F에서 포옹]

- 2005년 두 사람은 한국의 모 기업 방송 광고를 찍었다. 박 선수가 네덜란드 암스테르담 중앙역을 쓸쓸히 걷다 숙소로 돌아가 보니 거스 히딩크 감독이 손수 끓인 미역국과 케이크로 한 상 차려놓고 "생일 축하해, 지성!" 하며 박 선수를 반긴다. 그러면 박 선수는 눈물을 닦으며 감독 품에 안긴다는 콘티다. 이번이 감독과의 두 번째 포옹이었다.

3) 멘토는 의지적인(WQ) 부문에 얼마나 도움을 주었는가?

　예: 의지적, 결단력, 윤리적, 본능관리, 자기절제 등

[박 선수 고백 - 칭찬감동]

- 미국 골드컵 때라고 기억된다. 나는 왼쪽 다리에 부상을 입어 시합에 나가지 못해 텅 빈 탈의실에 혼자 남아 있었다. 잘할 수 있는 기회를 조금이라도 더 많이 보여야 할 그 중요한 때

에 하필이면 부상을 당했나 싶어 애꿎은 다리만 바라보며 맥이 빠져 앉아 있었다. 그런데 어디선가 히딩크 감독님이 통역관을 대동하여 나타났다. 성큼성큼 나에게 다가오신 감독님은 영어로 뭐라고 말씀하셨다. 무슨 말인지 몰라 통역관을 바라보았다.

"박지성 씨는 정신력이 훌륭하대요. 그런 정신력이면 반드시 훌륭한 선수가 될 수 있을 거라고 말씀하셨어요."

얼떨떨했다. 뭐라 대답도 하기 전에 감독님은 뒤돌아 나가셨고 나는 그 흔한 '땡큐' 소리 한 번 못 했다. 가슴이 두근거렸다. 늘 멀리 있는 분 같기만 했는데, 그런 감독님이 내 곁에 다가와 내 정신력이 훌륭하다는 말을 했다는 것만으로도 힘이 솟았다. 더욱이 그 말은 내 심중을 꿰뚫고 있었다. 정신력, 내세울 것 하나 없는 나일지라도 오래전부터 내가 믿어왔던 것은 죽는 한이 있어도 버티겠다는 정신력이었다. 그 말은 다른 사람이 열 번 스무 번 축구의 천재다, 신동이다 하는 소리를 듣는 것보다 내 기분을 황홀하게 만들었다.

* 멘토 영향력 평가표

NO	평가기준	5점 척도 (5~1)				
1	전문적 부문(IQ)	5				
2	정서적 부문(EQ)			3		
3	의지적 부문(WQ)	5				

3. 이 장의 멘토링 활동 특징

체구도 왜소하고 평발인 박 선수에게 "박지성 씨는 정신력이 훌

류하다."라는 히딩크 감독이 던진, 채 1분도 안 되는 그 말 한마디
는 "앞으로 내가 살아갈 나머지 인생을 바꾸어 놓았다."고 감격스
러워했다.

"만약 내가 히딩크 감독님을 만나지 못했다면 지금의 나도 없었
을 것이고 감독님을 평생 갚아도 못 갚을 은혜를 베풀어주신 은사
로 생각하고 있다."

히딩크 감독은 용병술이 어느 감독보다 뛰어나다고 볼 수 있다.
왜냐하면 대표선수 23명 전체와 한편으로는 선수 한 사람 한 사람
을 균형 있게 관리를 했다고 보기 때문이다. 특히 정신력의 중요성
을 기술로 조화를 이룰 수 있도록 함으로 남이 넘볼 수 없는 월드
컵 4강의 신화를 이루었다고 보는 것이다.

맨유 퍼커슨 감독은 "박지성은 환상적인 선수다. 그는 재계약 제
의를 받을 것이다."라고 말했다(2009. 1. 4 영국 BBS 인터넷판).

NO. 2 박태환(朴泰桓) 수영선수

멘토: 노민상 감독

수영 불모지 한국에서 어린 시절 천식으로 고생하면서 치료차
수영을 시작하여 북경 올림픽 금메달까지 거머쥔 박태환 스타선수,
그 뒤에는 박 선수에게 인생을 바친 멘토 노민상 코치의 눈물 어린
희망이야기가 있다.

1. 박태환 Profile

출생: 1989년 9월 27일(서울특별시)
학력: 단국대학교 체육교육학과
소속: SK 텔레콤
수상: 2008년 제89회 전국체육대회 최우수선수(MVP) 수상
　　　2009년 자넷에반스 인비테이셔널 수영대회 자유형 1500m 준우승
경력: 2008년 제29회 베이징올림픽 수영 400m 금메달리스트
　　　2009년 국제보트쇼 및 코리아매치컵 요트대회 홍보대사
　　　2009년 2020 부산 하계올림픽 유치 홍보대사

그는 5살 때 의사의 추천으로 천식을 치료하기 위해 수영을 처음 시작했다. 2008년 8월 10일에는 베이징의 2008년 하계 올림픽에서 아시아 최초로 수영 400m 자유형에서 3분 41초 86의 기록으로 그랜트 해켓, 장린 등을 꺾고 금메달을 획득하였다.

2. 멘토의 영향력 이야기

멘토 노민상(53세) 감독은 오늘날까지 12년 동안 박 선수를 위해 보살피고 있으며 현재는 태릉선수촌의 수영 국가대표 감독으로 있다.

1) 멘토는 전문적인(IQ) 부문에 얼마나 도움을 주었는가?
    예: 기술, 업무, 학습, 지식, 노하우 등

[세계선수로 경쟁력 강화]
- 노 감독은 2006년 여름 대표팀 사령탑이 됐고, 박태환을 데리고 나간 첫 대회였던 팬 퍼시픽 챔피언십(캐나다 빅토리아)에서 금메달 두 개와 은메달 하나를 일궜다. 그해 12월 아시안게임에서 박태환이 금메달 세 개 등 메달 7개를 따며 대회 최우수선수로 뽑히자 노 감독은 베이징 올림픽까지 영광의 순간을 구상했다.

[4년 후 런던 올림픽 준비]
- 노민상 감독은 벌써 4년 후를 내다보고 있었다. 박태환의 가능성을 누구보다 잘 알고 있는 그는 2012년 런던올림픽에서 200m와 400m, 1,500m에 다시 도전하겠다고 출사표를 던졌다.

2) 멘토는 정서적인(EQ) 부문에 얼마나 도움을 주었는가?
    예: 마음관리, 건강관리, 인간관계관리 등

[천재성 개발]
- 노 감독은 나이 마흔 즈음에 박태환을 만났다. 일곱 살 꼬마는 이미 기초를 배운 상태였다. "물에 들어가 보라고 했더니 수영을 곧잘 하더라고요. 가르치면 괜찮겠다 싶었죠." 제자의 가능

성을 본 노 감독은 눈앞의 성적에 연연하기보다는 유산소 운동을 꾸준히 시키며 지구력을 키우게 했다.

[가슴과 가슴으로]

- 노 감독은 박태환이 금메달을 딴 직후 믹스드 존에서 가진 기자회견에서 "태환이가 어제 '내가 은메달을 따도, 동메달을 따도 대단한 건데 금메달을 따지 못하면 큰일 나는거죠.'라고 말을 하더라."고 밝혔다. 노 감독은 "그래서 내가 '아니다. 너는 수영하는 순간순간이 한국 수영역사를 바꾸는 것이기 때문에 대단한 거다.'라고 태환이에게 말했다. 하지만 가슴이 아팠다."고 털어났다.

3) 멘토는 의지적인(WQ) 부문에 얼마나 도움을 주었는가?
　예: 의지적, 결단력, 윤리적, 본능관리, 자기절제 등

[인생 건 결단력]

- "태환이는 내 인생이고 꿈입니다. 목숨을 걸었습니다." 노민상 수영 대표팀 감독은 '선수 박태환'을 올림픽챔피언으로 만든 스승이자 은인이다. 정작 본인의 인생은 '잡초' 같았다.

[자기 절제력]

- 노 감독은 자신의 자동차 사고 경험에 비추어 자동차를 좋아하는 박태환이 행여 운전하다 다칠까 봐 늘 노심초사하는 마음을 가지고 있다.

[이별의 좌절과 복귀]

- 노 감독은 박태환이 2007년 초 태릉선수촌을 떠나 후원사가 꾸린 전담팀으로 떠나면서 다시 한 번 좌절을 맛봤다. 우여곡절 끝에 2008년 2월에 박태환이 돌아온 뒤엔 서로 약속을 하나씩 했다.

[결단의 약속]

- 박태환은 최대한 빨리 예전의 몸을 만들겠다고 다짐했고, 노 감독은 올림픽이 끝날 때까지 평소 즐기던 술을 끊겠다고 했다.

[영광의 금메달 그 뒤]

- 노 감독은 8월 10일 박태환이 올림픽에서 금메달을 따자 눈물을 흘렸다. 박태환의 훈련일지를 속에 넣어뒀던 종이엔 '심장의 더운 피 식을 때까지'라는 글귀가 적혀 있다.

* 멘토 영향력 평가표

NO	평가기준	5점 척도(5~1)				
1	전문적 부문(IQ)	5				
2	정서적 부문(EQ)		4			
3	의지적 부문(WQ)	5				

3. 이 장의 멘토링 활동 특징

1) 눈물 – 노민상 코치는 박 선수가 아테네올림픽에서 출발 실격

소식을 듣고 박 선수 아버지 박인호(59세) 님과 술잔을 기울
이면서 애석히 여겼다.

2) 협력 - 금번 베이징 금메달은 대표팀 우원기(34) 코치와 한국
체육과학 연구원인 송홍선 박사의 맞춤형 훈련프로그램으로
힘을 합쳤다.

3) 모범멘토 - 노민상 감독은 감독이라기보다는 전형적인 멘토로
전인적인 방법을 다 동원하여 한국 수영역사상 처음 올림픽에
서 금메달을 딸 수 있게 지도하였다. 가장 돋보이는 부문은
지도자로서 의지력과 결단력이다. 국내 모든 지도자들에게 벤
치마킹 자료로 활용하기를 권한다.

NO. 3 이창호(李昌鎬) 바둑기사

멘토: 조훈현 사범

이창호 기사는 전주에서 유명한 전주 중앙동 이시계점의 손자로
할아버지 손에 이끌려 바둑에 입문하게 되었다. 두 사람의 멘토를
거쳐 조훈현 사범과 가정숙식을 같이하면서 멘토링 동행 관계로
맺어진 희망이야기를 들어보기로 하자.

1. 이창호 Profile

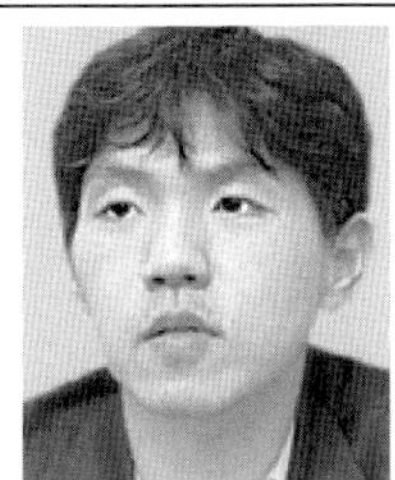

출생: 1975년 7월 29일(전주)
학력: 충암고등학교
데뷔: 1984년 어깨동무 바둑왕전
소속: 한국기원 바둑기사
수상: 2009년 바둑대상 우수기사상
　　　2009년 제7회 춘란배 세계바둑선수권대회 준우승
경력: 2007년 농심 세계바둑최강전
　　　세계대회(한, 중, 일, 대만) 4회 잉씨배 우승

이창호(李昌鎬) 선수는 대한민국의 프로 바둑 기사이다. 그는 조훈현 문하생으로 견고한 기풍과 대국 중의 흔들리지 않는 표정으로 바둑인들에게서 돌부처라는 별명을 얻게 되었다.

2. 멘토의 영향력 이야기

멘토 1: 할아버지는 바둑입문의 길잡이가 되어 주셨다.

멘토 2: 조훈현(56세) 사범은 중국·일본 바둑에 밀려 변두리 취급을 받던 한국 바둑을 세계 최강의 자리로 끌어올린 분이다. 최초로 '바둑황제'라는 칭호를 받았다. 가정 숙식하면서 오늘의 '프로기사 이창호'를 다듬고 완성해 주었다.

1) 멘토는 전문적인(IQ) 부문에 얼마나 도움을 주었는가?

예: 기술, 업무, 학습, 지식, 노하우 등

[할아버지 도움과 교훈]

- 할아버지는 내게 바둑돌을 쥐어 주셨지만, 그 일이 내 인생을 결정지을 것이라고는 상상하지 못했을 것이다. 할아버지는 내가 프로 입문에 이르기까지 할 수 있는 모든 것을 다 베풀어 주셨다.

"어떤 상대도 경시하지 마라. 토끼 한 마리를 잡아도 호랑이는 최선을 다한다.", "세상에 공짜는 없다. 받은 것이 있다면 반드시 그보다 더한 것으로 갚아 주어라."

할아버지의 가르침, 할아버지와 함께한 유년의 기억들은 습관처럼 굳어져 나의 모든 승부에 고스란히 나타나고 있다. 사람들은 나의 對局(대국) 태도나 바둑 내용을 보고 '平靜心(평정심)은 타고났다'고 한다. '돌부처'·'강태공' 같은 과분한 별명을 붙여 주었지만, 그것은 나의 천성이라기보다 할아버지의 오랜 가르침이 나의 정신에 스며든 결과이다.

[조훈현 멘토와 한중일 잉씨배 바둑 제패]

- 그동안 한국바둑이 실력 면에서 계속 왕따를 당하다가 1988년 대만 주관(고 잉창치 창설) 한·중·일·대만 등 4대국 왕창기 잉씨배 1회에서 예상을 뒤엎고 한국 조훈현 기사가 기라성 같은 중국의 임해봉, 섭위평과 혈투하면서 최초로 우승을 차지하게 되었다. 그 후 이창호 기사가 대를 이어 한·중·일 전의 잉씨배 4회 우승자로 자리를 지켰다.

2) 멘토는 정서적인(EQ) 부문에 얼마나 도움을 주었는가?
   예: 마음관리, 건강관리, 인간관계관리 등

[가정숙식 동행 멘토링]

- 멘토 조훈현 사범은 감각과 취향이 전혀 다른 이창호 기사를 가정숙식 內弟子(내제자)로 받아들였다. 세계 정상의 프로가 절정을 달리는 나이에 제자를 받아들이는 일은 프로세계의 '禁忌(금기)'다. 그것도 넓지 않은 집에 부모를 모시는 형편에 집 안으로 제자를 받아들여 가르치는 것은, 보통사람의 상상을 뛰어넘는 모험이었다.

[천재보다 노력]

- 조훈현 사범 멘토는 이 프로를 두고 "재능은 있지만 번득이는 천재는 아니다."라고 말한 때가 있다. 이 기사도 "나 역시 그렇게 생각한다. 노력 없는 최고는 없다. 노력은 재능이라는 비단 위에 한 땀 한 땀 꽃무늬를 수놓는 경건한 정신의 노동이

라는 얘기를 들었다. 나는 천재라는 말보다 노력하는 사람이라
는 말을 듣고 싶다."라고 대답했다.

3) 멘토는 의지적인(WQ) 부문에 얼마나 도움을 주었는가?
   예: 의지적, 결단력, 윤리적, 본능관리, 자기절제 등

[감동의 극치의 결단력]
- 멘토 조훈현 사범은 자신은 물론, 가족의 희생까지 무릅쓰며
  이창호 기사를 받아들여 주었다. 이 특별한 인연은 종교도 없
  는 이창호에 문득문득 神(신)의 은총을 생각하게끔 큰 감동을
  준 것이다.

[멘토 사범을 극복한 이창호]
- 이창호 9단이 조훈현 9단 밑에 제자였는데 이창호 9단은 처음
  엔 성적이 3승 12패였다. 그러나 지금은 조훈현 9단이 나이가
  많이 들어 이창호 9단과 조훈현 9단이 만나면 거의 이창호 9
  단의 승리로 끝난다. 멘토를 실력으로 극복한 멘토링의 최선의
  선순환 인재개발이 이뤄진 것으로 볼 수 있는 것이다.

* 멘토 영향력 평가표

NO	평가기준		5점 척도(5~1)			
1	전문적 부문(IQ)	5				
2	정서적 부문(EQ)	5				
3	의지적 부문(WQ)	5				

* 조훈현 멘토는 유일하게 만점으로 평가받음

3. 이 장에서 멘토링 활동 특징

- 세계 최연소타이틀 획득(13세, 제8기 바둑왕전)
- 최연소 세계챔피언(17세, 제3기 동양 증권배)
- 이창호 기사는 신문대담에서 "내게는 세 분의 멘토가 계신다. '프로기사 이창호'라는 작품의 첫 번째 멘토는 아마추어 이정옥 5단, 두 번째 멘토는 프로기사 전영선 사범, 세 번째 멘토가 바로 조훈현 사범"이다. 이창호 기사는 "내 인생 멘토들이 내게 준 사랑과 가르침을 따라 나는 뚜벅뚜벅 걸어가고 싶다. '立德勝命'(입덕승명: 덕을 쌓으면 운명도 이겨 낼 수 있다)이라고 한다. 나의 승부도 나의 삶도 그렇게 되길 바란다."라고 말했다.

NO. 4 신현수 바이올리니스트

멘토: 김남윤 교수

어머니 나명숙(47)에 의해서 3세부터 영재성이 개발된 신현수(21세)는 해외유학 경험 없이 순수 국내파로서 12년간 한국 예술종합학교 김남윤 멘토에게 사사받고 보은이나 하듯이 프랑스 롱 티보 콩쿠르에서 한국인 최초로 우승의 영광을 안았다.

1. 신현수 Profile

출생: 1987년(전라북도 전주)
가족: 언니 신아라(바이올리니스트)
학력: 한국예술종합학교
데뷔: 2005년 Toi 1집 앨범 [Toi]
수상: 2008년 프랑스 파리 롱 티보 콩쿠르 1위

두 자매(언니 신아라, 동생 신현수)는 유치원에서 바이올린을 처음 접했다. 전주에서 초등학교를 다닐 때부터 서울을 오가며 김 교수를 사사했다.

현수 씨는 "그동안 출전했던 여러 콩쿠르에서 2~3위를 한 것이 오히려 약이 됐다."라고 말했다. 이어 "어렸을 때부터 선생님으로부터 무대에서의 걸음걸이, 옷차림 등 때문에 혼났는데 언젠가부터 무섭다기보다 포근한 사랑이 느껴졌다."라고 덧붙였다.

현수 씨는 이번 롱 티보 콩쿠르 우승으로 라디오 프랑스 필하모닉 오케스트라와의 협연을 포함하여 10회가 넘는 협연과 독주회 일정이 잡혀 있다.

2. 멘토의 영향력 이야기

멘토 1: 나명숙(47) 어머니는 초등학교 시절에 영재성을 발견하여
가난한 생활 속에서도 두 자녀를 김남윤 교수와 한마음
으로 지원하여 신현수가 성공하는 데 기둥역할을 했다.

멘토 2: 김남윤 교수는 12년 동안 레슨비도 없이 영재성을 살려
서 프랑스 롱 티보 콩쿠르에서 국내파 음악인으로서는
최초로 우승할 수 있도록 뒷받침을 해 주었다.

1) 멘토는 전문적인(IQ) 부문에 얼마나 도움을 주었는가?

예: 기술, 업무, 학습, 지식, 노하우 등

[철저한 연습 분위기]

- "어린애치고는 꾸준하게 죽을 만큼 연습했어요. 물론 내 말을

안 들을 때는 큰소리가 오가기도 했죠. 현수 언니인 바이올리
니스트 아라(25)도 내가 특별하게 생각하는 학생이에요."

[어머니의 연습배려]

- "엄마는 하루에 5시간씩 연습을 시켰어요. 어린 마음에 놀고
싶어 '나 안 할래'라고 짜증을 낸 날 새벽 내내 맞은 기억이
나요. 엄마는 '뭐든 끝까지 해내라'고 강조하셨어요."

2) 멘토는 정서적인(EQ) 부문에 얼마나 도움을 주었는가?
예: 마음관리, 건강관리, 인간관계관리 등

[감동의 눈물]

- 바로 1996년부터 형편이 어려운 신 씨를 위해 레슨비도 받지
않고 가르친 김남윤 한국예술종합학교 교수(59). 유난히 인정
많은 김 교수는 신 씨를 자신의 집으로 데려가 '합숙'훈련을
시키고 수억 원을 호가하는 명기(名器)도 빌려줬다. 그렇게 각
별했던 그는 제자가 콩쿠르 결선에 진출한 날 뜬눈으로 밤을
새웠다. 한숨도 못 자다가 지난 16일 새벽 국제전화로 신 씨의
우승 소식을 듣는 순간 눈물을 펑펑 흘렸다.

[어머니와 소통원활]

- 김 교수는 신 씨 어머니와 잘 '통하는' 사이였던 게 두 아이를
가르치는 데 도움이 됐다고 한다. 신 씨 어머니는 두 아이를
정확하게 판단했다. 다른 부모들은 '내 자식은 특별한 천재'라

고 생각해 오판을 내린다는 것.

"현수 어머니는 애들 때문에 속상하면 나한테 잘 일러요. 같이 애들 욕하고 야단을 쳤어요. 어머니가 아이들 상태를 잘 말해 주니까 어떻게 가르쳐야 할지 파악이 됐죠. 두 아이는 참 스타일이 달라요. 아라는 답답할 만큼 말을 잘 안 하고, 현수는 굉장히 발랄해요. 아마 둘을 적당히 섞으면 기가 막힌 바이올리니스트가 될 겁니다. 두 아이에게 거는 기대가 크고 나도 많이 의지합니다."

[어머니 같은 진짜 사랑]
- 항상 김 교수를 무서워하던 신 씨는 2004년 이탈리아 파가니니 국제 콩쿠르에 동행하면서 선생님의 따뜻한 마음을 깨달았다. 당시 김 교수는 심사위원으로 참가했고 신 씨는 대회에서 3위에 입상했다.

신 씨는 "춥지 않은지, 배고프지 않은지 엄마처럼 챙겨주셨다."며 "진짜 사랑으로 대하시는구나 하고 처음 느꼈다."고 회상했다.

3) 멘토는 의지적인(WQ) 부문에 얼마나 도움을 주었는가?
예: 의지적, 결단력, 윤리적, 본능관리, 자기절제 등

[강한 의지]
- "그동안 잔소리한 보람이 있네요. 현수는 목표가 있으면 독할 만큼 잠도 안 자고 연습하는 학생이에요. 내가 원하는 것도 금방 알아들으니 우리는 궁합이 잘 맞는 사제지간입니다." 유학 없이도 프랑스 '롱 티보 콩쿠르' 1위를 차지한 순수 국내파 바

이올리니스트 신현수 씨(21) 뒤에는 '아낌없이 밀어주는' 스승이 있었다.

[찰떡궁합]

- 김 교수는 "우리 현수와 아라는 제가 사랑하고 의지하는 제자들이에요. 저와 궁합도 잘 맞는답니다. 야단도 많이 쳤는데 그 결과가 이제 빛을 발하는 것 같아요." "선생님은 엄할 때는 엄하시지만 어머니처럼 포근하게 감싸주세요. 선생님이 아니었다면 이 자리까지 올 수 없었을 거예요."(신현수·아라 자매)

[자기관리 충고]

- 애착이 크다 보니 야단을 칠 때도 많다. 김 교수는 틈이 날 때마다 신 씨 걸음걸이나 옷 입는 스타일, 화장에까지 참견을 했다. 신 씨는 "남자같이 걸어서 엄청 혼났다."며 "선생님은 '연주자 마음가짐과 자세도 음악에 배어나오니까 조심하라'고 강조했다."고 말했다.

* 멘토 영향력 평가표

NO	평가기준	5점 척도(5~1)				
1	전문적 부문(IQ)	5				
2	정서적 부문(EQ)	5(나)	4			
3	의지적 부문(WQ)		4			

3. 이 장에서 멘토링 활동 특징

신현수는 어머니 나명숙 씨의 가난을 딛고 끝까지 지원과 김남윤 교수의 열정으로 순수 국내파라는 불리한 여건 속에서도 롱 티보에서 세계를 깜짝 놀라게 우승했다. 특히 언니 신아라와 실력이 쌍벽을 이룸으로 선의경쟁과 협력으로 더욱 실력이 향상될 것이다.

멘토 1: 어머니는 영재성을 발견하고 하루에 5시간씩 강행군의 연습을 독려했다.

멘토 2: 김남윤 교수의 인정과 열정＝김 교수와 신 씨는 악기 한 대를 나눠 쓰는 사이다. 그뿐 아니라 1996년 이 자매를 처음 만나 지금까지 무료로 레슨을 해 주고 있다. 신현수는 "선생님의 특별한 인정과 열정 때문에 열심히 하지 않을 수가 없었다. 그래서 좋은 학생이 많이 배출되는 것일 터"라고 설명했다.

Story 2.
여성리더 멘토링 이야기

NO. 5 조수미(曺秀美) 성악가

멘토 1: 어머니 김말순
멘토 2: 카라얀 지휘자

1986년 그녀는 큰 전환기를 맞이했다. 주위의 권유를 받아들여 자의반 타의반으로 이태리 유학의 문을 두드렸는데 행운의 여신은 당시의 21세기 거장(巨匠) 지휘자 헬베르트 폰 카라얀(Herbert von Karajan)을 만나는 길로 인도해 주었다. 조수미의 잠재력(潛在力)을 발탁한 카라얀! 그는 "신이 내린 목소리"라고 극찬하면서 사랑하는 조수미를 세계적인 오페라왕으로 이미 그때 그녀의 길을 예고하였다.

1. 조수미 Profile

출생: 1962년 11월 22일(서울특별시)
학력: 산타체칠리아 국립음악학교 성악 학사
데뷔: 1986년 오페라 '리골레토'
수상: 2008년 국제푸치니상
경력: 2007년 8월 여수엑스포 홍보대사
　　　2006년 12월 평창동계올림픽 명예홍보대사

　　1962년 서울에서 태어난 조수미는 어릴 때 무용, 성악, 가야금, 피아노 등 다방면에 걸친 폭넓은 교양을 익혔고 또 소질을 보였던 그녀는 음악에 조예가 깊은 어머니에 의해, 유달리 뛰어난 성악적 재능을 인정받고 성악가로 클 수 있는 집중적인 교육을 받았다. 그녀는 서울대 성악과를 학과개설 이후 사상 최고의 실기점수를 받으며 수석으로 입학했다. 이때부터 이미 남다른 가능성을 지닌 재목으로서 세인들의 입에 오르내리기 시작했다. 하지만 학교생활에 크게 만족하지 못했던 그녀는 입학한 지 채 1년도 안 되어 성악의 본고장인 이탈리아로의 유학을 떠나게 된다. 역시 대어다운 탁월한 선택이었다.

　　그녀는 드디어 1986년 정식으로 오페라 데뷔를 갖게 된다. 이탈리아 5대 극장의 하나인 트리스테 베르디 극장에 <리골레토>의 질다로 출연한 것이 그것. 이때 선보인 환상적인 가창으로 거장 카라얀을 감복시킨 그녀는 2년 뒤 그의 오디션에 초청되어 함께 작업하여 세계적인 명성을 쌓을 수 있는 결정적인 전기를 마련했다.

2. 멘토의 영향력 이야기

멘토(Mentor) 1: 어머니 김말순

조수미(曺秀美)의 어머니 김말순(金末順·71) 여사는 "어린 시절부터 딸의 소리가 예사롭지 않았다."고 했다. "노래를 시키면 아이답지 않게 소리가 쭉쭉 뻗어나가더라."는 것이다.

"수미는 아버지의 목소리를 타고났어요. 그 양반 목소리가 카랑카랑했거든요. 회사 야유회에서 「번지 없는 주막」을 불러 자전거를 타오기도 했습니다. 성격도, 생긴 것도 아버지를 빼다 박았어요. 코흘리개 시절부터 혼자 웅얼거렸어요. 처음엔 이상하다고 생각했는데 그게 노래였습니다. 유치원 시절에 이미 동요란 동요는 다 꿰고 있었어요."

영자신문 「코리아 헤럴드」에서 타이피스트로 일했던 金 여사는 자신이 좋아했던 마리아 칼라스나 레나타 테발디 등 당대 프리마돈나의 음반을 들려주거나 오페라 아리아를 화제 삼아 딸에게 얘기해 주었다고 한다.

여섯 살 무렵부터는 조수미(曺秀美)의 손을 잡고 세종문화회관이나 이화여대 대강당 등 오페라 공연장을 찾았다. 일찌감치 딸이 자신의 재능에 눈뜰 수 있게 매니저 겸 후원자로 나선 것이다. 그녀는 2003년 문화관광부가 제정한 '예술가의 장한 어머니상'을 수상했다.

"여섯 살부터 '동당동당' 피아노를 쳤는데 음감이 빨라 한 번 들은 곡은 여지없이 외워서 쳤어요. 그걸 절대음감이라고 하나요? 서울 면목동에서 살 때였는데, 옆집 담 너머에서 음악이 흘러나오자 한 소절도 빠뜨리지 않고 피아노로 옮겨 치더라고요. 깜짝 놀랐습니다. 언젠가 유명 오페라 공연장에 데려간 일이 있었는데, 한참 듣더니 '이 부분은 이렇게 불러야 하는데 틀렸다.'고 지적했어요."

金 여사는 딸이 1983년 이탈리아 로마의 산타 체칠리아 음악원으로 유학 가자 거의 매일 편지를 썼고, 오페라 음반이나 악보를 구하거나 국내 유명 오페라 공연이 있으면 녹음해 두었다가 로마로 보내는 일을 게을리하지 않았다. 심지어 딸이 깻잎 냄새가 가득 밴 신림동 시장의 순대가 먹고 싶다면 순대를 밀봉해 보내 주었다.

딸이 결혼하지 않는 것에 대해선 "너무 바쁘니 어쩔 수 없다."고 했지만 언젠가는 신랑감을 데려오리라 믿어 의심치 않는 눈치였다.

"사실 결혼시켜야겠다는 뜻이 강했는데 너무 바빠요. 간혹 좋은 분을 소개받아도 몇 달씩 대륙을 오가며 연주 여행을 떠나니 대화가 오래가지 않는 눈치입니다. 글쎄, 세계에서 제일 바쁜데 어쩌겠어요."

金 여사는 딸의 공연장을 자주 찾는 편이다. "고음 F를 소화할 수 있는 세계에서 몇 안 되는 '콜로라투라(꾸밈음이나 스릴이 넘치는 화려한 악구가 기악적으로 펼쳐지는 선율 양식)'이니 흠잡을 데가 없다."고 대견스러워하면서도 "레퍼토리로 더 좋은 곡을 선택하라."는 충고를 아끼지 않는다. 조수미가 공연을 마친 뒤 어머니의 눈빛을 마주치는 것이 제일 두렵다고 말할 정도다.

"태몽이 뭐냐"고 묻자, 한참을 웃더니 "수미를 낳기 전 단칸방에 살 때였는데 수세미 넝쿨 같은 것이 온 집안을 휘감더라."고 했고, 딸이 서울대 음대에 입학할 때는 "작은 어항에 큼지막한 금붕어가 있는 꿈을 꾸고 화들짝 놀라 깬 적이 있다.”고 했다.

멀리 떨어져 사는 딸을 그리며 金 여사는 매일 그녀가 부른 아리아를 듣는다. 눈을 떠서 감을 때까지 항상 딸의 음성과 함께한다. “수미가 부른 노래는 다 좋아하지만 그중에서 「루치아」와 「청교도」를 제일 좋아한다.”며 “그 노래를 들을 때마다 전율하고 또 전율한다.”고 했다.

멘토(Mentor) 2: 카라얀(Herbert von Karajan·1908~1989)

[조수미가 보는 멘토 카라얀]

카라얀을 두고 이런저런 말들이 많다. 어떤 사람들은 카라얀을 음악의 제왕이라고도 하고, 또 어떤 사람들은 카라얀은 화려하게 포장된 상품에 불과하며 출세에 눈이 먼 장사꾼에 지나지 않는다고 비난한다.

어느 쪽이 진실일까. 진실은 늘 여러 가지 모습을 갖고 있다. 이것이 진실이라고 말할 자신은 없다.

그러나 적어도 내게 카라얀은 화려하게 포장된 상품은 결코 아니었다. 카라얀이 독재자였다는 말은 맞을지 모른다. 그는 너무나 엄격해서 작은 실수 하나도 그냥 넘기지 않았고, 자신을 완전히 승복시키지 않는 한 다른 사람의 견해를 절대로 받아들이지 않았다.

카라얀이 처음 내 인생 속으로 날아든 날이 엊그제처럼 생생하다. 그날 나는 음악을 크게 틀어놓고 저녁준비를 하고 있었다. 저녁 7시쯤, 전화벨이 울렸다. 독일어 악센트가 강하게 울리는 웬 여자가 나를 찾았다.

"네. 제가 조수미인데요."

"아, 저는 폰 카라얀의 비서입니다."

그때부터 가슴이 두근거리기 시작했다. 전화를 끊고 나서도 한동안 나는 정신을 차릴 수가 없었다. 잘츠부르크에 와서 오디션을 받을 수 있겠느냐는 비서의 말에 뭐라고 대답했는지, 전화를 끊고 나니까 그저 멍할 뿐이었다.

그때 카라얀에게 오디션을 받는 사람은 나 혼자가 아니었다. 이탈리아의 메조소프라노인 체칠리아 바르톨리와 역시 이탈리아 바리톤인 루치오 갈로가 함께 오디션을 받을 예정이었다. 우리 셋은 우연히 레오나르도 다빈치 고향에서 만나 함께 잘츠부르크로 왔다. 셋 다 흥분한 상태였다.

약속한 극장에 도착했다. 길고 높게 지은 유럽의 전통 있는 극장과는 달리 무대가 굉장히 넓고 객석도 양옆으로 넓게 퍼져 탁 트인 느낌을 주었다. 극장 구경을 하며 초조하게 카라얀을 기다린 지 30분쯤 지난 뒤였다.

감색 트레이닝복을 입은 카라얀이 누군가의 부축을 받으며 우리 쪽으로 천천히 걸어왔다. 짧은 거리였지만 몸이 불편한 카라얀은 슬로비디오처럼 느릿느릿 걸었다.

제왕의 말년 그것은 슬프고 아름다운 황혼과 같았다.

우리 셋은 무대 근처에 있고 카라얀은 객석 중간에 앉았다. 무대 위엔 노란 조명이 동그란 원을 만들며 강하게 내리비쳤다.

객석의 불이 동시에 꺼졌다. 그때처럼 긴장한 건 처음이었다. 어둠과 침묵, 무대 위의 강렬한 조명, 손에 끈적끈적하게 땀이 배었다.

"한국인 소프라노 어디 있지, 맨 처음 당신의 노래를 듣고 싶은데."

말 잘 듣는 초등학교 1학년짜리 아이처럼 나는 얼른 손을 들고 무대 위로 올라갔다.

<리골레토>에 나오는 질다의 아리아 '그리운 그 이름' 전주가 흘러나왔다. 나는 난생처음 떨린다는 게 어떤 건지를 실감했다. 두려움이라기보다는 일종의 강렬한 흥분상태라고나 할까. 카라얀을 만나러 가는 길, 가슴은 쿵쿵거리고 하나씩 올라가는 계단마다 예스, 노를 반복하며 밟았다. 카라얀은 내게 손을 내밀었다. 나는 얼떨결에 그의 손을 잡았다.

[신이 내린 소리야]

"축하하네" 그 말 뒤에 그는 나를 정면으로 응시했다. 카라얀의 목소리도 흥분으로 떨리고 있었다. "도대체 지금까지 어디에 숨어 있었던 거지? 수미 조의 목소리는 신이 내린 소리야. 그런 목소리는 한 세기에 하나 나올까 말까 한 신의 선물이지. 그러니 수미 조는 신의 선물을 잘 갈고닦아 사람들에게 기쁨을 주어야 할 의무가 있어" 이탈리아 유학 때부터 많은 사람들에게 이미 무대에 설 만큼 테크닉이 완벽하다느니, 음악성이 뛰어나다느니 하는 찬사를 받아왔지만, 카라얀에게 그런 말을 듣고 나니 몸 둘 바를 몰랐다. 어떻게 대답해야 할지도 난감했다. "수미 조는 도대체 어디서 공부를 했지? 누구를 사사했어?" "한국에서 배웠습니다." "불가능해! 불가능하다고! 한국에도 그렇게 뛰어난 선생들이 있단 말인가?" 불가능해를 몇 번 외치더니 한참 후에야 카라얀은 고개를 끄덕였다. "역시 한국은 대단한 나라야."

카라얀은 따스한 눈으로 나를 보며 충고했다.

"목소리를 아껴야 돼. 밤의 여왕 역이 많이 들어오지? 아직 나이도 어리고, 밤의 여왕 역은 성대에 무리가 가니까 웬만하면 하지 말라고. 연주 욕심도 너무 부리지마. 자기 시간을 많이 가져. 자기에게 헌신하는 시간을 많이 가져야 큰 그릇이 돼.”

그 말은 두고두고 내게 많은 도움을 주었다.

카라얀은 내가 아주 어린 시절부터 좋아한 지휘자였다. 내 또래의 감상적인 소녀라면 누구나 카라얀이 지휘하는 모습이 담긴 패널을 하나쯤 갖고 있을 것이다. 카라얀은 음악을 하는 내게 하나의 우상이었다. 그 우상과 함께 연주할 수 있다니. 카라얀은 수많은 이야깃거리를 만들어 낸 인물. 카라얀이 눈을 감고 지휘한다는 건 누구나 알 만한 사실이다.

카라얀의 놀라운 기억력도 세간에 흘러 다니는 유명한 일화다. 한 시간짜리 교향곡은 물론이고 세 시간짜리 오페라를 연주하는 데도 카라얀은 악보 한 번 보지 않는다고 한다. 카라얀이 완벽하게 외우고 있는 오페라만 해도 50여 곡이 넘는다고 했다.

그뿐인가. 내가 즐겨 듣던 많은 곡들은 카라얀의 지휘로 녹음된 것들이었다. 카라얀의 이름이 적힌 레코드를 나는 수없이 들어왔다.

그에게 선택되어야만 최고라고 인정을 받는 게 유럽 무대의 실정이었다. 그런 카라얀에게 내가 발탁되다니…… 로마행 비행기를 타고 로마 시내가 한눈에 들어올 때쯤에야 나는 흥분상태에서 완전히 벗어났다. 그러자 비로소 두려움이 엄습해 왔다.

이제부터는 공부하는 학생이 아니다. 카라얀과 같은 무대에서 내가 가진 재능과 노력을 고스란히 드러내 보여야 하는 진짜 연주가의 인생이 기다리고 있는 것이다. 그러나 그 두려움은 달콤하고 감미로웠다.

멘토(Mentor) 1: 어머니 김양배
멘토(Mentor) 2: 故 김수환 추기경

인순이는 데뷔 후 30년간 끊임없이 활동하면서 한국의 최고의 여가수 중 하나로 여겨지고 있다. 혼혈인이라는 특이한 매력을 가지고 있다. 인순이는 한국인 어머니와 한국에 주한미군으로 근무하던 흑인 아버지 사이에서 태어났으며 그로 인해 어려움을 겪었다. 1995년 KBS 방송대상 여자 가수상, 2004년과 이듬해에는 연달아 KBS 가요대상 본상을 수상했다. 1997년 국민훈장 목련장을 받기도 했으며, 2006년 여성신문사 주최로 열린 '미래의 여성 지도자상'을 수상했다.

1. 인순이 Profile

출생: 1957년 4월 5일
학력: 청산중학교
데뷔: 1978년 희자매
수상: 2007년 Mnet KM 뮤직 페스티벌
       MKMF헌정상
       2007년 코리아 베스트드레서 특별상
경력: 2007년 6월 저작권 홍보대사
       2007년 3월 경기도 홍보대사

2. 멘토의 영향력 이야기

멘토(Mentor) 1: 어머니 김양배

가수 인순이가 모친상(김양배 74세 2005. 9. 4.)을 당했다. 혼자 몸으로 혼혈아를 당당히 길러낸 어머니이기에 주위의 안타까움은 더했다. 어머니의 임종 소식을 듣고도 팬들과의 약속을 지키기 위해 끝까지 무대에서 노래를 불렀던 인순이가 털어놓은 특별한 어머니 이야기.

고인은 인순이에게 어머니이자 아버지 같은 존재였다. 세상의 편견에 힘들어하는 어린 딸에게 당당히 맞서 싸우라고 가르쳐준 사람도 어머니였고, 언제나 당당한 모습으로 자식들을 이끌어준 것도 어머니다.

남편 없이 혼자 몸으로 두 딸을 훌륭히 키워낸 故 김양배 씨. 혼자서 어린 딸을 키우기 위해 누구보다도 강해야 했던 그녀지만, 끝내 병마를 이기지 못하고 사랑하는 딸들 곁을 떠나고 말았다. 어머니의 영정을 바라보며 인순이는 자신과 동생을 버리지 않고 키워준 어머니의 은혜에 대해 이야기했다.

"어머니는 굉장히 여성스러우셨지만 누구보다 강한 분이었어요. 저와 동생을 키우기 위해 많은 것들을 포기하고 감수하셨죠. 당시 사회 분위기는 아무리 피붙이라 해도 저와 제 동생을 여자 혼자서 키우기는 힘든 상황이었어요. 제가 가정을 꾸리고 딸을 얻고 나서야 비로소 어머니가 우리를 키운다는 게 얼마나 힘든 일이었는지 깨달았죠. 그때는 저와 동생을 버리는 게 당연한 시대였어요. 하지만 어머니는 누구의 도움도 없이 우리를 보듬어 주셨죠.”

평생을 외롭게 산 탓인지 고인은 집에 사람들이 북적거리는 걸 좋아했다고 한다. 집에 손님이 찾아오는 날이면 음식을 만들어 접대하기를 즐겼으며, 몸이 아프기 전에는 직접 된장과 고추장을 담가 딸들에게 나눠줬다. 인순이는 특히 어머니가 해준 고구마순 김치를 좋아한다며 또다시 눈시울을 붉혔다.

마지막까지 딸에게 손수 음식을 만들어 주시던 어머니는 인순이의 가장 열렬한 팬이자 든든한 후원자였다. TV에서 노래를 부르는 딸의 모습을 빼놓지 않고 시청했으며, 사람들이 인순이의 이름을 말할 때마다 ‘내 딸’이라고 자랑스럽게 얘기했다. 자신이 처한 상황을 원망하기보다는 당당히 맞서 이겨 나가는 딸의 모습을 항상 기특해했다.

인순이의 남편 박경배 씨는 아내의 당당함은 장모에게서 배운 것이라고 말했다.

“장모님은 아내를 무척이나 아끼셨어요. 딸이 자랑스럽다는 이야기를 입버릇처럼 하셨죠. 아내가 TV에 나오는 날이면 만사 제쳐두고 TV 앞에 앉아 계셨어요. 또 사람들이 아내 얘기를 할 때면 ‘내 딸’이라며 자랑스럽게 말씀하셨어요. 그러면서도 집안의 가장 큰 어른으로서 중심을 잡고 저희들을 이끌어 주셨죠. 어려서부터 그런 장모님을 보고 자란 아내 역시 어떤 상황에서도 절대로 포기하거나 좌절하는 법이 없어요. 모두 장모님 덕분이죠. 이제 그 빈자리를 맏사위인 제가 메워야 할 텐데 벌써부터 걱정이 되네요.”

하나뿐인 여동생 김미진 씨는 “어머니가 생전에 자식들의 일이라면 몸을 아끼지 않았다.”고 한다. 특히 어머니에게 “큰딸 인순이는 보석 같은 존재였다.”고 말했다. “이렇게 많은 분들이 저희 어머니 마지막 가시는 길에 와주신 건 다 언니 덕분이라고 생각해요. 저도 앞으로 언니를 도와 어려운 사람들을 위해 작은 힘이나마 보태겠습니다.”

멘토(Mentor) 2: 김수환 추기경

지난 16일 선종한 김수환 추기경과 가수 인순이의 각별한 인연을 가졌던 것으로 밝혀져 눈길을 끈다. 인순이는 지난 17일 서울 명동성당에 마련된 빈소를 찾아 눈물을 흘리며 애도했다. 김 추기경은 생전에 인순이를 세례명인 ‘세실리아’로 부르며 딸처럼 여겼고, 인순이는 명절 때 김 추기경에게 세배를 가기도 했다.

1990년대 후반 김 추기경을 가까이 모신 최성우 신부는 “김 추기경이 가장 인기 있는 예쁜 여배우는 기억하지 못하셔도 인순이 씨가 살아왔던 삶의 아픔에 대해서만큼은 남다른 애정을 가지고 계셨다.”고 전했다. 김 추기경은 유독 연예인의 이름을 기억 못 해 조용필과 조영남도 구분하지 못했지만 인순이만은 예외였다는 것이다.

인순이는 19일 평화방송라디오 ‘열린세상 오늘, 이석우입니다’에 출연, “1993년쯤 결혼하기 전에 방송토크쇼에서 ‘저, 궁합봤어요. 신부님 죄송합니다’라는 얘기를 했다.”며 “당시에는 연예인들이 종교에 대해 잘 얘기를 하지 않던 때였는데 김 추기경이 그것을 보셨는지 ‘그렇게 종교에 대해 얘기할 수 있어 보기 좋았다’고 말씀하셨다.”고 말했다.

인순이는 '김 추기경이 딸처럼 생각했다'는 것에 대해 "오히려 나는 소문으로 그렇게 많이 들었다."며 "공식석상에서도 뵈면 저에게 잘해 주시고 따뜻하게 말씀해 주셔서 다른 분들에게도 이렇게 잘해 주시겠지라고 생각했는데 많은 신부님들을 통해서 저한테 관심이 참 많으시다고 전해 들었다."고 말했다.

인순이는 "우연치 않게도 공식적인 장소에서 여러 번 만났고, 설에 가서 세배 드리고 세뱃돈도 받았다."며 "그래서 아마 저를 더 많이 기억하시고 저는 또 많이 의지했던 것 같다."고 했다.

인순이는 "개신교에서는 하나님이라고 부르고 가톨릭에서는 하느님이라고 부르는데 제가 너무 몰라서 처음으로 성가음반을 냈을 때 한 음반에서 하나님으로도 부르고 하느님으로도 불렀다."며 "그래서 제가 추기경님께 '하나님과 하느님의 차이가 도대체 뭐기에 이렇게 구분해서 음악을 틀까요'라고 했더니 '글쎄 나도 모르겠는데 나도 하나님이라고 그러는 것 같은데'라고 하셨다. 그래서 마음의 차이는 있을지 몰라도 하느님이나 하나님이나 한 분이라는 것을 배우게 됐다."고 말했다.

인순이는 "김 추기경이 나에게 '예쁘게 사는 모습이 예쁘다. 그리고 예쁘게 살고 항상 남을 한 번 더 먼저 생각하라'고 말씀하셨다는 말이 기억난다."며 "오히려 작은 부분에, 소외된 쪽에 많이 관심을 가져주시는 것이 저희는 정말 너무 닮고 싶은 모습이었다."고 회고했다.

인순이 또한 이날 오후 김 추기경의 시신이 안치된 서울 명동성당을 찾아 뜨거운 눈물을 흘려 보였다. 인순이는 "김 추기경님께 새해마다 세뱃돈을 받으러 가곤 했는데 너무 슬프다."며 가슴 아파했다.

김태희와 인순이는 평소 독실한 천주교 신자로 신앙심이 깊은 연예인으로 유명하다. 두 사람은 이어 "추기경님께서 부디 영원한 안식을 받으시길 기도드린다."고 덧붙였다.

NO. 7 대장금(大長今) 멘토링

대장금은 조선시대 중종의 신임을 받은 의녀(醫女)였던 장금(長今)의 삶을 재구성한 팩션(faction)이다. MBC－TV에서 2003년 9월 15일부터 2004년 3월 30일까지 매주 월요일과 화요일에 방영되었다. 50%가 넘는 시청률을 기록하였으며, 중국, 대만, 일본, 미국 등지에도 수출되어 많은 인기를 끌었다. 일본에서는 NHK－BS2에서 2004년 10월 7일부터 2005년 10월 27일까지 방영되었다. 또한 이 작품을 통해, 배우 이영애는 한류스타로 발돋움하는 계기가 되었다

대장금은 주인공 서장금(徐長今, 이영애의 배역)이 폐비 윤씨의 폐위 사건 당시 궁중 암투에 휘말려 부모를 잃고 수라간 궁녀로서 궁궐에 들어가 중종의 주치의인 최초 어의녀(御醫女)가 되기까지의 과정을 그리면서, 그 가운데 주인공 장금의 성공과 사랑을 그리고 있다.

장금(長今)이라는 이름은 조선왕조실록 가운데 중종실록에 여섯 번가량 등장하며, 장금이라는 의녀가 있었고, 왕의 신임을 받았다는 정도로 기록되어 있다. 그 밖에는 장금의 본명이나 출신 등의 자세한 기록이 전해져 있지 않으며 드라마에 등장하는 장금이라는

인물에 관한 내용은 대부분 작가의 상상력으로 만들어진 이야기이다.

　멘토 1: 덕구 아저씨(임현식 대역)
　멘토 2: 한 상궁(양미경 대역)
　멘토 3: 장덕(김여진 대역)
　멘토 4: 민정호(지진희 대역)

　대장금에서 많은 사람들은 멘토로서 한 상궁 한 사람에 초점을 두고 있으나 좀 더 자세히 이 드라마를 관찰한다면 멘토가 네 사람이라는 것이다. 이것은 가장 이상적인 멘토링으로 장금이 한 사람만을 위하여 각 특수 분야에서 조언을 해 줌으로 조선조에서 유례없는 여성 어의(御醫) 대장금으로 인정을 받았던 것이다.

드라마 중 한 장면(장금, 한 상궁)

1. 대장금의 생애(1515~)

조선의 의녀 중 가장 많은 기록을 남기고 있는 인물이 바로 중종 대의 대장금(大長今)이다. 대장금은 의녀로서는 유일하게 임금의 주치의 역할을 했고, 중종이 마지막까지 자신의 몸을 맡겼을 정도로 신뢰받았던 의원이었다고 기록되었다.

남존여비의 봉건적 체제하에서 무서운 집념과 의지로 궁중최고의 요리사(料理師)가 되고, 우여곡절 끝에 조선 최고의 의녀(醫女)가 되어 어의(御醫)를 비롯한 수많은 내의원(內醫院) 남자 의원들을 물리치고 조선조 유일한 임금 주치의가 되었던 역사상 실존인물, 의녀(醫女) '장금'(長今)! 조선조 중종(1506~1544) 때 '대장금'(大長今)이라는 엄청난 칭호까지 받은 전설적인 인물인 장금(長今). 장금의 파란만장한 생애는 그동안 역사에 묻혀 있던 한 여성의 의미 있는 성공사례다.

2. 장금이(탤런트: 이영애 대역)를 위한 멘토링 사례

대장금에서 장금이는 그 당시 여인이라는 신분과 서출이라는 절대적인 불리한 여건 속에서도 궁궐 신입단계, 성장단계, 전문단계, 리더단계 등의 파란만장한 생애에서 자신의 남다른 재능과 우수한 멘토를 만남으로 조선 유일하게 여의녀가 임금의 주치의 되는 과정을 그린 멘토링 드라마다.

1) 신입단계 멘토(1) — 유년 시절 시절 — 장금이와 덕구 아저씨

- 장금이는 입궐 전에 조실부모하고 덕구(탤런트: 임현식) 아저
  씨의 가사 심부름을 해 주면서 부모님과 같은 따뜻한 도움을
  받으면서 유년 시절을 보냈다.

2) 성장단계 멘토(2) — 궁중시절 — 나인 서장금과 한 상궁(탤런트:
  양미경)과 멘토링

- 스승과 제자, 어머니와 딸이라 할 수 있는 한 상궁과 장금의 대화!
한 상궁 - 눈앞의 과제 해결 위해 비법 찾기만 몰두하다 보면 큰
  목표를 놓친다.
장금 - 어쩌면 한 상궁님은 저희 어머니와 그렇게 똑같으십니까?

3) 전문단계 멘토(3) — 관비시절 — 장금과 장덕(탤런트: 김여진)과
  의술. 침술멘토링

- 의술의 핵심을 가르치는 장덕의 열정! "안 가르치면 안 가르쳤
  지 덜 가르치진 않겠다." 장금에게 의술의 비법 전수를 통하여
  못 이룬 자신의 꿈을 실현코자 한다.

4) 리더단계 멘토(4) — 왕궁복귀 — 장금과 스승 신익필, 장덕, 민
  정호와 멘토링

- 스승 신익필과 장덕, 민정호(탤런트: 지진희)와 멘토링 관계가

이어지면서 앞으로 어의(御醫)로서 리더십을 발휘하게 되는 데 이 단계가 리더 멘토링 전개과정이다.

3. 대장금 멘토링의 교훈

'여성들은 대장금에서 멘토링(Mentoring)을 배워라! 리더십이 여성계의 화두가 되고 있는 가운데 남성에 비해 상호 유대관계가 부족한 여성이 이 같은 단점을 극복하기 위한 멘토링 활용법이 관심을 끌고 있다. 멘토링이란 사회경험이 풍부한 멘토(Mentor · 스승)와 사회초년생인 멘제(Menger · 제자)가 만나 서로의 인격과 능력을 계발하는 과정. MBC 드라마 '대장금'에서 한 상궁(양미경)과 장금(이영애)이 바로 멘토와 멘제다. 15일 방영분에서 한 상궁은 죽었지만 그의 가르침은 장금의 평생 길잡이가 된다.

1) 전문가들이 분석한 '이상적인 멘토 – 멘제 관계'

멘토링은 특히 막 사회에 나온 여성이 자신감과 자기 발전의 동기를 얻는 데 중요하며 이미 리더로 부각되기 시작한 여성들에게도 인적 네트워크를 갖는다는 의미가 있다.

2) 멘토는 스스로 깨치게 한다

궁에 들어온 어린 장금을 맡게 된 한 상궁은 물을 떠오는 것부터 시킨다. 수백 번 물을 갖다 주어도 번번이 '아니다'라고 말하던

한 상궁은 장금에게 딸이 배탈 날 것을 염려해 흙이 섞인 비가 내
리면 물을 끓여주던 어머니의 기억을 떠올리게 한다. 그제야 장금
은 물을 떠오기 전에 한 상궁의 몸 상태를 묻고 목이 아프다고 하
자 소금을 넣은 따뜻한 물을 가져다준다.

"먹을 사람의 몸 상태와 좋아하고 싫어하는 것, 모든 것을 생각
해 음식을 짓는 마음, 그게 요리임을 얘기하고 싶었다."

물 한 그릇을 떠오는 데도 먹는 이에 대한 배려가 필요함을 깨
닫게 하려는 의도였다.

좋은 멘토는 자신이 알고 있는 것을 따르도록 지시하지 않고 멘
제가 목표에 접근하는 방법을 깨치도록 도와준다.

3) 멘토의 숨겨진 재능을 찾는다

최고상궁이 되기 위해 최 상궁(견미리)과 경합을 벌이게 된 한
상궁은 일시적으로 미각을 잃은 장금을 자신의 상찬나인(보조요리
사)으로 임명한다. 맛을 보지 못하는데 어떻게 음식을 하느냐며 마
다하는 장금에게 한 상궁은 말한다.

"음식을 하는 데는 두 가지 능력이 필요하다. 하나는 손맛이다.
너는 피나는 노력도 했고 천부적인 손맛도 있다. 두 번째 능력은
맛을 그리는 능력이다. 너는 어떤 식재료와 다른 식재료가 더해졌
을 때 그것이 어떻게 조화돼 맛이 좋아질 것인지, 나빠질 것인지를
안다."

한 상궁은 장금에게 맛을 보지 않고 손끝의 느낌만으로 음식을
만들게 하고 장금이 만든 음식을 먹어 본다. 그는 맛을 본 뒤 "너

는 된다고 하지 않았느냐"며 눈물을 흘린다.

영리한 장금도 자신에게 그런 능력이 있다는 것은 미처 깨닫지 못했다. 훌륭한 멘토는 멘제의 숨겨진 능력을 찾아내 최대한 발휘할 수 있도록 이끌어 주는 사람이다.

4) 멘토와 멘제는 평등한 파트너

미각을 잃어버린 자신이 방해가 될까 봐 자꾸 물러나려는 장금에게 한 상궁이 하는 말.

"나를 도와줄 사람은 너밖에 없다. 너의 음식 솜씨가 나를 도와주고 너의 음식에 대한 마음이 나를 바로 이끌 것이며 너의 호기심이 나를 한발 앞으로 나아가게 할 것이다." 멘토와 멘제는 상하관계가 아니라 서로 배우는 '평등한 관계'다. 상호 인격을 존중하면서 멘토도 멘제에게 배워야 한다는 것. 멘토링은 멘제에게도 몇몇 부가적인 이점을 가져다준다. 멘제의 창의성과 젊은 기운은 멘토를 재충전시키고 커리어에 새 활력을 불어넣는 역할을 할 수 있다.

그래서 멘토는 완벽할 필요가 없다. 그저 멘제를 보살펴 주고 최선을 다해 도우면 된다.

반면 최 상궁과 금영의 경우 쌍방향인 멘토링 관계라기보다는 최 상궁이 권력을 위해 일방적으로 이용하는 관계에 가깝다.

5) 믿어라. 그리고 결정적일 때 도와라

한 상궁은 평소에 장금에게 그리 살갑게 대하는 편은 아니다. 그러나 어떤 상황에서도 장금을 믿고 결정적인 순간에는 몸을 던져

돕는다.

장금도 마찬가지. 명나라 사신을 위해 산해진미를 준비했다가 사신이 소갈(당뇨병)을 앓는다는 얘기에 채소만으로 상을 차린 한 상궁이 잡혀가자 목숨을 걸고 나아가 그를 변호한다.

멘토와 멘제는 목표달성을 위한 타산적 관계가 아니라 이해와 배려로 맺어진 동반자, '또 하나의 가족'이다. 한 상궁도 장금에게 말했다. "장금아, 너는 내 딸이다."

6) 자신만의 멘토, 멘제를 찾아라

한 상궁은 온화하고 기품이 있으면서도 근엄함도 갖춘 여성적 리더십의 표본이다. 장금은 영리하고 탐구심이 왕성한 데다 한 상궁을 어머니처럼 따른다.

멘토는 당신의 꿈을 알고 그 꿈 가운데 어떤 것이 현실적이고 비현실적인지 아는 사람이어야 하며 '당신이 보기에' 성공한 사람, 닮고 싶은 사람이면 더 좋다.

대부분의 경우 멘제가 멘토를 찾는다. "인생의 중장기 목표를 세우고 주변 사람 중 그와 관련된 사람을 찾아라." "주변에 없거든 그 분야의 유명인을 찾아 멘토 추천을 부탁하는 용기도 필요하다."

Story 3.
저명인사 멘토링 이야기

NO. 8 아브라함 링컨(Abraham Lincoln) 대통령

멘토: 그레이엄 초등학교 교사

가장 존경받는 미국대통령이 된 링컨은 성장과정에서는 참으로 어려운 생활을 했다. 초등학교 시절 멘토가 된 그레이엄은 링컨의 미래 지도자로서 기본생활에 많은 영향을 준 사람이다. 토목기술, 웅변기술, 문법학습은 물론이고 결혼까지 주선한 너무 고마운 분이다. 천신만고 끝에 대통령이 된 링컨은 그의 취임식 가장 가까운 자리에 멘토 그레이엄을 초대했다. 감동적인 희망 스토리를 소개한다.

1. 링컨 대통령 Profile

출생: 1809년 2월 12일
사망: 1865년 4월 15일
경력: 제16대 미국 대통령
　　　(1861년~1865년)

2. 링컨 대통령 활동소개

나이는 아직 어리지만 신체적으로는 완전히 성숙해서 키가 193 cm에 이르는 한 소년이 있었다. 깡마른 몸매에 볼품없는 옷맵시며 볼 상스럽게 큰 발과 손, 그리고 언제나 헝클어져 있는 듯한 부스스한 머리 등 어느 것 하나 호감 가는 외모와는 거리가 멀었던 이 어수룩한 소년이 바로 남북 전쟁을 승리로 이끈 미국 16대 대통령인 아브라함 링컨이다.

링컨은 가난한 농부의 아들로 태어나서 초등학교도 제대로 다니지 못한 사람이었다. 게다가 사교성도 부족하고 특별한 재능도 지니지 못한, 그래서 세상의 기준으로 봤을 때 위대한 인물이 될 수 있는 조건과는 거리가 먼 사람이었다.

그는 31세에는 사업에 실패하였고, 32세에 입법위원이 되는 데 실패하였으며, 34세에 국회의원으로 당선되었으나 잠시 동안의 성공에 지나지 않았다. 다음 해에 그의 애인이 죽었고, 36세에 자신이 신경쇠약에 걸려 고통을 겪었다. 38세에 대변인이 되는 데 실패하였고, 40세에 선거위원이 되는 데에 실패하였다. 43세에 하원의원이 되는 데 실패하였고, 50세에 상원의원에 또 낙선하였다. 이어서 56세에 다시 상원의원으로 출마하였으나 실패하였다. 그러나 1860년에 대통령에 당선될 수 있었다. 그리고 미국의 가장 위대한 대통령이 되었다.

3. 멘토(그레이엄) 영향력 이야기

1831년에 링컨과 그레이엄(1800~1885)은 공식적인 입장에서 만나게 되었다. 그해 8월에 선거가 있었다. 하지만 그 지역에는 교육을 받거나 그러한 행사를 진행할 능력이 있는 사람이 매우 드물었다. 링컨은 자신이 그럴 자격이 없다고 거부했음에도 불구하고 선거를 주관하는 사무원으로 임명되었다. 이리저리 떠돌던 방랑자 링컨을 뉴 살렘에 머물도록 잡아끄는 힘이 있었다.

그 힘은 곧 앤 루틀지(Ann Rutledge)와의 인연으로 발전하였다. 그녀는 제분업자이던 선술집 주인의 딸이었고, 아름다운 금갈색의 머리를 가지고 있었다. 그녀는 대학에 들어가기 위해 그레이엄에게서 배우고 있었다. 링컨 역시 1833년 2월에 공부를 하고 있었고 그때부터 6개월 동안 그레이엄의 집에 머물렀다. 그곳에 두 젊은 남녀는 함께 만나서 공부하였다. 그해 7월에 링컨과 앤 루틀지의 약혼 사실이 알려졌다. 나중에 위대한 인물이 된 링컨의 사랑은 멘토인 그레이엄의 집에서 이루어졌다.

한때 링컨은 계속 공부하는 것을 포기하려 했으나, 그레이엄이 그를 설득했다. 만일 공직 생활을 하려면, 완벽한 문법 지식을 지니고 있어야 한다고 하였고, 그곳에 머물러 있으면 커크랜드의 문법을 배울 수 있을 것이라 말했다. 그때부터 링컨은 그레이엄의 지도 아래 문법을 배웠다. 링컨은 울타리 한쪽 구석이든 다른 장소이든 학생과 선생으로 만나는 장소에서는 자신이 학습한 내용을 암송했다. 그레이엄은 언어를 정확하게 사용하고 말을 하고 글을 쓸 때에는 간결하게 하라고 강조하였다.

링컨이 사용하는 간결하면서도 효과적인 문체는 그레이엄의 가르침에서 비롯되었음은 의심할 여지가 없다. 링컨이 행한 게티즈버그 연설은 가장 훌륭한 예가 된다.

게티즈버그 연설(Gettysburg Address)은 아브라함 링컨이 남북전쟁 중이었던 1863년 11월 19일, 미국 펜실베니아 주 게티즈버그에서 했던 연설이다. 이젠 상징이 되어버린 "87년 전"(Fourscore and seven years ago)으로 시작되는 연설에서 링컨은, 이 봉헌식을 단순히 게티즈버그 전투에서 숨진 병사들을 위한 것뿐만 아니라, "국민의, 국민에 의한, 국민을 위한, 정부가 이 땅에서 사라지지 않도록"(government of the people, by the people, for the people, shall not perish from the earth) 싸우며 살아 있는 사람들에게 헌납하는 것이라고 말했다.

링컨이 대통령 후보로 지명되었을 때 뉴 살렘에 있는 이웃들, 특히 사람들은 자신들의 귀를 의심했다. 그가 대통령으로 취임하는 날, 그레이엄은 무슨 일이 있어도 참석하려 했다. 당시 61세였던 그는 점점 귀가 어두워지고 있었으므로, 앞에서 말을 해야 알아들을 수 있었다. 링컨은 그가 어디 있는지 수소문하여 그를 데려오게 하였고 연단 위의 자기 옆에 앉게 하였다. 그때가 그레이엄의 삶에서 가장 행복한 날이었다. 아마 가장 슬픈 날은 링컨이 죽었다는 소식이 들려왔을 때였을 것이다.

Mentor인 그레이엄 (초등학교 선생님)	멘 토 링	Menger인 아브라함 링컨
• 6개월 침식 제공하고 가능성을 발견 • 처녀를 소개하여 성혼시키고 • 토목기술(경험)을 가르치고 • 문법을 가르치고		• 불우한 환경에서 용기를 얻고 • 초등학교 졸업의 핸디캡을 딛고 • 변호사가 되고 대통령이 되어서 • 취임식에 그의 멘토인 그레이엄을 제일 가까이에 앉혔다.

멘토: 워렌 버핏

저자는 아래의 두 분을 21세기 현존 인물의 최고 멘토링으로 소개하고 싶다. 25년의 연령 차이를 극복하면서 1991년에 동료 멘토링으로 시작하여 상호 신뢰와 존경의 바탕에서 가정방문 동행여행 게임놀이 경영자문 등으로 모범을 보였다. 특히 워렌 버핏의 자산 중 80%인 40조 거금을 빌&게이츠 메린다 재단에 기부한 것은 멘토링이 아니고서는 상상할 수 없는 쾌거다. 자본주의 꽃으로 전 세계에 감동을 준 CEO 기부천사 희망 스토리이다.

빌 게이츠 William H. Gates

워렌 버핏(Warren Edward Buffett)

출생: 1955년 10월 28일(미국)	출생: 1930년 8월 30일(미국)
가족: 배우자 멜린다 게이츠	가족: 아들 하워드 버핏, 아들 피터 버핏
학력: 하버드대학교 법학(명예학사)	학력: 컬럼비아대학교경영대학원
경력: 마이크로소프트사 CEO	경력: 1965년 버크서 헤더웨이 회장

1. 워렌 버핏의 멘토 소개

지금은 오마하의 현인이라고 불리면서 세계적으로 금융 분야의 최고 멘토(Mentor)로 인정받고 있는 투자의 대가 워렌 버핏에게도 많은 멘토들이 있었다.

1) 아버지 하워드 멘토

그의 아버지 하워드 버핏도 그중 한 명이다. 버핏은 어린 시절 기회가 있을 때마다 오마하 내셔널 은행 근처에 있는 부친 사무실을 들락날락하며 투자 전문지 배런에 실린 '트레이더'라는 칼럼과, 아버지 책꽂이에 있던 책들을 읽었다. 또 부친의 주식중개회사 사무실에서 시간을 보내며 대공황 이후 객장 분위기에 익숙해졌다.

2) 부인 수지 멘토

버핏의 대표적 멘토는 이젠 고인이 된 그의 첫 번째 부인 수지였다. 수지는 아마추어 심리학자였다. 수지는 버핏을 '그의 첫 번째 환자'라고 불렀다. 수지는 마음이 매우 따뜻한 사람으로 버핏이 가장 필요로 하는 것이 사랑을 받는 것이고 남에게 결코 비난받지 않는 것이란 걸 잘 알고 있었다. 수지는 버핏에게 어떻게 사람을 대해야 하는지를 가르쳐줬다.

3) 대학은사 그레이엄 멘토

버핏이 컬럼비아 비즈니스 스쿨에서 만난 벤저민 그레이엄 교수
는 정신적인 스승이었다. 버핏은 그로부터 '시장은 나의 머슴이지
주인이 아니다'는 가르침을 배웠다. 시장은 종종 터무니없는 가격
에 주식을 사고팔아야 하기도 하지만 때때로 낮은 가격에 사고 높
은 가격에 팔 수 있는 기회를 제공한다는 것이다.

4) 사업 동반자 찰스 멍거와 멘토링

사업상 그의 최측근은 버핏과 함께 벅셔 해서웨이를 이끌고 있
는 찰스 멍거 부회장이다. 버핏은 젊은 시절 뉴욕생활을 마치고 오
마하로 귀향해 투자자를 모집하고 있을 때 그를 처음 만났다. 둘은
첫 만남부터 의기투합하여 지금까지 평생의 동반자 관계를 맺고
있다.

5) 사업 조언자 빌 게이츠와 멘토링

또 다른 버핏의 주요 조언자는 버핏이 양아들로 여기고 있는 빌
게이츠 마이크로 소프트 회장이다. 1991년 7월 4일 미국 독립기념
일 휴가 때 처음 만났다. 당시 워싱턴 포스트의 회장이던 고 캐서
린 그레이엄이 시애틀 근처 한 섬에 있는 그의 친구 집에 버핏을
초대했을 때 그곳에서 멀지 않는 곳에 있던 빌 게이츠의 집에서 둘
은 첫 대면을 했다. 둘은 첫 만남부터 상대방과의 대화에 빠져들었
고 이후 항상 서로에게 조언을 아끼지 않는 가까운 사이가 되었다.

2. 두 사람의 멘토링 만남

빌 게이츠	워렌 버핏
1955년생(51세) MS - CEO 컴퓨터황제(12세 입문) 세계부자 1위 빌은 최근 은퇴하고 그간 26조 기부한 빌 앤 멜린다 자선재단에 전염하고 있다.	1930년생(76세) 벅셔 해서웨이 - CEO 투자의 귀재(11세 주식투자 입문) 세계부자 2위 최근 35조 빌 앤 멜린다 자선재단에 기부하였다. 그와 점심 한 끼 22억 원(2008년 06월)이면 7명까지 투자 자문

세계 2위 부자인 워렌 버핏 회장은 세계 1위 갑부인 빌 게이츠 마이크로 소프트(MS) 회장과 17년간 멘토링 관계를 맺어 오고 있다.

두 사람은 25년이라는 나이 차이에도 불구하고 사업상 고민도 털어 놓고 여행도 같이 다니는 매우 절친한 관계다. 금번 버핏은 36조 기부를 결정한 데 대해 "게이츠 부부가 자선 사업에 정열과 전문적인 지식을 갖고 있음을 신뢰하기 때문"이라고 밝혔다.

버핏과 게이츠 간 멘토링은 91년 1월 1일 버핏이 캐나다 빅토리아 섬으로 게이츠를 초대하면서 시작됐다. 월스트리트저널(WSJ)은 버핏이 게이츠와 첫 만남을 회고하면서 "주변에 모든 사람이 돈을 원할 때 우정을 쌓기는 힘들지만 빌은 버핏에게 컴퓨터를 판매하려 하지 않았고 버핏은 빌에게 사탕을 팔 생각을 하지 않았다."고 말했다고 전했다.

그 후 게이츠는 94년 멜린다와 결혼할 때 버핏을 초대했으며 버핏이 집에 방문할 것을 감안해 화장실에 네브래스카 주립대 로고가 새겨진 휴지를 준비하는 등 버핏에 대한 각별한 우정을 드러냈다.

게이츠는 또 버핏이 체리 코카콜라를 즐겨 마신다는 점을 감안해 중국으로 휴가 갔을 당시 만리장성 위에 체리 코카콜라와 샴페인을 준비하도록 조치를 취하기도 했다.

이들은 온라인에서 몇 시간씩 1달러 내기 카드게임을 하는 것으로 유명한데 게이츠는 버핏에게 컴퓨터 사용법을 가르쳐줬으며 버핏은 수년 동안 브리지 게임을 멀리해 온 게이츠에게 카드 게임을 다시 가르쳐줬다고 한다.

버핏과 게이츠는 10대에 자신들이 하고 싶은 일을 찾았다는 점과 자수성가했다는 공통점을 가지고 있다. 게이츠는 12세에 컴퓨터에 대한 관심을 키워왔다고 한다. 버핏 역시 11세에 주식투자를 시작했으며 지금까지 투자를 하며 살고 있다. 이들은 부자 부모가 있었던 것도 아니었지만 자신이 하고 싶은 일을 꾸준히 해 왔으며 그 결과 각각 벅셔 해서웨이와 마이크로 소프트를 세계적인 기업으로 일궈 낼 수 있었다.

두 사람의 또 다른 공통점은 수백억 달러를 소유한 세계 최고 부자지만 검소하고, 꾸밈이 없으며 소탈한 것으로 유명하다. 실제로 그들은 평범한 옷차림으로 출근하는 것으로 알려져 있다. 또 둘 다 아침을 먹지 않으며 점심과 저녁을 화려한 레스토랑에서 먹기보다는 패스트푸드점에서 햄버거를 먹는 것을 좋아한다.

버핏은 게이츠에 대해 "유머감각을 좋아한다."고 밝힌 바 있다. WSJ(워싱턴 스트리트 저널지)는 2000년 한 기사에서 버핏이 게이츠 유머감각에 대해 언급했다고 보도했다.

당시 버핏은 게이츠와 중국 베이징에 위치한 쯔진성(紫禁城)을 방문한 사례를 소개하면서 당시 중국여성들이 고대 두루마리를 조심스럽게 펼쳐 관광객들에게 보여주었는데 게이츠는 버핏 귀에 대고 "두루마리를 제대로 말지 않고 넣으면 벌금 2달러 있다고 하지요."라며 농담했다고 소개했다.

3. 빌&멜린다 게이츠 재단

멘토링의 첫출발은 우정이다. 그리고 그 효과는 인격적인 관계 속에서 아름다운 활동이다. 상상을 초월한 두 회장의 멘토링 활동! 금세기 최고 멘토링 기적으로 소개하고 싶다. 17년간 각자 업무적인 면보다는 인간적인 아름다운 관계로, 최근에는 자신의 자산 중 83%인 300억 불(한화 35조 상당)을 기증하면서 버핏은 "빌은 내가 신뢰할 수 있고 전문적으로 재단 운영에 모범을 보임으로 기증하게 됐다."라고 밝혔다.

멘토 워렌 버핏이 자신의 자산 80%를 기증한 빌&멜린다 게이츠 재단의 사업내용은 아래와 같다.

투자

(1) 미국 빈민지역 교육환경개선에 18억 5,000만 달러 투입

(2) 저소득학생 20,000명 장학금으로 16억 달러 지원

(3) 커뮤니티 칼리지 1,200개에 장학금 6.900만 달러 지원예정

성과

(1) 재단이 지원한 뉴욕시내 고교들 졸업비율 2000년 - 35%, 2007
   년 - 70%

(2) 재단지원 테사스 주 예스프렘스쿨 4년 진학비율 2000년 - 10%,
   2008 - 100%

4. 버핏·빌게이츠의 최근 우정

자서전 사인회 행사에 직접 참석, 각별한 축하

벅셔 해서웨이 주주총회가 열리는 오마하 컨벤션센터 전시장에

서는 워렌 버핏 회장과 빌 게이츠 부친의 만남이 눈길을 끌었다.

버핏 회장이 주총 개시 전에 빌 게이츠의 부친인 빌 게이츠 시니어(83)의 자서전 사인회에 직접 모습을 나타낸 것. 이날 전시장에서 버핏 회장은 유독 게이츠 시니어 사인회 행사장을 찾아 자서전 출간을 축하하고 약 10분간 환담했다.

빌 게이츠 시니어는 최근 아들인 빌 게이츠 전 MS 회장 등 자녀들을 교육시킨 이야기 등을 담은 자서전 '삶의 진실(Showing Up for Life)'을 출간했다.

버핏 회장은 기자들에게 게이츠 시니어의 자서전을 직접 들어보이며 많이 사달라고 주문하는 등 각별한 애정을 보였다. 버핏 회장의 이 같은 애정은 빌 게이츠 전 회장과의 우정에서 비롯된 것으로 분석된다. 버핏 회장과 게이츠 전 회장은 나이차를 극복하고 오랜 친구로 지내 왔다.

NO. 10 이건희 삼성그룹 회장

멘토1: 이병철 아버지
멘토2: 고바야시 회장

삼성그룹의 이건희 회장은 2002년을 기점으로 제품제일주의에서 인재제일주의로 경영의 방향전환을 했다. 겸해서 국내에서 인간존중 경영에서 제일 앞서 있다고 본다. 삼성의 멘토링은 먼저 GE 그룹과

연관해서 생각할 수 있다. 먼저 이건희 회장은 멘토인 일본 후지제록스 고바야시 회장으로부터 조언을 받고 있으며 대를 이어 이재용 부사장도 조언을 받고 있다. 삼성그룹은 국내 그룹 중에서 가장 멘토링을 잘 활용하고 있으며 신임임원 멘토링을 그룹차원에서 그리고 각 계로 신입사원 및 여성개발 멘토링 활동에 대부분 참여하고 있다.

출생: 1942년 1월 9일
가족: 아버지 이병철, 배우자 홍라희, 딸 이부진, 딸 이서현,
      아들 이재용
학력: 와세다대학교 경제학 학사
수상: 2006년 밴 플리트상
경력: 2005년 대한올림픽위원장
      1987년~2008년 삼성그룹 회장

☺ 이건희 회장

- "성공하는 경영자는 본능적으로 사람 욕심이 있어야 한다."
  "우수인력 한 사람이 10만 명을 먹여 살린다. 바둑 1급 10명
  이 힘을 모아도 바둑 1단 한 명을 이길 수 없다."고 말해 인재
  의 중요성을 강조하기도 했다.

- 직원 한 명 한 명은 한 집안의 더없이 귀한 자식들이므로, 그
  들이 1년 후, 3년 후, 10년 후에 지금과 크게 다르도록 키워
  놓아야 할 책임이 리더에게 있다고 했다. 관리자가 월급을 더
  많이 받는 이유는 업무량이 더 많기 때문이 아니라, 조직원들
  이 나아가야 할 방향을 제대로 제시해 주고, 그들을 끌어주는

역할을 해야 하기 때문이라는 것이다.

1. 삼성그룹 후계자 멘토링

이 자료는 2002년부터 수집한 자료이며 이재용 직급은 당시 상무고 현재는 부사장이다.

먼저 후계자 멘토링에 대한 몇 가지 고려할 점을 집고 넘어가겠다. 첫째는 후계자라는 개념이다. 멘토링에서는 이타가왕국의 오디세우스의 왕자인 텔레마쿠스가 당시 최고의 스승인 멘토(Mentor)로부터 20년 동안 정성을 다하여 후계자교육을 받고 지혜롭고 현명한 왕으로 세웠다는 데서 기인한다. 우리의 이씨조선 역대 왕세자들도 당대의 삼정승을 비롯하여 손꼽을 만한 왕사(王師)들을 각기 전문 분야 멘토로 선정하여 후계자 양성을 하였다.

1) 이건희 회장 멘토링

멘토 1: 이병철 회장

삼성의 후계자 교육 과정은 혹독하기로 이름이 높다. 이건희 회장 자신도 이병철 선대회장 밑에서 무려 21년 동안 경영수업을 거친 뒤 회장 자리에 올랐다. 교육방식은 대개 '실전투입' 이후 '결과채점과 상벌'이었다.

이건희 회장의 가장 큰 교사는 선친 이병철 회장이었다. 그러나 이병철 회장은 결코 자애로운 교사가 아니었다. 이 회장은 취임 이후 한 인터뷰에서 "아버지로부터 칭찬을 받은 것은 단 한 번뿐이었다. 그것도 구체적인 어떤 성과를 칭찬한 것이 아니라 네가 나를 부모로 변함없이 섬겨 왔듯이 경영도 그렇게 변함없이 하라는 말이었다."고 회고했다.

80년대 중반, 이건희 당시 삼성물산 부회장은 "수익이 나지 않으면 과감히 버릴 줄도 알아야 한다."며 특정사업을 접자는 의견을 개진했다가 아버지로부터 '설명'을 들었다는 이야기도 있다. 그 뒤 이 회장은 오히려 그 분야를 강화해 반석에 올려놓았다.

고 이병철 회장의 지도방식은 철저히 공격적인 맨투맨 수업이었다. 수시로 아들을 불러 계열사 사정을 물어보곤 했다. 담당 사장도 두 시간 정도씩 불려 갔다 오면 혼이 빠져 그 뒤 한나절은 일을 하지 못할 정도였다. 이 회장은 거의 매일 비수 같은 아버지의 질문을 막아내며 자신이 생각하는 전략을 제시했다.

멘토 2: 고바야시 회장(2000년 자료)

삼성 이건희 회장(右)이 2일 서울 한남동 삼성 영빈관 승지원에서 고바야시 요타로 일본 후지제록스사 회장과 만나 악수하고 있다(자료 2004. 6. 2. 연합뉴스).

이건희 삼성 회장은 2일 서울 한남동 소재 삼성 영빈관 승지원에서 고바야시 요타로(小林 陽太郎) 일본 후지제록스 회장과 만찬 접견을 갖고, 최근 한일 경제현황과 두 회사 간 협력 증진방안 등 상호 관심사에 대해 논의했다. 특히 양 사가 세계적 강점을 갖고 있는 레이저프린터·복합기 관련 분야의 기술과 인력·경영노하우 등의 교류를 확대해 돈독한 협력 관계를 발전시켜 나가기로 했다.

이날 접견에서 이건희 회장과 고바야시 요타로 회장은 "경제가 잘되도록 구상하는 것이 기업가의 의무"라는 데 공감하고, 두 회사가 경제활성화를 위해 협력을 강화해 나가기로 했다.

이 회장은 "일본 경제가 장기 불황에서 벗어나고 있으며 한국 경제도 현재 수출이 잘되고 있어 내수만 살아나면 경제가 곧 좋아질 것"이라며 "한국이나 일본의 경제가 활력을 되찾기 위해서는 대기업의 역할과 협력이 필요하다."고 강조했다.

삼성과 후지제록스는 반도체와 프린터 분야에서 연간 1,000억 원 규모의 거래를 해 오고 있으며, 특히 후지제록스는 지난해 10월 완공한 일본삼성 신사옥(도쿄 롯본기 소재, 총 28개 층)에 입주해 11개 층을 사용하는 등 삼성과 우호적 관계를 유지하고 있다.

2) 이재용 부사장 1:1 멘토링

멘토 1: 이건희 회장(2002년 자료)

멘토 2: 계열사 CEO

멘토 3: 고바야시 회장(2004년 자료)

　그러면 삼성은 지금까지 이재용 후계자를 어떻게 교육해 왔을까. 삼성에는 GE와 같은 공식 후계자 교육 과정은 없다. 다만 현 회장 밑에서 보고 배우며, 여러 계열사의 CEO들로부터 1:1로 조언을 들으며 실무를 익혀간다.

　이재용 부사장은 이 회장(26세)보다 조금 늦은 나이인 33세에 임원으로서 경영에 공식 참여했다. 그가 받은 첫 번째 경영수업은 신임임원교육. 지난해 3월 경기 용인 연수원에서 5박 6일 동안 진행된 이 과정에서 그는 '디지털 경영자'가 되기 위한 다양한 강연을 들었다. 현명관 당시 삼성물산 회장이 '경영자가 갖춰야 할 리더십' 등을 강연했고 '난타' '금난새 음악회' 같은 연주회도 열렸다. '감성'과 '창의성' 교육을 병행하기 위해서다. 임원교육은 공식행사에 가깝다. 실제 수업은 '현장체험'과 '1 대 1 개별 수업'을 통해 이뤄진다.

　"기업을 알려면 현장을 찾아가라."는 것은 아버지 이 회장의 지론이다. 이 전무는 지난해 스스로 해외공장 방문일정을 짜서 100일 이상을 외국에서 보냈다. 가장 먼저 방문한 곳이 삼성의 공장이 있는 지역 중 가장 낙후한 곳인 브라질의 마나우스 전자공장 단지. 이후에는 생일과 추석연휴에도 말레이시아 영국 등을 돌았다. 특히 지난해 10월 말부터 11월까지는 이 회장 및 전자 사장단과 함께 중국 베이징과 상하이를 돌며 대중국 전략을 세웠다. 수원, 구미, 온양 등 전자 관련 국내 사업장 6군데는 수시로 들른다.

현장 공부 이외의 수업은 '1 대 1 방식'으로 이뤄진다. 이 전무는 이학수 구조조정 본부장과 삼성전자 윤종용 부회장으로부터 경영 전반에 대한 실무를 배운다. 첨단 전자기술 동향에 대한 궁금증은 이윤호, 최지성 등 삼성전자사장, 금융실무에 관한 의문은 삼성증권 사장을 통해 수시로 해결한다.

해외 고위급 인사들을 만나 친분을 만들고 '한 수' 배우는 것도 CEO수업의 중요과정. 그는 이멜트 회장뿐만 아니라 니시무로 다이조 도시바 회장, 주룽지 중국 총리, 자크 로게 국제올림픽위원회(IOC) 위원장, 미래학자 앨빈 토플러 등을 만났다.

그러나 이 전무가 받아야 할 CEO교육은 아직 많이 남은 것 같다. 최근 전경련 회장단 회의에 참석한 이 회장은 "그 자리에서 좀 더 배워야 한다."고 이 전무를 평가했다. 현재 EDC 수업 중인 이 전무에 대해 삼성 측은 "지난 2년 동안 경영수업 총론(總論)을 배웠다면 이제부터는 각론(各論)으로 들어가는 시간"이라고 말했다.

이건희 삼성 회장의 활발한 현장 경영과 함께 이재용 삼성전자 경영기획팀 전무의 보폭도 한결 넓어지고 있다. 이 전무는 올 들어 3월 러시아 휴대폰 시장 점검, 4월 이기태 삼성전자 사장과 일본 방문 동행했다.

이달 2일 이건희 회장의 오랜 경영조언자(멘토)인 고바야시 회장과 면담에서는 이 전무의 활동 무대가 국내에만 머물지 않고 해외로까지 확대된 것이 확인되기도 했다.

6월 초 이건희 회장의 멘토인 고바야시 후지제록스 회장 면담배석. 6월 중순 이후 이 회장 현장 방문 동행 등 경영현장에 잇따라 모습을 보이고 있다.

고바야시 회장은 지난 25일 회견에서 "이 전무는 아시아 태평양, 유럽, 미국 3자위원회에 이미 멤버로서 참여하고 있으며 홍콩, 아시아, 비즈니스 협의회에 신임 정식 회원으로 가입했다."고 소개했다. 고바야시 회장은 특히 "당시 회동을 두고 삼성그룹에서 발표했던 프린터 사업과 관련된 논의는 없었다."고도 밝혔다. 삼성 이재용 부사장은 후계자 멘토링 과정을 충실히 다져 가고 있음을 볼 수 있다.

이멜트 회장은 지난해 10월 회장 취임을 기념해 세계 각국을 돌던 중 한국에 오게 됐다. 항공기 엔진과 의료기기, 조명기기 등에서 20년 이상 협력관계를 유지해 온 삼성그룹의 이건희 회장과 이멜트 회장이 식사를 하며 오랜 유대관계를 확인했던 것은 당연한 절차. 식탁에서 두 사람 사이 화제는 삼성의 차기 후계자 이재용 부사장으로 옮겨 갔다. 이멜트 회장 자신이 45세라는 젊은 나이에 쟁쟁한 경쟁자를 물리치고 GE의 회장이 됐기 때문에 30대에 삼성의 차세대 후계자로 거론되는 이 전무에 대해 관심이 높았던 것이다. 이재용 부사장이 GE의 CEO 후보생들만 들어가는 EDC에 외부인으로는 처음으로 들어가게 된 데는 이멜트 GE회장의 역할이 컸다.

2. 삼성그룹 임원 멘토링

1) S급 인재 등 핵심인재 멘토링

윤종용 당시 삼성전자 부회장은 상당수 외국인 핵심인재의 멘토를 맡고 있다. 멘토의 상대방은 외부에서 영입한 S급 인재. 윤 부회장은 한 달에 한 번씩 이들과 식사를 하거나 면담을 갖는다. 그는 "하늘이 두 쪽 나도 이 약속은 지켜야 한다."고 강조한다. 대화는 복잡한 현안들이 배제되고 가족들 안부를 묻는 데서 시작된다. 일상의 크고 작은 고충과 애로들을 물어보고 업무 흐름에 불편함이 없는지도 세세하게 체크한다. 면담이 끝나고 나면 윤 부회장은 직접 메모를 작성해 관련 부서에 업무 지시를 내린다.

*S급(Super) 인재 - 최고경영자 대우받는 인재
*A급(Ace) 인재 - 핵심추진인력으로 분류되는 인재
*H급(High Potential) - S급 인력으로 양성 가능한 인재

삼성전자의 최도석 경영지원 총괄사장과 김인수 인사팀장도 이런 식으로 핵심인재들과 매월 다섯 차례 정도 정기면담을 갖는다. 삼성은 핵심인재가 회사에 안착해 오랫동안 다닐 수 있도록 다양한 제도적 장치를 해놓고 있다. 멘토제도도 그중의 하나다. 사장은 S급 인재, 사업부장은 A급 인재, (수석)부장은 H급 인재에 대해 1대 1로 직접 멘토를 맡아야 한다.

매월 면담보고서를 제출해야 할 뿐만 아니라 개선 요청사항을 받아들여 즉시 시행하는 것도 멘토의 의무다. 만약 핵심 인재가 석연치 않은 이유로 회사를 그만두게 되면 1차적으로 책임을 져야 하는 사람 역시 멘토다.

NO. 11 오정현(吳正賢, Oh Jung - Hyun) 목사

멘토: 옥한흠 목사

1. 오정현 목사 Profile

출생: 1956년 8월 4일(경북 의성 출생)
직업: 장로회 목사
학력: 숭실대 영문과(B.A)
　　　총신대 신학대학원 졸업
　　　하버드대학교 수학(Resident Fellow) 바욜라(Biola)대
　　　학교 목회학 박사(D.Min.)
교회: 사랑의 교회 담임목사

　　경북 의성 태생인 오정현 목사는 4대째 기독교를 믿는 가정에서
자랐다. 그가 여섯 살 때인 1960년 아버지(오상진 목사)가 부산 변
두리 난민촌에 개척 교회를 세우면서 부산으로 거처를 옮겼다. 초
라한 흙집의 방 두 칸에서 여섯 식구가 힘들게 살았지만 목사의 자
녀로 자부심을 느꼈다고 한다.

　　그의 할아버지는 언제나 그를 무릎에 앉혀 놓고 성경을 읽어주
며 "현이(오정현 목사)는 모세같이 되거라. 모세같이……"라고 당
부했다고 한다. 그는 초등학교 5학년 때 이미 신약을 8번 읽고, 구

약을 5번 이상 읽었다. 가난한 동네에서 별다른 교육의 혜택을 받지 못하고 자랐지만 하나님의 은혜의 햇살은 산동네의 소년 오정현의 가슴을 가득 채웠다. 이런 신앙 훈련은 그가 목회를 시작하여 남가주 사랑의 교회를 거쳐 2003년 9월 옥한흠 목사에 이어 서초동의 사랑의 교회 담임목사 자리를 물려받았다.

2. 멘토(옥한흠 목사) 영향력 이야기

1) 잡음 없는 세대교체

玉漢欽 원로목사

"사랑의 교회는 후임이 와서 어지간히 잘해도 광이 안 나요. 그 중압감을 이해 못 합니다. 저 사람이 마음껏 역량을 펴도록 내가 조금 비켜 주자고 판단한 거죠."

吳正賢 담임목사

"간섭하고 말고, 그런 걸 따지는 게 우습죠. 저의 제일 큰 원군이 玉 목사님입니다. 玉 목사님이나 저나 본질에 충실하면서 교회의 유익이 뭔가를 늘 생각합니다."

‘사랑의 교회’ 玉漢欽(옥한흠·70) 원로목사는 2003년 정년퇴임을 앞두고 미국 ‘남가주 사랑의 교회’ 吳正賢(오정현·52) 담임목사를 후임으로 선택했다. 3만여 명의 신자들이 출석하는 교회를 아무런 연고가 없는 후배목사에게 물려준 것이다. 몇몇 대형 교회 목사들이 아들에게 교회를 물려주고, 전임목사와 후임목사의 갈등으로 교회가 분열되는 일이 잦다. ‘안티 기독교 시민단체’가 출범할 정도로 교회의 ‘권력승계’를 바라보는 눈이 곱지 않다. 父子(부자) 세습 교회는 교계 안에서 영향력을 상실했고, 세대교체 과정에서 홍역을 치른 교회는 교세가 약화됐다. 사랑의 교회는 대형 교회 가운데 유일하게 잡음 없이 세대교체를 이룬 것으로 평가된다. 玉漢欽 목사가 교회를 물려준 그해부터 매년 8,000여 명의 새 신자가 몰려들어 2007년 11월 25일 현재 교회 등록신자가 7만 4,753명에 이르렀다. 사랑의 교회는 대한예수교 장로회 합동 측 교회 중 교세가 가장 크다.

2) 30년간 이어온 인연

두 사람의 인연은 1978년으로 거슬러 올라간다. 吳正賢 목사는 당시 서울 종로 내수동 교회 대학부 간사로 일하고 있었다. 吳正賢 간사는 미국유학을 막 마치고 돌아온 玉漢欽 목사를 대학부 여름 수련회 강사로 초청했다. 玉 목사는 유학가기 전 서울 성도교회에서 1명으로 시작한 대학부를 3년 만에 350명으로 부흥시켰다. 玉

목사는 교회 개척을 준비하고 있었다. 玉 목사는 교회 개척을 준비하고 있었지만 젊은이들의 요청에 기꺼이 응했다. 답례로 吳正賢 간사는 玉 목사가 신자 9명으로 문을 연 개척교회에 내수동 교회 대학부 46명과 함께 참석했다. 玉 목사는 매년 내수동교회 대학부에 가서 설교를 하며 吳正賢 목사와 인연을 쌓았다. 吳正賢 간사는 1982년에 미국 유학을 떠나 목사안수를 받고 1987년에 일시 귀국했다. 6개월간 서울 사랑의 교회에서 협동목사로 일하면서 玉漢欽 목사로부터 목회 실습을 받았다.

3) 지위만 주고 '파워' 안 주는 대형교회

吳正賢 목사는 후임자의 태도가 중요하다고 말했다. "대형교회에서 후임에게 포지션(지위)은 주지만 파워(힘)는 안 물려주는 경우가 많습니다. 껍데기 옷만 입고 있는 거죠. 玉 목사님은 저에게 포지션뿐만 아니라 파워까지 물려주셨어요. 제가 목양적 소신을 갖고 역동적으로 움직일 수 있게 해 주셨지요. 후임은 전임의 발자취를 없애려고 합니다. 없앤다고 그게 없어집니까. 작은 교회라면 모를까, 초대형 교회는 후임이 모든 걸 차고앉아서 할 수 없습니다. 玉 목사님께 '원하는 대로 다 뛰십시오. 저도 뛰겠습니다. 우리 교회는 담임목사가 둘입니다.' 했습니다." 전임과 후임 목사님보다 주변 사람들이 더 문제라고 하더군요. "玉 목사님과 저의 신뢰가 깊어 중간에 다른 이가 낄 수 없습니다. 우리는 공동운명체입니다. 한 사람이 어려워지면 서로 어려워진다는 생각을 하고 있습니다. 한국교회의 세대교체가 잘 안 되다 보니 우리 교회가 마지막 보루처럼 되

었습니다. 마지노선이 무너지면 많은 게 무너진다는 역사의식을 갖고 출발했습니다. 玉 목사님과 저는 '멘토(스승)'와 '멘제(제자)'의 관계에서 사역계승을 이룬 첫 번째 사례라고 할 수 있습니다."

4) 나의 멘토 옥한흠 목사

서울 사랑의 교회 옥한흠 목사님은 나에게 있어서는 잊을 수 없는 멘토이다. 처음 남가주에 개척할 당시, 그분이 주신 많은 사역에 필요한 조언과 충고는 지금도 사역을 감당하는 데 없어는 안 될 중요한 노하우가 되었다. 철없던 대학 시절부터 지난 23년간을 한결같이 멘토로서 나의 유익을 위해서 든든한 뒷자리에 서 주셨다. 개척목사의 자세, 사람에게 욕심내지 않는 것, 목회의 근본, 제자훈련의 철학, 왕성한 실험정신, 설교자로서의 전문성, 여백(Pathos) 있는 인생관, 공인으로서 영적인 프로의식 등 수도 없이 많은 내용을 전수받았다. 지금도 계속해서 사역의 핵심 내용을 나누면서 평상을 배우고 싶고 따르고 싶은 큰 별이 되어주시고 있다. 아마 옥 목사님도 성도 교회를 섬기셨던 고(故) 김성환 목사님이나 김희보 목사님 같은 분이 멘토로서 좋은 영향이 있는 줄로 알고 있다. 이와 같은 축복을 받은 필자는 앞으로 다음 세대의 사역자를 멘토로서 키워내야 할 채무의식 같은 것을 절박하게 느끼고 있다.

이처럼 인생의 중요한 결정을 내리기 전에 먼저 조언을 구하고 교회 사역의 주요한 결정을 하기 전에 함께 고민하는 멘토는 오늘날 사역을 담당하고자 하는 젊은 교역자들이라면 예외 없이 반드시 있어야 한다. 더 이상은 독불장군을 허용하지 않는다. 패튼 장군이나 나폴레옹 같은 영웅적인(?) 지도자들은 역사의 뒤로 퇴장을 하고 세계의 초강국의 대통령이라 하더라도 마음을 열고 서로 신뢰하는 인간관계를 통해서 대화를 하고, 방향을 잡지 않으면 그 지도력이 위협을 받는 시기가 되었다.

얼마 전 빌 클린턴 대통령이 시카고 윌로크릭 교회의 빌 하이빌 목사를 초청해서 대화를 나누고 자문을 구했다는 이야기는 그가 멘토의 중요성을 알고 있음을 단적으로 보여주는 실례다.

농구 선수 마이클 조던도 코치가 있고, 세계적인 테너 파바로티도 음악 코치가 있어서 항상 조언을 받고 교정을 받는다. 그들이 프로 되게 하는 데는 바로 이런 멘토들이 뒤에서 그들의 사역을 뒷받침하고 있기 때문이다.

NO. 12 불멸의 이순신(李舜臣)

멘토: 류성룡

최근 종영한 KBS 대하드라마 '불멸의 이순신'은 주인공 이순신 장군이 스스로의 힘으로 임진왜란의 신화를 만들어 낸 가장 큰 이유는 바로 멘토인 류성룡의 존재다. 류성룡이 없었더라면 아마 이순신 장군은 자신의 이상과 능력을 발휘하지 못했을 것이다.

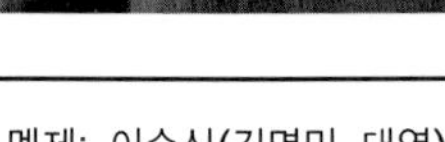

멘제: 이순신(김명민 대역)

멘토: 류성룡(이재룡 대역)

1. 이순신(대역 탤런트 김명민)(1545~1598 / 7세~54세)

자는 여해. 옥골선풍의 외모에 섬세한 감수성의 소유자. 십대 후반에서 이십대 중반까지 협객으로 팔도를 주유한다. 장안의 협객, 팔도야인들과 교유하며 남해안에 출몰하는 왜구와 맞서기도 하고 조무래기 탐관오리들을 응징하기도 하지만 그것으로 세상을 바꿀 수 없음에 끝없이 절망한다.

출사 후, 녹둔도 전투의 패전으로 무관으로서의 자질을 끝없이 의심받고 지나치게 강직한 성품은 때로 동료들의 표적이 되기도 하지만 모든 난관을 극복하고, 임진, 정유 두 왜란을 통해 23전 23승 불패의 신화를 창조하는 조선 최고의 지장(智將)으로 자리매김한다.

이순신은 건천동(지금의 명보극장 옆 마른내길)에서 태어났는데 멘토 류성룡은 이순신 장군의 형 요신의 친구다. 그래서 이순신 장군보다 3살이 많다. 류성룡은 이순신이 관직에 진출하기 전부터 많은 도움을 주었으며 관직에 오른 후에도 도움을 주었다. 이순신 장

군이 정읍현감에서 전라좌수사로 6단계나 승진한 것도 류성룡의
추천이 컸으며 후에 죽을 위기에 처했을 때도 류성룡이 앞장서서
변호해 준다.

2. 류성룡(대역 탤런트 이재룡)(1542~1607/10세~50대까지)

KBS 드라마 <불멸의 이순신>, 그 이순신을 발탁한 '서애 류성
룡'은 임진왜란을 승리로 이끈 선조시대의 명재상으로 죽어가면서
선조 임금에게 올리는 마지막 상소로 그의 우국을 짐작하게 한다.
　그렇다면 서애 류성룡은 누구인가. 그는 퇴계 이황으로부터 '이
사람은 하늘이 냈다'라는 평가를 받으면서 네 살 때부터 붓을 잡기
시작해 66세에 죽을 때까지 붓을 놓지 않았던 조선시대의 전형적
인 선비이다. 우리가 얼핏 생각하면 조선시대 선비는 당쟁이나 일
삼고 케케묵은 유교 경전을 외는 사람쯤으로 평가하기 쉽다. 그러
나 진정한 선비는 실천하는 학자요, 행동하는 양심이었다. 류성룡
은 조선시대 최대의 전란인 임재왜란 때 전시수상(영의정)과 도체
찰사(전시사령관)를 맡아 사실상 임진왜란을 총지휘하여 승리로 이
끈 인물이다.
　자는 이현(而見), 호는 서애(西厓)다. 나이 여덟에 공맹의 이치를
깨달은 명철한 두뇌의 수재형의 인물. 이황의 학맥을 이어받은 거
유이자, 전란 조정을 이끈 명재상이다. 유년 시절 이순신과 건천동
에서 함께 보낸 것이 인연이 되어 이순신과 평생의 우정을 나누게
된다.

3. 징비록에서 류성룡이 이순신 평가

그의 조상 가운데 이변은 벼슬이 판부사에 이르렀는데 강직한 것으로 이름이 높았다. 또한 증조부인 이거는 성종을 모셨는데 세자 연산을 가르쳤으나 너무 엄하다 하여 꺼려 했다. 그가 장령으로 있을 때 탄핵을 두려워하지 않아서 모든 관료들이 호랑이 장령이라 불렀었다. 할아버지 이백록은 가문의 덕을 입어 벼슬을 했으며 아버지 이정은 벼슬에 오르지 않았다.

그는 어릴 적부터 똑똑했고 활발했다. 아이들과 놀 때도 나무를 깎아 화살을 만들어 놀았는데, 마음에 들지 않는 사람을 보면 눈을 쏘려 함으로 어른들조차도 그를 꺼려서 그의 집 문 앞을 함부로 지나지 못했다.

성인이 된 그는 활을 잘 쏘아 무과에 급제하였다. 그의 조상은 대대로 문관이었는데, 그가 비로소 무과에 올라 권지훈련원봉사에 임명되었다.

그때 병조판서 김귀영이 서출인 자기 딸을 이순신에게 첩으로 주려 하였으나 그는 거절하였다. 다른 사람이 그 까닭을 묻자 대답하기를, "내 처음 벼슬길에 올랐는데 어찌 권세 있는 집안에 의지하여 승진하기를 바라겠는가?"

또 이런 일도 있었다. 병조정랑 서익이 훈련원에 근무하는 친구를 서열을 무시한 채 추천하고자 했다. 훈련원 장무관이었던 이순신은 안 될 일이라고 주장했다. 서익은 그를 불러내어 뜰 아래 세워놓고 문책했다. 그러나 이순신은 낯빛 하나 변하지 않은 채 뜻을 굽히지 않았다. 서익은 점점 화가 나 큰소리를 질렀으나 그는 여전히 변치 않았다. 서익은 본래 지기 싫어하는 성격으로 동료들조차 그를 상대하기 싫어했던 까닭에 둘이 다투는 모습을 본 관리들은 고개를 절레절레 저으며 말했다. "이순신이 병조정랑과 다투니 앞으로 어찌 지내려는 생각인지 모르겠네." 마침내 날이 저물자 서익은 얼굴이 붉어지면서 이순신을 집으로 돌려보내고 말았으니, 이 일이 있은 후 이순신은 비로소 관료들 사이에서 이름이 널리 알려지게 되었다.

이순신이 옥에 갇혔을 때에는 ─ 삼도수군통제사에서 파직되어 서울로 압송되어 있을 때 ─ 장차 어찌될 것인지 알 수가 없었다. 그러자 한 간수가 조카인 이분에게 이렇게 은밀히 말했다.

"뇌물을 쓰면 죄를 면할 수 있을 터인데……" 이 말을 들은 이순신은 크게 화를 내며 이분에게 말했다. "죽으면 죽었지 어찌 도리에 어긋난 짓을 해서 살기를 바라겠느냐?" 그의 뜻이 이와 같았던 것이다.

그는 말과 웃음이 적었고, 용모는 단정하였으며, 항상 마음과 몸을 닦아 선비와 같았다. 그러나 속으로는 담력과 용기가 뛰어났으며, 자기 몸을 돌보지 않고 나라를 위해 목숨을 바친 행동 또한 평소 그의 뜻이 드러난 것이었다.

그의 형 이희신과 이요신은 그보다 먼저 죽었는데, 이순신은 그들의 자손까지 거두어 자기 자식처럼 아껴 길렀으며, 조카들을 모두 혼인시킨 뒤에야 자기 자식들의 혼례를 올렸다.

그는 뛰어난 재주에도 불구하고 운이 부족해 백 가지 경륜을 한 가지도 제대로 펼치지 못하고 죽고 말았으니 참으로 애석한 일이다.

통제사 이순신은 군중에서 갑옷을 벗는 일이 결코 없었다. 견내

량에서 적과 대치하고 있을 때의 일이었다. 달빛이 밝은 밤, 배들은 모두 닻을 내리고 있었다. 갑옷을 입은 채 북을 베고 누워 있던 이순신은 갑자기 일어나더니 장수들을 부르고 술을 내오도록 하였다. 술 한 잔을 마신 그가 장수들을 향해 말했다. "오늘 밤 달이 밝구나. 간교한 적들이라 꼭 달이 없는 날만 골라 공격해 왔는데, 달이 밝은 오늘도 기습해 올 것 같으니 경계를 엄중히 하라."

그러고는 나팔을 불어 모든 배의 닻을 올리게 했다. 또한 척후선에게 전령을 띄워 보니 척후병들이 모두 잠들어 있었으므로 그들을 깨워 기습에 대비토록 했다. 과연 아니나 다를까 얼마 지나지 않아 척후가 달려와 왜적의 기습을 알렸다. 달은 서산에 걸려 있었으며, 산의 그림자가 바다를 비쳐 어두웠는데 그 어둠 속에서 수많은 적선이 몰려오고 있었던 것이다.

그 순간 이순신이 명령을 내리자 우리 군사들이 대포를 쏘면서 공격을 개시했다. 외적들 또한 조총을 쏘며 대항하자 총알이 비오듯 쏟아졌다. 그러나 적은 결국 우리 군사의 공격을 당해내지 못하고 후퇴하고 말았으니, 이 일을 겪고 난 장수들은 이순신을 귀신같은 장군이라 여겼다.

그가 용기가 있다는 것은 적과 싸움에 있어 물러나지 않아서가 아니라 먼저 자기와의 싸움에서 마침내 자신을 지켜냈다는 데 있을 것이다. 얼마나 유혹이 많았겠는가? 병조판서의 서녀라도 첩으로 삼고 장인으로 삼으면 그것이 출세에 얼마나 큰 도움이 되고, 병조정랑의 말만 잘 들으면 당장 관운이 트여 더 높은 자리도 바라볼 수 있을 것이다. 나중에 이일과도 고작 오동나무 하나를 가지고서 다투었으니, 설사 관직에서 내쫓기고 벌을 받고 죽임을 당하더라도 결코 굽거나 꺾이지 않을 고귀한 자아가 그에게는 있었던 것이다. 그런 이에게 왜적 따위야 하잘것없었겠지. 항상 가장 두려운 적은 자기 자신이니까.

4. 이순신·류성룡의 멘토링 관계

2007년 4월 22일. 경북 안동의 병산서원엔 전국 각지에서 제관(祭官)들이 속속 모여들었다. 이날은 조선 선조 때의 명재상이었던 서애 류성룡의 타개 400주년을 추모하기 위한 향사(享祀·서원에서 지내는 제사)가 거행되던 날. 평소엔 보기 어려운 덕수 이씨 종손이 종헌관(終獻官)으로 향사에 참여했다.

덕수 이씨는 충무공 이순신이 태어난 종파로 420여 년 전 충무공을 발탁해 준 류성룡에게 고마움을 표시하기 위해 이날 종헌관을 비롯해 여러 명의 제관을 보내왔다. 덕수 이씨 문중이 병산서원에 제관을 보내는 전통은 400년을 고스란히 이어 왔다는 게 병산서원 관계자의 설명이다.

류성룡이 1542년생, 이순신이 1545년생으로 세 살 차이인 두 사람은 서울 건천동(현 중구 인현동)에서 어린 시절을 함께 보낸 죽마고우였다. 류성룡의 권유로 문관 집안 출신이면서도 무과로 급제, 무관의 길을 걷게 된 이순신은 불의와 타협하지 않는 올곧은 성격 탓에 승진에서 여러 차례 누락하면서 변방을 전전한다. 임진왜란이 터지면서 정읍현감이던 그를 전라 좌수사로 발탁한 게 류성룡이었다. 벼슬이 종6품에서 종3품으로 6단계나 수직 상승했다.

주위의 반대가 컸던 건 불문가지다.

류성룡은 징비록에서 "조정에서 이순신을 추천해 주는 사람이 없어서 무과에 오른 지 10년이 되도록 벼슬이 승진되지 않았다."며 안타까워했다. 류성룡의 발탁인사가 없었다면 임진왜란에서 조선을 지켜낸 충무공은 역사에서 존재하지 않았을 것이다. 두 사람의 우정이 잘 알려지지 않은 데 비해 관중과 포숙아의 우정은 귀에 못이 박히도록 잘 알고 있다.

류성룡이 이순신을 발탁한 걸 정치·역사의 눈으로만 볼 일은 아니다. 두 사람의 우정을 현재화하는 노력이 필요하다. 그게 요즘 회자되는 '스토리텔링 비즈니스'다.

Part 5

인간존중 리더십

어떤 회사건 어떤 직장이건 인간성 바탕 위에 생산성과를 확실하게 보다 강력하게 잘 연구하여 철저하게 실행하는 것이 인간존중 경영의 첫 단계이다.

인간존중은 고창(高唱)되는 것이 아니라 실행되는 것이어야 하지만, 그러기 위해 인간존중이란 어떤 것이며 무엇을 어떻게 하면 좋은가 하는 것을 자기들의 회사, 자기들의 직장, 그리고 자기 자신의 생활에 비추어 잘 생각해 보기를 바란다.

인간존중은 먼저 자기 자신의 인격 존중부터 시작해야 한다. 존중해 준다, 존중을 받는다는 것이 아니라 먼저 스스로의 실행이 근본이다.

Episode ◀ 멘토의 유산

멘토링을 소재로 한 미국영화 "Finding Forester"라는 영화 이야기이다. 주인공은 그 유명한 제임스 본드 역을 해낸 실명 손 코네리다. 이 영화 주인공은 유명한 작가 포레스터(멘토역)이고 마잘(멘제역)이라는 흑인 소년이다. 어느 날 멘토는 마잘이 문학에 소질 있음을 알고 계속 지원하나 마잘은 고등학교에 농구선수 특기로 진학하게 되었다. 그래도 멘토는 포기하지 않고 계속 물심양면 지원한다. 우여곡절 끝에 마잘은 농구를 포기하고 작가 생활로 삶의 방향을 전환한다. 얼마 후 마잘은 변호사로부터 소포를 받게 되고 자기의 멘토가 2년 전에 암으로 사망했다는 것과 멘토가 살던 아파트, 그리고 가득한 장서, 모든 저작권이 멘제 마잘에게 상속한다

는 유언장과 그전에 사용했던 멘토의 때 묻은 열쇠꾸러미도 함께
보내왔다.

  1장 21세기 인간존중시대
  2장 인간존중의 당위성
  3장 인간존중의 실제
  4장 인간존중 전망
  5장 인간존중 지수

1장
21세기 인간존중시대

1. 인간존중 용어 정리

1) 인격(人格 : Person)이란?

(1) 인격의 뜻

▶ 인격은 법률적이고 도덕적인 개념이다. 인격은 의식적이고 이상적인 주체인 인간을 가리킨다. 즉 인격으로서의 인간은 선과 악, 참과 거짓을 구분할 줄 알아야 하며, 자신의 행위나 선택에 대해 설명할 수 있어야 한다. 인격 개념은 오늘날 매우 친숙한 것이 되었다. 인격 존중은 보편적으로 인정되는 덕목이며, 원리적인 측면에서 계속 다듬어져 온 개념이다. 그러나 현대 윤리학자들의 논쟁에서 볼 수 있듯이 인격 개념은 복잡하다. 인격이란 종교적, 법률적, 철학적 원천들로부터 점점 다양하게 발전해 온 개념이다.

(2) 가치로서의 인격

▶ 인간이 권리를 가진 주체, 즉 자기 자신에 대한 결정을 내릴 수 있는 주체인 것은 인간이 하나의 인격이기 때문이다. 이 같은 법률적 지위가 모든 사람에게 인식된 것은 1789년 인권 선언을 통해서였다. 인간이 권리상 평등하다면, 그것은 인간들이 모두 동일한 가치를 지니고 있기 때문이다.

인권 선언은 법률적인 의미만이 아니라 도덕적인 의미도 가진다. 인격이 도덕적인 범주가 된 것은 칸트 이후이다. 인격은 결국 권리의 주체일 뿐만 아니라 의무의 대상이기도 한다. 칸트에 따르면 인격은 절대적인 가치를 가지며 그 자체가 목적이다. 다시 말해 인격은 상대적인 가치를 가지고 단순한 수단으로 사용되는 사물과는 다르다. 인격을 절대적으로 존중해야 한다는 원리는 타인을 단순한 수단이 아니라 목적으로 대하라는 정언 명령을 통해서 표현된다.

2) 인류/인간성(人類/人間性 : Humanity)이란?

(1) 인류/인간성의 뜻

▶ 동물에 비해 인간이 독특하게 가지는 특성들의 집합이며 인간성이라는 개념은 동물성이라는 개념에 대비되어 만들어졌다. 예를 들어 데카르트는 인간과 동물 사이에 단순한 정도 차이가 아닌 본성상의 차이가 존재한다고 주장한다. 오직 인간만이 사유할 수 있다. 즉 의식할 수 있고 언어를 사용할 수 있다(뉴캐슬에게 보내는 편지). 인류학적, 사회학적 관점에서 볼 때, 이 능력은 문화와 역사의 가능성을 확립한다.

콩트는 인류가 문화와 역사를 통해서 '산 자들보다는 죽은 자들로 구성된다'고 보았으며, 인류를 특수한 인간들(개인들)을 넘어서는 하나의 집단적 존재로 여겼다. 도덕적 관점에서 볼 때, 사유 능력은 인간존중의 기초가 된다. 결국 인간은 어떤 목적을 표상할 수 있는 존재이며, 나아가 스스로가 하나의 목적이기도 하다. 인간은 우리가 이용할 수 있는 단순한 사물이 아니라 존중해야 할 하나의 인격체이다. 칸트는 『도덕적 형이상학』에서 "당신은 당신의 인격만이 아니라 다른 모든 사람의 인격에 대해서도 언제나 인류를 단순한 수단이 아닌 하나의 목적으로 대해야 한다."고 썼다.

3) 인간존중(人間尊重 Human Respect)이란?

(1) 인격 가치에 대한 존엄성

사람의 인격을 절대적으로 존중해야 한다는 원리는 타인을 단순한 수단이 아니라 목적으로 대하라는 정언 명령을 통해서 표현된다.

인격의 가치와 존엄을 인정한다는 것은 권리에 대한 단순한 긍정을 말하는 것이 아니다. 인격이 자유롭게 행동할 수 없을 때에도 그 인격을 보호하고 존중해야 함을 말한다. 이 같은 긍정은 정당하지만, 동시에 태아의 지위나 안락사에 관한 최초의 논쟁에서 볼 수 있듯이 위험한 윤리적 문제를 제기하기도 한다. 이 점에서 인력가치의 문제는 오늘날에도 그 존엄성에 관한 많은 논의가 필요하다.

(2) 인간성에 대한 존중의 개념

인간성이라는 개념은 동물성이라는 개념에 대비되어 만들어졌다. 도덕적 관점에서 볼 때, 사유(思惟)능력은 인간존중의 기초가 된다.

결국 인간은 어떤 목적을 표방할 수 있는 존재이며, 스스로가 하나의 목적이기도 한다. 인간은 우리가 이용할 수 있는 단순한 사물이 아니라, 존중해야 할 하나의 인격체이다.

(3) 인본주의에서 존엄성

역사적으로 인본주의는 14세기에 이탈리아에서 등장한 운동으로 중세 교회의 통제에서 인간의 가치와 존엄성, 그리고 우주 안에서 인간이 같이하는 특권적인 위치를 강조했다.

18세기 계몽주의 철학은 인간에 대한 신뢰를 통해서 그저 그 인간의 행복을 염원하고 인간의 권리를 옹호함으로써 정치적, 종교적, 반(反)계몽주의와 싸웠으며, 이 점에서 인본주의적 이상과 결합했다. 일반적으로 말해, 인본주의는 인간이 궁극의 가치라는 것, 즉 인간의 존엄성이 존중되어야 하고 모든 정치적, 종교적, 이데올로기적, 경제적 예속으로부터 보호되어야 한다는 것을 강조한다.

4) 인간성 존중 경영이란?

인간성의 존중이라는 말은 요즘엔 흔히 사용되고 있지만 그 말은 무엇을 의미하고 있는 것일까. 입으로 수다스럽게 떠들고 있는 것만으로는 인간성을 존중하고 있다고는 할 수 없지 않을까.

인간성의 존중이란 대체 어떻게 하는 것일까.

최근 들어 기업에서뿐만 아니라 특히 인간성 존중이 중요시되게 된 것은 인간성이라는 것에 대한 자각(自覺)의 확립과, 그것에 대해 현실적으로는 인간성이 저해(邸害)되고 있는 경우가 너무 많기 때문이겠지만, 실제로 여러분의 경우는 어떨까? 회사에서는 도의 향상이니 격려니 하는 여러 가지 명목하에 노력과 연구가 거듭되고 있지만, 궁극적으로는 실질적으로 인간성의 존중이 거기서 실행되고 있는 것이 아니면 사상(砂上)의 누각에 지나지 않게 된다.

단적으로 말하여 기업 안에서 인간성을 억압하는 것을 근대 경영에서는 생각할 수 없는 일이다. 인도상의 의미로서의 인간성의 존중은 말할 나위도 없다. 다른 동물에겐 없는 인간만이 지니는 훌륭한 특성을 어떻게 살리느냐 하는 것이 적극적인 의미에서의 인간성의 존중이 되지만, 이것은 결과적으로 기업의 발전의 밑거름이 되기도 하는 것이다. 그러면 구체적으로 어떤 일을 해야 하는지 살펴보도록 하겠다.

(1) 몸을 움직이는 일에서, 머리를 쓰고 생각하는 것은 인간만이 할 수 있다.

→ 인간은 기계의 대용물이 아니다.

(2) 창조 활동을 장려한다.

→ 더 좋은 것, 보다 새로운 것을 만들어 내는 것은 인간만이 지니는 중요한 특성이다. 제안 제도의 중요성은 여기에 있다.

(3) 능력의 개발 향상을 꾀한다.

→ 인간은 자신의 성장 진보를 끊임없이 바라고 있다. 이것은 인간의 기본적인 욕구의 하나다. 자꾸 공부하여 능력을 발휘할 수 있는 터전을 마련하는 것이 필요하다.

(4) 자주성 · 자발성(自發性)의 존중

→ 단순히 본능에 따르는 것이 아니라 스스로의 의지, 스스로의 생각으로 주체성을 지니고 행동하는 것도 인간이 가지고 있는 중요한 특성이다. 이것이 억압되면 대번에 싫증과 반감을

일으킨다.

(5) 안전·건강

→ 이것은 말할 필요도 없다.

(6) 욕구 충족·불만의 해소

→ 생리적인 욕구, 경제적인 욕구, 사회적인 욕구, 자아(自我)의 욕구, 자기실현의 욕구 등 여러 가지 욕구를 인간은 가지고 있다. 그것이 어떻게 어느 정도 충족되는지가 중요한 문제이다.

(7) 인간의 노력과 에너지를 허비(虛費)하지 말라.

→ 귀중한 인간을 기계를 헛돌게 하는 것처럼 헛일을 하게 해서는 안 된다. 이것이 없이 인간성의 존중은 있을 수 없다. 귀중한 인간에게 가치가 낮은 일, 질이 나쁜 일을 시키지 않도록 하는 것이 중요하다.

2. 인간의 지도 원리

유사 이래 인류의 역사를 인간이라는 견지에서 보기로 한다. 유사 이래 긴 수천 년 동안 인간은 거의 어디에서나 다 신화, 종교, 교리, 전통, 관습 등에 대한 교조적 신앙이 생활과 사고의 지도원리가 되어 있던 시대를 살아왔다. 이런 때를 신앙시대(信仰時代)라고 부르자. 예컨대 서양에서는 오랫동안 기독교의 교리는 신성불가침의 원리였고, 우리나라에서는 유교의 삼강오륜(三綱五倫)이 오랫동안 의심이 용서 안 되는 신조였다.

그러다가 서양사에서 먼저 이른바 '문예부흥'을 계기로 종교도,

절대 권력도, 전통도 모두 포함하는 모든 독단을 배격하고 오로지 '이성'의 합리적 판단을 생활이나 사고에서의 지도원리로 삼기 시작했다. 문예부흥이란 곧 이성 부흥이었다. 이 시대를 이성시대(理性時代)라고 부르는바 그것을 대략 서기 1500년에서 1800년 사이의 300년 동안이라 해두자.

정신사적으로 이른바 '근세'에 들어왔고, 각양의 예술, 음악, 문학, 철학, 사상 등이 활발하게 소생한 시기다. 그 시대에 서서히 싹 트기 시작한 과학의 발달이 여러 큰 발견·발명의 힘찬 세력을 형성해 가면서, 이른바 '산업혁명'을 계기로 대략 1800년대에 과학시대(科學時代)로 접어든다. 과학, 그리고 그것이 낳은 과학기술은 가히 만능자가 되었다. 그것이 생산력, 전력(戰力)의 원천이 되었고, '국부', '국력'의 근본이 되었다. 그래서 서양의 제국들은 그것으로써 동양을 유린하고 서양 우세를 오랫동안 유지해 오기도 했다. 사고에서는 과학적 사고가 지도원리였고, 자연사만 아니라 사회사, 인간사도 과학적으로 처리되어야 했다. 과학시대는 확실히 인지(人知) 발달의 거보를 의미한다. 과학시대는 대략 1800~2000년까지의 약 200년으로 여겨두자.

당장 오늘 21세기는 무슨 시대로 규정될까? 또는 적어도 무슨 시대로 규정지어지면 좋을까? 우리는 인간시대(人間時代)의 출현으로 이어질 것을 기대한다. 사실 인간시대 출현에 대한 소망과 기대는 이미 100년 전인 1900년 전후에 크게 일기 시작했다. 이성과 과학이라는 지도원리에 대한 반발이 시작되었던 것이다.

3. 인간의 반발

과학기술(科學技術)은 그것이 가져다준 온갖 이득과 복지와 장점에도 불구하고, 그것이 몰고 온 난폭한 원시 자본주의의 산업체제와 제국주의의 전쟁 그리고 일변도적인 이성적, 과학적 사고방식 때문에 이미 1900년 전후부터 여러 논자에 의해 여러 갈래로 맹렬한 반발과 도전을 받기 시작했다. 과학기계 문명의 가장 격렬한 비판자였던 철학자 니체(Nietzsche), 이성의 가면 뒤에 웅크리고 있는 허위를 간파하고, 그리스 신화의 이성의 신 아폴로 대신 격정의 신 디오니수스의 진실을 논한 니체가 서거한 1900년이 그 전후 사정을 말하는 하나의 상징이라 할까?

비판의 첫 포문은 마르크스(Marx)가 연 셈이다. 그는 과학기술을 이용한 초기 자본주의의 생산체제의 몰인간적 비정을 인간소외(人間疎外)의 개념으로 파악하고 이를 비판하면서 그 후 근 한 세기 동안 세계를 흔들어 놓은 사회주의, 공산주의 창시자가 된 셈이다. 공산주의라는 독재와 결부되어서 1980년대를 고비로 마침내 그 '역사의 종언'을 겪기는 했지만, 처음 그의 사상은 '순진한' 인간적 반항이었다.

둘째 포문은 실존주의(實存主義)의 반발이다. 두 번의 세계대전에서 대량살상으로 파리떼처럼 무의미해진 인간, 그리고 '근대화'로 인하여 거역할 수 없이 대형화, 집단화, 표준화해 가는 기업조직과 사회조직, 생활방식과 사고방식 속에서 티끌처럼 미소해지는 인간을 보면서, '인간적인 너무나 인간적인' 인간을 찾아 외치는 니체, 야스퍼스, 사르트르, 카뮈 등 일련의 실존주의 철학자, 문학자들의 반발이다. 쓰러져 가는 인간성에 대한 울부짖음과 같다.

셋째 포문은 프로이드(Freud)와 융(Jung) 등 정신분석학자들의 이성과신(理性過信)에 대한 경고였다. 그들은 인간의 사고와 행동에서 이성 아닌 정서적 불안과 걱정 그리고 '무의식'의 역할이 얼마나 큰가를 일깨워준다. 특히 융은 그의 이른바 '집단 무의식'을 주장하면서, 먼 옛날의 인류나 민족의 원초적인 의식(意識)이 지금 우리 무의식에 작용한다는 일종의 신비주의적인 주장까지 한다. 말하자면 호모 하빌리스나 호모 에렉투스 혹은 옛 호모 사피엔스 그리고 선사시대의 민족에서 생겨난 생활의식들이 지금 우리의 무의식에 작용하고 있다는 말이 된다.

넷째로 다른 측면에서 여러 사가(史家)들의 문명 흥망론도 현대문명 비판에 가세한다. 물론 가장 대표적인 것이 슈펭글러의 <서구 멸망>이며 토인비의 <역사의 연구>, 그리고 최근 사학자 케네디의 <강대국의 흥망>도 이와 무관하지 않다. 서구와 미국 그리고 근자의 일본마저도 그 과학기술에 대한 지나친 팽창주의를 경계해야 한다고 스스로를 비판하고 있다. 인간이란, 그것이 아무리 긴요하다 해도, 이성적, 과학적으로만 사고하고 행동하는 존재도 아니고, 이성적, 과학적으로만 이해될 수 있는 존재도 아니라는 인식이다.

다섯째, 보다 심각하게 근본적으로 근대적인 사고방식, 접근방식 또는 패러다임의 문제들이 여러 학자에 의해 제기되고 있다. 과학적 방법의 대전제인 이른바 '데카르트적 이분론(二分論), 즉 정신과 물질, 인간과 자연, 주체와 객체 등을 칼로 자르듯 이분하는 사고방식에 대한 비판이 일고 있는 것이다. 신비, 낭만, 개연성, 불확정성, 자유의지 등의 역할을 완전히 배제하는 기계론적 접근방식에 대한 비판도 거세다. 개념적, 추상적 '분석' 일변도로 치닫고, 구체적, 체험적인 '종합'의 역할을 경시하는 패러다임에 대한 비판도 가세한다. 일반적으로 서구적인 접근자세를 넘어서서 동양적인 접근에 대한 매료가 대두되고 있다. 이것은 물리학 자체에서부터 그렇다.

4. 21세기 인간존중시대

이런 이성과 과학 일변도에 대한 비판이 인간에로의 회귀(回歸)를 부르짖는 상황에서, 최근 생태계(生態系)의 파괴가 인류 생존의 생물학적 근거마저 위협하고 있다는 위기감이 '인간시대'를 더욱 절실하게 한다.

물론 인간시대에도 신앙, 이성, 과학, 기술은 계속 발전될 것이고 또 발전되어야 한다. 그러나 인간시대의 가장 두드러진 특징은 모든 것에 앞서 인간생존, '인간의 인간적인 생존', 즉 인간소외, 인간상실, 인간억압, 인간유린 없이 인간이 인간답게 살 수 있어야 한다는 것이 최우선의 관심사가 되는 시대라는 것이다. 물론 이것이 21세기에 들어서면 그런 유토피아적인 인간적 사회가 실현된다는 낙관론을 말하는 것은 아니다. 경우에 따라서는 더 혹독한 인간소외, 인간유린이라는 기대치 않았던 사건들이 벌어질 수도 있다.

그러나 적어도 '인간'에 대한 관심이 모든 것의 기저가 되리라는 것은 충분히 기대가 된다. 그런 관심은 그동안 긴 역사에서 한때는 교조적 신앙에 눌려, 한때는 일변도적인 이성과 과학의 세력에 밀려, 그리고 그 여세로 '근대화'와 경제발전에 가려져 제일차적인 관심으로 표출되지 못했을 뿐이다. 그래서 장차 혹 인권유린이나 인간소외로 인간생존 위협을 일삼으려는 예비 독재자나 파괴적 사업가들은 옛날이나 종래보다는 훨씬 더 그럴 듯한 속임수를 발견하지 않으면 안 될 것이다. 왜냐하면 마르크스나 니체, 프로이드 등의 경고가 먼 곳 몇몇 사람의 외롭고 가냘픈 외침이었다면, 지금부터의 인간적 관심은 넓게 퍼지는 큰 무리의 함성으로 나타날 것이기 때문이다. 21세기는 그래서 인간시대다.

2장

인간존중의 당위성

1. 철학적인 차원에서 검토

1) 인격 가치에 대한 존엄성

사람의 인격을 절대적으로 존중해야 한다는 원리는 타인을 단순한 수단이 아니라 목적으로 대하라는 정언 명령을 통해서 표현된다.

인격의 가치와 존엄을 인정한다는 것은 권리에 대한 단순한 긍정을 말하는 것이 아니다.

인격이 자유롭게 행동할 수 없을 때에도 그 인격을 보호하고 존중해야 함을 말한다. 이 같은 긍정은 정당하지만, 동시에 태아의 지위나 안락사에 관한 최초의 논쟁에서 볼 수 있듯이 위험한 윤리적 문제를 제기하기도 한다. 이 점에서 인력가치의 문제는 오늘날에도 그 존엄성에 관한 많은 논의가 필요하다.

2) 인간성에 대한 존중의 개념

인간성이라는 개념은 동물성이라는 개념에 대비되어 만들어졌다. 도덕적 관점에서 볼 때, 사유(思惟)능력은 인간존중의 기초가 된다. 결국 인간은 어떤 목적을 표방할 수 있는 존재이며, 스스로가 하나의 목적이기도 하다. 인간은 우리가 이용할 수 있는 단순한 사물이 아니라, 존중해야 할 하나의 인격체이다.

3) 인본주의에서 존엄성

역사적으로 인본주의는 14세기에 이탈리아에서 등장한 운동으로 중세 교회의 통제에서 인간의 가치와 존엄성, 그리고 우주 안에서 인간이 같이하는 특권적인 위치를 강조했다.

18세기 계몽주의 철학은 인간에 대한 신뢰를 통해서 그저 그 인간의 행복을 염원하고 인간의 권리를 옹호함으로써 정치적, 종교적, 반(反)계몽주의와 싸웠으며, 이 점에서 인본주의적 이상과 결합했다. 일반적으로 말해, 인본주의는 인간이 궁극의 가치라는 것, 즉 인간의 존엄성이 존중되어야 하고 모든 정치적, 종교적, 이데올로기적, 경제적 예속으로부터 보호되어야 한다는 것을 강조한다.

2. 두뇌의 지능구조에서 검토

인간과 다른 동물과의 기본적인 차이에는 태어났을 때의 뇌상태에 있다. 다른 동물의 뇌는 침팬지 같은 고등동물에서도 거의 완성되어 태어나지만 인간은 아주 미숙한 상태에서 태어난다.

스위스의 동물학자, 아톨프 호르트만은 "만일 인간이 태어났을 때 침팬지와 똑같이 행동하려면 어머니의 배 안에 또 11개월간 들어가야 된다. 즉 임신 21개월 만에 태어나지 않고는 불가능하다."고 말하고 있다.

쉽게 말하면, 인간의 특징인 '새로운 피질'은 완전히 미개발 상태에서 태어난다. 태어났을 때 인간의 지능은 제로라고 하는 이유가 여기에 있다. 그리고 이것과 관계없이 인간의 뇌발달은 충실하게 약속되어 있다.

우리 뇌의 '새로운 피질'은 탄생 후부터 급속도로 충실해진다. 그것은 우선 두정(頭頂), 후두연합야(後頭連合野)에 있는 지능의 자리＝정보를 받아들이는 구조부터 충실하기 시작하여 전두연합야의 지혜의 자리＝정보의 종합(사고방식), 조립(창조), 의지결정(의도) 등은 2세 이후부터 서서히 충실하기 시작한다.

태어났을 때, 아기의 두뇌 무게는 약 400g, 이것이 시간이 지남에 따라 점차 커지며 어른 남성은 약 1,400g, 여성은 1,250g이 된다. 이와 같이 뇌가 커지면서 무거워지는 것은 뇌 안의 신경세포 때문이다. 그러나 신경세포는 영구세포, 비분열 세포, 매증식 세포이므로 수량이 증가되는 것도 아니다. 또 하나하나 세포의 부피가 증가되는 것도 아니다.

이들 신경세포는 몸의 다른 세포와는 달리 많은 돌기(突起)가 나와 있고 주위의 신경세포와 얽혀져 존재한다. 이 얽혀진 상태에 따라 비로소 뇌가 여러 가지 기능을 발휘하는데, 뇌가 발달하여 충실해지고 커진다는 것은 이 돌기가 점차 성장되어 조화롭게 주위의 세포와 얽혀진다는 뜻이고 그 때문에 뇌가 무거워지는 것이다.

이와 같은 발달은 '새로운 피질' 안에서 진행되는데 이 '새로운 피질'을 2가지 부분으로 나누어 생각하면 쉽게 이해할 수 있다. 내용을 설명하면, 입력되는 부위(지능의 자리)와 출력되는 부위(지혜의 자리)인데, 지능의 자리가 먼저 충실하기 시작하여 2~3세까지에는 중요한 것이 완성되고, 10세 정도에서 대부분 완성된다.

한편, 지혜의 자리는 2~3세경부터 서서히 얽혀지는 상관관계가 시작되고 4~7세 정도와 10세 정도의 중요한 3단계를 거쳐 20세 전후하여 대부분 완성되는 것으로 알려져 있다. 이것을 정리하여 설명하면, 신경 세포 전체가 얽혀지는 연결은 전두엽을 제외하고는 20세 전후에 끝나며, 그 이후부터는 하루에 10만 개에서 20만 개의 비율로 신경세포가 사멸된다는 것이다.

무엇을 망각한다는 것은 이와 같이 기능하고 있던 신경세포가 사멸하는 결과에서 나타나는 현상이라고 볼 수 있는데, 지혜의 자리만은 죽을 때까지 쇠퇴하지 않는 것 같다. 인간은 3세경이 되면 그때까지의 모방적 활동에서 탈피하여 스스로 생각하고 새로운 것을 만들며 하려는 의욕이 싹트게 된다. 지혜의 자리에 있는 신경세포와 다른 신경이 연결되기 시작하였기 때문이다.

이것이 4~7세의 취학기가 되면 경쟁심이나 배운 것을 받아들이려는 기분을 갖게 된다. 시간적인 관념도 갖게 되며 약속도 지키게 된다. 여기에서 10세쯤 되면 지혜에서 만들어지는 정신이라는 즐거움과 슬픔 질투나 시기 등의 정조적(情操的)인 마음이 분명히 나타나게 된다.

그리고 이 지혜의 자리만은 죽을 때까지 쓰면 쓸수록 발달하는 것 같고, 인간성을 존중하는 것은 '두뇌를 훌륭하게 활용하는 것'이고 삶의 보람도 또한 '머리의 슬기로운 활용'에 있다는 것이다.

3. 부모의 어린이 사랑에서 검토

1) 어린이를 거부하지 말고 응석을 받아준다

'화이트박사의 육아서'로 널리 알려진 미국의 발달심리학자 버튼 L. 화이트 박사는 1985년 일본을 방문하여 여러 곳에서 육아에 대한 강연을 한 바가 있다.

화이트 박사에 따르면, 생후 7개월까지의 젖먹이에게는 "자기는 부모와 주위사람들로부터 사랑을 받으며 귀여움을 받고 있다고 느끼도록 하는 것이 중요하다."고 했다.

여기서 '사랑받는다'는 것은 젖먹이에 대해서는 '기분이 좋다'는 것이다. 젖먹이가 운다는 것은 무엇인가를 요구할 때를 의미한다. 이 점을 이해하고 요구에 응해 주는 것이 젖먹이의 기분을 좋게 만든다고 화이트 박사는 말했다.

그러나 부모들 사이에서는 귀여워하는 도가 지나치면 아이들이 응석받이가 된다는 오해가 있다. 아이들을 너무 귀여워하면 안 된다고 할 수 있는 시기는 어느 정도 판단을 할 수 있는 나이가 된 다음의 일이며, 그때까지는 최대한 귀여워해 주고 응석을 받아주어야 한다. 이 시기에는 아무리 귀여워하고 응석을 받아주어도 지나친 일이 아니다.

어떤 아동심리학자는 '어머니의 무릎 위는 어린이의 마음의 터전'이라고 밝히며, 응석을 받아주는 것이 얼마나 중요한가를 다음과 같이 말했다.

"어머니와의 스킨십은 어린이의 정서적 안정에 가장 큰 역할을 한다. 그러므로 어머니의 무릎 위는 어린이의 마음의 터전이다. 소년기와 사춘기에 여러 가지 문제를 일으키는 어린이는 이런 마음의 터전을 지니지 못하고 있다. 그것은 어머니로부터 방임된 어린이들의 경우에 가장 많은데, 너무 일찍 어린이의 독립심을 키워야겠다고 초조해하는 어머니의 경우에도 볼 수 있다. 즉 어린이가 응석을 부릴 때 그것을 받아주는 것이 나쁜 버릇이 들게 한다고 생각하기 때문이다.

어린이에게 있어서 최대의 비극은 어린이가 응석을 부리는 것을 싫어하는 어머니의 경우이다. 어린이의 정서는 메마르게 되고, 이로 말미암아 잔학성을 드러내는 경우도 있다."

2) 어린이를 존경하고 예의 바르게 대할 것

『스포크박사의 육아서』로 유명한 미국의 벤저민 스포크 박사는 1979년 오스트리아의 잘츠부르크에서 개최된 세계정신위생연맹 국제회의에서 다음과 같은 취지의 발언을 했다.

"가장 중요한 것은 부모가 어린이를 존경하는 것이라고 생각한다. 어린이는 간혹 가난한 자, 노예, 여성 등과 함께 '종속적'으로 취급되어 호통을 듣고 매를 맞는 대상이었다. 그러나 어린이에 관해 연구하면 할수록 향상되려는 그 이상(理想), 오염되지 않은 선의에는 훌륭한 면이 있다는 사실을 알게 된다. 이들은 어른이 충분히 존경할 만한 대상이다. 부모와 어른이 이들에게 존경하는 마음을 기울여야만 어린이들이 보다 이상적으로 선의의 훌륭한 시민으로 육성되어 나간다. 부모도 어린이로부터 존경을 받아야 한다. 어린이가 예의에 벗어난 태도를 취할 때 용인해서는 안 된다. 예의 바르게 대하는 것이 무엇보다도 중요하다.”

인간은 타인으로부터 신뢰받고 존경을 받을 때 그 신뢰와 존경에 보답하려고 한다. 이것이 인간의 진정한 마음이며, 이는 또한 어린이에만 국한된 것이 아니다.

4. 신앙적 원리에서 검토

창세기 1장은 하나님이 사람을 ‘하나님의 형상과 모양으로’ 창조하셨다고 말씀하신다. 모든 사람들에게는 위대한 창조주 하나님의 형상이 있다고 하는 것이다. 남녀노소, 가난한 자와 부한 자, 지위가 낮은 자와 높은 자, 흑인과 백인, 정박아에게까지도 하나님의 형상이 있다는 것이다. 따라서 인간은 존엄하고 존귀한 존재이다. 신약에서 예수 그리스도께서는 이것을 명백하게 말씀하고 계신다. “사람의 목숨이 온 천하보다도 귀하다.”(마 16:26) 이만큼 사람이 귀중하다는 것이다. 이것은 여러분들이 특히 조직경영을 하면서 어떻게 사람을 대해야 할지에 대해서 명확히 제시해 주는 중요한 성경적 원리다. 인간을 존중하는 경영활동을 해야 된다는 것이다.

그러면 인간을 존중하는 경영활동은 어떤 식으로 하는 것일까? 예를 들어 현장 확인 경영을 한다고 하자. 인간을 존중하지 않는 태도는 일이 어떻게 되는지를 감독하러 가는 것이다. 일이 잘되는지 안 되는지를 감독하러 가는 태도, 그 속에서 종업원은 자신이 억압당하고 조작당하고 감시당하고 있다는 느낌을 갖게 된다. 그러나 인간을 존중하는 태도로 현장을 방문하는 것은 경영자가 그 종업원에게 관심이 있고 그 종업원이 하는 일이 아주 귀중한 일이라는 것을 종업원으로 하여금 인식하도록 하는 것이다. 그렇게 할 때 종업원은 자발적으로 자신이 하고 있는 일의 중요성과 가치를 깨닫고 열심히 일을 할 수 있다. 이것은 리더십 연구결과에서도 나타난다. 경영학자들이 과업을 중심으로 한 리더십의 생산성과, 관계를 중심으로 한 리더십의 생산성을 살펴보았다. 그랬더니 관계 중심적인 리더십에 있어서 생산성이 높더라는 것이다. 성경적 원리를 과학적으로 증명한 연구결과라고 생각한다.

요즘에는 비기독교인이 경영하는 조직들, 특히 탁월성을 추구하는 많은 기업들이 내세우는 것이 바로 이 인간존중의 경영이다. 예를 들면, GE그룹 삼성그룹 LG그룹 같은 경우에 '인간의 가치인정' '인간제일주의' '고객을 위한 가치 창조' '인간존중', 슬로건을 내세우고 있다. '종업원 만족 없는 한 고객 만족도 없다.' 그래서 종업원부터 만족시키고 고객을 만족시키려는 그러한 결의들, 이 모두가 인간존중의 경영을 나타내고 있다.

이러한 인간존중의 대상은 사실 종업원과 고객 그 둘에 국한되지 않는다. 조직과 관련된 모든 사람들이 존중되는 방식으로 조직이 운영되어야 한다는 것이다. 최근의 경영학 연구결과나 많은 초일류기업들이 그런 인간존중의 경영을 탁월한 경영을 할 수 있는 원리로 보고 있다.

3장

인간존중 실제

1. 삶의 보람

인간은 무엇 때문에 살아야 하는가, 최근에 큰 과제로 되어 있는 '삶의 보람'에 대해 어떻게 생각하는가 하는 질문에 대해 아놀드 토인비 박사는(영국의 역사학자) 다음과 같이 말하고 있다.

"……나는 인간이 사는 목적은 사랑하는 일, 지혜를 활용하는 일, 그리고 창조하는 일이라고 말하고 싶다. 인간은 이 세 가지 목적을 추구하기 위해 모든 능력과 모든 정력을 바쳐야 한다고 생각한다. 그리고 필요하다면 이런 목적을 달성하기 위해서 스스로를 희생시켜야 한다고 생각한다.

희생 없이 이런 목적이 달성되는 것이 바람직하겠지만 가치가 있는 일은 자기희생을 요구할는지도 모르며, 또 가치가 있다고 생각한 경우에는 희생을 마다하지 않는 마음가짐이 바람직한 것이다. ……"

요컨대 사랑하는 일, 지혜를 활용하는 일, 창조하는 일이 사는 목적이며 삶의 보람의 큰 요소라고 말하고 있는 것이다. 물론 이것이 올바른 해답인지 어떤지는 알 수가 없다. 아마 사람마다 여러 가지 의견이 있을 것이라고 생각한다.

말할 것도 없이 인간은 살기 위해 태어났지만, 그것은 결코 동물로서 사는 것을 의미하는 것도 아니다. 물론 인간이 이 세상을 살아가는 것은 결코 아름답기만 한 일은 아니다. 오히려 투쟁, 흥정, 이기심, 타산, 이합집산(離合集散), 감정의 갈등 등의 추악한 장면이야말로 인간생활의 큰 부분인지도 모른다.

그러나 그런 가운데서도 보다 풍부한 인간성을 지닌 인간으로서 산다는 것이 우리들의 과제라고 생각된다. 거기에 인간으로서의 번민과 괴로움이 생기는 것이며, 아놀드 토인비 박사가 말했듯이 자기희생마저 거기에 필요하게 되는지도 모른다.

얘기를 되돌려 생각해 보자. 그러면 우리는 대관절 왜 삶의 보람을 문제로 삼는 것일까?

자기에게 가치가 있는 것이 대체 무엇인지, 그것을 알 수 없게 되었다는 것, 그리고 그 가치 자체가 변하며 갈피를 잡을 수 없게 되어 있다는 것 등이 큰 요인(要因)인지도 모른다. 목숨을 걸 만큼 가치가 있는 것, 모든 능력을 발휘할 만큼 가치가 있는 것, 한껏 노력을 기울일 만큼 가치가 있는 것, 이 같은 것을 가지고 있지 않기 때문일 것이다.

사람은 저마다 어떻게 살건 마음대로임에는 틀림없지만, 한정된 시간의 생명이니 조금이라도 '살아 있는' 데 기쁨을 느끼는 것 같은 충실한 생활을 하는 것이 바람직하다. 자기 혼자로서가 아니라 가정에서, 직장에서, 그 밖의 사회생활에서, 같이 생각하고 있는 사람들과의 접촉 속에서 그 같은 충실한 생활을 쌓아 올리는 노력이 필요하다.

그런 노력으로서는

① 인간성 존중의 실행

② 일, 취미, 직장, 가정생활 등에 항상 신선한 테마와 목적을 지닌다.

③ 팀워크 속에서 자기 역할을 다한다. 그리고 자기 역할의 중요성을 높인다.

④ 자기 능력을 향상시키기 위한 공부를 한다.

⑤ 적절한 기회를 포착하여 적당히 자기의 뛰어난 점, 특징 등을 공인(公認)받는다.

⑥ 진심으로 신뢰할 수 있는 친구 등을 사귄다.

⑦ 지금까지 하지 않았던 일도 용기를 내어 손을 대 본다.

이와 같은 일을 생각할 수 있다. 이것은 작은 예지만 요컨대 '사는 데'에도 지혜가 필요한 것이다. 그리고 그런 지혜는 스스로 짜내어야 한다.

2. 인간존중 실제 Tip 16

― 리더는 고결한 인격을 가짐으로써 지도력을 발휘하여 많은 사람의 모범이 된다. 인격은 마음 좋은 것으로 용이하게 획득할 수는 없다. 그리고 직무에 임할 때 이미 좋은 마음을 갖지 않으면 일

은 결코 달성할 수 없다. 또 인격은 속임수가 통하지 않는 것이므로 함께 일하는 동료, 특히 부하는 그 사람이 고결한 인격의 소유자인가 아닌가를 바로 알게 된다. 그들은 그 사람의 능력이나 지식의 부족, 믿음직하지 못함, 방정치 못한 것 등을 관대하게 보아 주기는 하나 경영 현장에서 인격의 부족만은 결코 용서치 않는다. 항시 리더는 자신의 자존감을 먼저 챙기고 구성원의 인격을 존중하는 섬기는 경영에 우선을 두어야 한다. ― 피터드러커

1) 고용보장

고용보장은 회사가 장기적인 안목으로 종업원을 대하고 있음을 알려주는 신호다. 상호 호혜규범에 따라 종업원들은 열심히 일해 이에 보답하는 경향이 있다. 반대로 만약 경영자가 종업원은 없어도 되는 존재라는 식의 언행을 보인다면 직원에게서 애사심을 기대할 수 없을 것이다. 또 고용보장은 경영자와 종업원 모두에게 교육훈련의 동기를 부여한다.

2) 신중한 인력 선발

고용을 보장하고 인적 사원을 통해 경쟁우위를 확보하기 위해서는 적합한 사람을 적절한 자리에 고용하도록 인력 선발에 신중해야 한다. 엄격한 채용심사를 하는 것은 그 기업에 적합한 인력을 선발한다는 것 외에 선발된 사람에게도 자부심을 주게 될 것이다. 따라서 자신의 작업성과에 대한 기대가 높다는 것을 느끼며 결국 사람을 중요하게 여긴다는 메시지를 받게 되는 것이다.

3) 고임금

우수한 인재를 확보하고자 한다면 보다 많은 임금을 제시하는 편이 유리하다. 고임금을 지불한다는 사실은 회사가 종업원들을 높이 평가한다는 메시지를 담고 있기도 하다. 기업은 임금이 적을수록 노동비용을 감소시킬 수 있다고 생각한다. 그러나 노동비용이 높다 할지라도 이로 인해 오히려 향상된 서비스와 기술력 및 품질 혁신 등을 초래하여 기업 전체의 이익을 향상시킬 수 있다는 점을 중시해야 한다.

4) 인센티브제도

다른 사람들로부터 인정받고 고용이 보장되며 공정한 대우를 받는 것이 돈보다 더 성취동기를 자극하는 요인이 되기도 한다. 만약 종업원의 뛰어난 능력과 노력을 통해 얻어진 회사의 득이 최고 경영자와 주주에게만 돌아간다면 종업원은 불평과 의욕상실 때문에 더 이상 회사를 위해 노력하지 않으려 할 것이다. 이익분배제도는 전체적인 업무성과 향상에 대해 조직 구성원에게 보답하는 제도이다.

5) 종업원 지주제

종업원 지주제에는 두 가지 이점이 있다. 첫째, 종업원들이 근로자인 동시에 회사에 대한 소유권을 갖게 됨으로 노사 갈등을 덜 느끼게 된다. 둘째, 종업원 지주제는 기업운영체계나 설비투자 등 회사에 대해 보다 장기적인 견해를 가지며 주식매입, 차입금에 의존

한 적대적 기업 매수 등을 방어할 수 있다는 점이다.

6) 정보공유

이익분배제도를 적용하다 보면 정보공유의 필요성을 절감하게
되며 기업 내의 보다 많은 사람들에게 정보를 공개하게 된다. 종업
원들이 회사 소유자로서 권한을 가지고 있고, 또 그렇게 대우받기
를 원하기 때문이다. 정보 공유는 이익분배 및 인력을 통한 경쟁력
확보를 위해 필수 불가결한 요인이다. 회사에 대해 종업원들이 일
체감을 갖도록 비용과 관계, 업무성과와 앞으로의 전망 등을 밝혀
야 한다.

7) 경영참여과 권한 부여

종업원들의 경영참여는 이들의 만족감과 생산성을 모두 향상시
킨다. 종업원들에게 권한을 부여하는 자율성은 기존위계적 통제체
제에서 각 업무 활동의 조화를 이룰 수 있는 체제로의 전환을 수반
한다. 즉 직위가 낮더라도 유용한 정보를 많이 갖고 업무 성과를
향상시킬 수 있는 종업원들에게 창의성을 발휘할 수 있도록 조직
체계를 바꾸는 것을 의미한다.

8) 팀과 작업 재편성

팀제는 감시와 감독의 위계기능 발휘와 자율경영을 동시에 추구
할 수 있는 대안이다. 집단의 노력에 대한 보상이 주어지고 그 집

단이 작업환경에 대한 자율성 및 통제권을 가지고 신중히 운영된 다면 긍정적인 결과를 얻을 수도 있다.

9) 교육훈련과 기술개발

자율경영, 팀제 그리고 고임금의 경영정책이 성공적으로 실행되기 위해서는 제품과 생산공정을 변화시키고 개선시킬 권한뿐만 아니라 그런 개선을 가능케 하는 기술을 가진 인력이 있어야 한다. 결론적으로 새로운 제도를 정착시키기 위해서는 교육훈련과 기술개발이 필요하다. 또한 이러한 기술은 교육훈련을 받은 근로자가 그 기술을 활용할 수 있어야만 효력을 발휘한다는 것을 명심해야 한다.

10) 다기능화를 위한 순환근무와 교육훈련

기업에 다양한 업무처리 능력을 가진 인력이 있으면 좋은 점이 많다. 우선, 다양한 업무를 함으로써 보다 흥미롭게 일을 할 수 있다. 또한 업무의 다양성은 사람들의 업무에 대한 태도에 영향을 미치는 중요한 요소이다.

11) 상징적 평등주의

성공적인 기업경영을 위해 의사결정의 분산, 팀제의 활용, 종업원의 적극적인 경영 참여 등을 실행하는 데 있어 큰 장애물 중 하나는 바로 종업원들에게 소외감을 느끼게 하는 상징들이다. 인적 자원을 통해 경쟁우위를 확보한 기업들을 살펴보면 구성원들이 평등하다는 인상을 주는 다양한 형태의 상징적 평등주의 자취를 찾을 수 있다.

12) 임금격차의 축소

팀워크는 공동운명체라는 의식에 의해 조성되며 공동운명체라는 의식은 구성원들이 적절한 보상을 받았을 때 향상된다. 흔히 임금격차의 축소를 계층 간의 문제로 생각하지만(특히 CEO와 다른 계층 간의 축소) 여기에는 수평적인 측면도 있다. 이러한 임금격차의 축소는 기업의 효율성을 증대시키는 데 큰 도움이 될 수 있다.

13) 내부 승진

내부승진은 지금까지 언급된 모든 경영정책을 실행하는 데 아주 도움이 되는 제도이다. 내부승진의 가능성은 종업원과 고용주를 서로 묶어주기 때문에 교육훈련과 기술개발을 촉진한다. 또한 계층 간의 신뢰를 촉진시키기 때문에 의사결정의 분산, 종업원의 경영참여와 권한부여 등을 손쉽게 할 수 있게 된다.

14) 장기적인 안목

인적 자원을 통한 경쟁력 재고방안의 단점은 시간이 많이 걸린다는 점이다. 반면 새로운 종류의 설비를 도입하는 데는 많은 시간이 필요하지 않다. 새로운 제품기술도 라이센스 협정만 되면 쉽게 얻을 수 있다. 그리고 자본도 협상만 성공한다면 금방 확보할 수 있다. 하지만 인적 자원을 통해 확보된 경쟁력은 다른 방법에 의해 제고된 경쟁력보다 오래 유지되고 경쟁업체가 모방하기가 쉽지 않다. 따라서 이러한 경영정책을 실행하고 효과를 얻기 위해서는 보다 장기적인 안목이 필요하다.

15) 경영정책의 측정

경영을 하는 데 있어서나 직원관리에 있어서나 측정은 매우 중요한 요소이다. 측정에는 몇 가지 기능이 있다. 첫째, 기업이 다양한 정책들을 얼마나 잘 실행하고 있는지에 대한 피드백을 제공한다. 두 번째로, 측정은 정책의 효과를 알리는 데 도움을 준다. 사람에게 적용되는 '눈에서 멀어지면 마음도 멀어진다'는 원리가 기업의 목표와 정책에서도 마찬가지로 적용된다.

16) 경영정책을 관장하는 경영철학

마지막으로 언급하고자 하는 것은 이제까지 언급한 경영정책을 포괄할 수 있는 경영철학을 가져야 한다는 것이다. 이러한 철학은 개별 경영정책을 연결하여 하나로 만드는 역할을 하며 당장 이런 정책이 제대로 진척되지 않더라도 직원들이 인내심을 가지고 계속 시도하도록 한다. 또한 회사가 하는 일을 설명하고 타당성을 부여하여 대내외의 협조를 구할 수 있게 한다. 한마디로 말하자면, 어디로 가고 있는지를 모르면 목표를 달성하기 어렵다는 것이다. 어떤 기업에 투자해야 많은 이익을 낼까?

4장
인간존중 전망

1. 경영에서의 인간관(人間觀)

이제 저자는 경영현장에서 인간문제를 다루려고 한다. '경영은 인간이 하는 것이다.'라는 슬로건은 어느 누구도 반대할 사람은 없는 것 같다. 경영의 핵심자인 경영자 자신도 인간이고 종업원도 인간, 고객이나 어떤 거래선도 모두 인간이다. 결국 경영이라고 하는 것은 인간이 서로 모여서 인간의 행복을 위해 활동하는 것이라고 말할 수 있다.

따라서 경영을 적절하게 실현하기 위해서는 인간이란 어떤 것인가? 어떠한 특성을 갖고 있는가를 올바르게 파악하지 않으면 안 된다. 바꿔서 말한다면 인간관(人間觀)을 가져야만 된다는 것이다. 그러므로 올바른 경영이념이란 것은 인간관에 입각해야 된다고 말할 수 있다.

이것은 단순한 기업경영뿐만 아니라 인생경영, 국가경영 등 모든 분야의 경영, 더 나가서는 모든 인간이 행하는 일체의 활동에도 적용된다. 인간이 스스로를 무엇인지 적확(的確)하게 알지 못한다면 그 활동 자체도 적정한 것이 될 수 없다.

인간은 동물에도 종류별로 특성이 있듯이 인간에게도 인간 고유의 천부적인 특성이란 것이 있다. 다만 인간은 세상의 어떤 다른 존재에 의해 지배되는 것이 아니라 인간 자신의 손에 의해서 서로의 공동생활을 운영하고 있는 것이다. 그러므로 인간의 공동생활을 소망스러운 모습으로 유지, 향상시켜 나가기 위해서는 인간이 인간 자신의 본질을 똑바로 파악해야 된다는 것이다. 즉 인간관을 가져야 한다는 것이 지극히 중요한 일이다.

멘토링에서도 나름대로 인간관이란 것이 있다. 그것을 한마디로 표현하자면 인간은 만물의 관리자(Master)로서 위대하고 숭고한 존재로 인간존중(人間尊重)의 가치를 갖고 있다는 것이다. 생성 발전이라고 하는 자연의 이치에 따라서 인간 스스로를 살리고, 또 인간은 만물을 활용하면서 공동생활을 무한히 발전시켜 나갈 수 있는 것이다.

이런 무한한 잠재력(潛在力)을 가지고 있는 것이 바로 인간이라고 생각한다. 인간에 관해서는 옛날부터 여러 가지 견해가 있다. 한쪽에서는 '만물의 영장'이라고 해서 강하고 위대한 존재로 보는 사람이 있는가 하면 또 한쪽에서는 왜소화(矮小化)시키는 사람도 없지 않다. 그 이유는 현실의 인간의 모습이 여러 가지의 양상을 나타내고 있기 때문인 것 같다. 오늘과 같이 고도한 문명 문화를 쌓아 올린 것도 인간이고 그와 동시에 고민하고 싸우고 불행 등을 끊임없이 되풀이해 온 것도 또한 인간의 소행이기 때문이다. 그러기 때문에 파스칼(佛 Pascal 철학자)은 그의 저서 팡세에서 "인간이란 신과 동물의 중간에 위치하고 있다."라고 말했다. 신과 비슷한 측면이 있는가 하면 동물보다 못한 면도 갖고 있는 것이 인간이라는 것이다. 그런 의미에서 비교론적으로 말한다면 신에게도 동물에게도 근사한 양면성을 마음속에 지니고 있는 것이 인간이 아닐까 저자는 생각해 본다. 그러나 이와 같이 갖가지 면을 지닌 인간이란 것을 종합적으로 살펴볼 때 인간은 '만물의 왕자'로서 위대한 능력을 갖고 있다고 볼 수 있다.

만물의 왕자란 표현은 자칫 오해하면 불손하게 들릴지도 모른다. 그러나 왕자란 것은 제한된 범위의 전부를 지배 활용하는 기능을 가짐과 동시에 사랑과 공정한 마음으로 만사(萬事)를 살려가는 책임도 함께 지니고 있는 것이다. '인간을 왕자'라고 하는 뜻은 바로 여기에 있는 것이지 결코 단순한 욕망이나 감정에 따라서 자의(自意)적으로 만물을 통치(統治)한다는 뜻은 아니다.

이와 같은 인간이 천부적 위대함과 왕자로서 책임을 인간이 스스로 자각하고 그것을 실천에 옮긴다는 것이 중요하다. 그렇게 해야만 인간은 불행과 고통, 싸움과 가난이 악순환에서 벗어나 위대하고 숭고한 인간의 본질을 보다 더 많이 나타낼 수 있을 것이다.

지금 이런 '인간'을 가령, 서로의 입장이나 업무에 적용시켜서 살펴볼 때 어떻게 될 것인가? 그 입장이 경영자라면 경영자는 그 기업체에 있어서는 '왕자'인 것이다. 거기에 있는 모든 경영자원, 즉 인적, 물적, 재무자원 등을 자기의 뜻대로 움직일 수 있는 권한을 갖는 것이 경영자인 것이다. 그러나 동시에 그 사람은 사람, 물자, 자금 등 모든 것에 대해 애정과 공정, 또 충분한 배려로 최선의 활용 방법을 강구해야 하며 그 기업체를 한없이 발전시켜야 한다는 신중한 책임도 등에 지고 있는 것이다. 만일 경영자가 이런 기업체에 있어서의 왕자적 위치의 권한과 책임에 대하여 자각심(自覺心)이 없다면 그 경영은 결코 충분한 성과를 올릴 수 없을 것이다.

인간은 결국 발전이라고 하는 자연의 이치에 따라서 인간 자신의, 또 만물과의 공동생활을 발전시켜 나갈 권능과 책임을 지닌 '만물의 왕자'인 것이다.

이쯤에서 저자는 결론을 내릴까 한다. 경영 현장에서 자각, 즉 인간 자신에 의한 인간관(人間觀)의 확립을 바탕으로 각기 조직의 경영자는 인간에 대한 올바른 자각을 갖는 데서 확고한 신념의 힘찬 경영이 가능하다는 것이다.

2. 경영에서의 올바른 인재개발

저자는 산업체 교육 및 경영진단차 자주 현장을 찾게 되는데 기업마다 경영이념이나 사훈을 보면 '경천애인', '인화단결', '인간존중', '인재제일주의' 등이 대부분이다. 그러면서 경영자들은 이구동성으로 "경영은 사람이다."라고 말한다. 그것은 틀림없는 진리다. 어떠한 경영도 적절한 사람을 얻어야 비로소 발전할 수 있기 때문이다. 아무리 훌륭한 역사와 전통을 가진 기업이라 할지라도 그 전통을 똑바르게 계승해 갈 사람을 얻지 못한다면 점차적으로 쇠퇴해 버릴 것이다.

경영의 조직이나 방법도 중요하지만 그 조직이나 방법을 살리는 것은 역시 사람이다. 아무리 완비된 조직을 만들고 새로운 기법을 도입한다고 해도 그것을 활용할 사람이 똑바르지 못하면 성과도 오르지 않고 따라서 기업의 사명을 다할 수 없게 된다. 기업이 사회에 공헌하면서 스스로 융성, 발전할 수 있느냐의 여부가 뭐니 뭐니 해도 사람에게 달려 있다. 그러므로 사업 경영에 있어서도 먼저 무엇보다도 사람을 구하고 사람을 길러야만 한다. 그렇다면 어떻게 하면 훌륭한 사람을 육성할 수 있을 것인가인데 여기에는 구체적으로 여러 가지 방법이 있을 것이다.

가장 중요한 것은 '이 기업은 무엇 때문에 존재하는가? 또 어떻게 경영해 나갈 것인가?'라고 하는 기본사고, 다시 말한다면 앞서 강조한 바와 같이 올바른 경영이념이나 사명감이란 것을 그 기업이 확고하게 갖는다는 것이다. 이렇게 회사로서 기본방침이 뚜렷하다면 경영자나 관리 감독자들도 그 방침에 따라 박력 있는 지도가 가능하고 또 시비의 판단도 할 수 있기 때문에 인재육성도 어렵지 않다.

그런데 확고한 방침이 없으면 부하 통솔에도 일관성이 없어지고 그때마다 정세(情勢)나 자기감정에 흐르기 쉬우므로 인재를 길러낼 수가 없다. 즉 경영자로서 인재를 얻고 싶다면 먼저 스스로 뚜렷한 사명감이나 경영이념을 가져야 한다는 것이 선결문제라는 것이다. 더욱이 종업원들에 대해서는 항상 그 취지를 호소하고 그것을 마음속 깊숙이 침투시켜야 된다.

경영이념이란 단순히 종이에 쓰인 문장에 불과한 것이라면 아무런 쓸모가 없고 그것이 임직원 한 사람 한 사람에 체화(體化)가 되어야만 비로소 살려 나갈 수 있는 것이다. 그러므로 모든 기회에 거듭 되풀이해서 호소해야 하고 공감을 얻어야 한다. 또 그것은 단순히 이념만을 설득시킬 것이 아니라 실제로 일상 업무에 있어서 경영자는 할 말을 다하고 고쳐야 할 점은 올바르게 잡아줘야 한다.

개인적인 인정으로서는 사람에게 주의를 주거나 꾸짖는 것을 가급적이면 기피하려고 하는 것이 인지상정(人之常情)이다. 그러나 기업은 사회에 공헌해야 한다는 사명을 가진 공기(公器)이고 그 활동도 공사(公事)인 것이다. 자기 자신의 독점물이 아니다. 그러므로 공적인 입장으로 봐서 그대로 넘길 수 없다든가 용서할 수 없는 일에 대해서는 지적할 것은 지적하고 힐책(詰責)할 것은 분명하게 힐책하여야 한다. 여기에는 결코 사사로운 감정이 개입되어서는 안 되며 어디까지나 사명감에 입각한 주의나 힐책을 전제로 해야 한다. 이런 엄격한 규범에 따라야만 주의(注意)받은 사람도 비로소 자각하고 성장할 기회가 마련된다.

아무것도 지적받지 않고 꾸지람도 듣지 않는다면 아랫사람들은 편안하고 경영자나 상사들도 인심을 잃지 않아 좋겠지만 이런 적당주의 분위기에서는 훌륭한 인재가 절대로 육성될 수 없다. 이와 함께 중요한 것은 과감하게 일을 맡기고 자기의 책임과 권한 테두리 안에서 자주성을 갖고 업무를 추진할 수 있는 분위기가 마련되어야 한다.

사람을 길러 낸다는 것은 결국 경영을 아는 사람, 아무리 작은 일이라 할지라도 경영적인 감각을 가질 수 있는 사람을 만들어 낸다는 뜻이다. 그렇게 하기 위해서는 아무나 이것저것 명령으로 다스리면 안 된다. 명령만으로 다스린다면 그 사람은 명령받은 일밖에 모르는 수동 인간이 되어 버린다. 역시 일은 과감하게 신뢰한 가운데 맡겨야만 한다. 이럴 경우 그 사람은 스스로 생각하고 연구하게 되며 지니고 있는 잠재력을 충분히 발휘시켜 그만큼 성장하기 마련이다. 물론 아랫사람에게 일을 맡긴다고 해도 기본 방침이란 것을 투철하게 터득한 사람에게 가능하다.

기본 방침의 터득 없이 일을 맡긴다면 제멋대로 일이 엇갈려 전체가 사분오열(四分五裂)이 되어 버린다. 어디까지나 일정한 방침에 바탕을 두고 권한을 주어야 한다. 따라서 여기에서도 역시 그 회사의 나름대로의 기본사고, 경영이념이란 것이 대단히 소중하다고 말할 수 있다. 그 경영 이념에 맞추어 각자가 자주적으로 업무를 해 나간다는 뜻이고 그런 의식이 있어야만 비로소 성립될 수 있을 것이다.

사람을 길러 내는 데 있어서 특별하게 유념해야 할 일은 단순히 업무 추진력이 있고 기술이 숙달되면 좋다는 것이 아니라는 점(点)이다. 수완이나 기능이라는 것(Hightech부문)도 지극히 중요하고 또 그래야만 된다는 것은 당연하지만 그와 동시에 인간으로서 사회인으로서 훌륭한 사람(Hightouch 부문)이어야 된다.

업무에 능통하지만 사회인으로서 결함이 있다면 역시 온전한 산업인(産業人)이 될 수 없다. 특히 국제화 시대에 있어서 기업이나 국가 간의 교류가 날로 확대되어 가고 있다는 현실을 고려할 때 인간적이고 사회적인 인재의 육성은 더욱 절실한 것이다. 물론 이와 같은 인간으로서 사회인으로서의 자질이나 교육은 본래 가정이나 학교에서 배워야 할 일이지만 현실 문제로서 기업의 사명과 역할이 막중하기 때문에 기업에서 인재개발(Person Development)은 더욱 중요한 것이다.

그러므로 경영자는 경영현장에서 사원 한 사람 한 사람을 소홀함 없이 멘토 의식(Mentorship)을 가지고 개발한다면 앞으로 훌륭한 직장인, 훌륭한 국민, 훌륭한 인간으로 성장한다는 것이 멘토링에서의 올바른 인재개발인 것이다.

3. 경영에서의 인재개발 목적

기업 경영에서 인재개발의 목적을 어디에 두어야 할 것인가? 이는 무엇 때문에 과학적으로 인재개발을 해야 하며 그 기준을 어디에 두고 행하여야 하는가와 직결된다. 우리는 인재개발의 목적을 쉽게 인적 자원(Human Resource)의 가치화에 있다고 본다. 그러나 인적 자원의 가치화는 경영의 성과와는 다른 한편인 다른 구성원의 만족성을 동시에 기할 수 있도록 해야 한다. 기업의 인적 자원은 다른 자원과 달리 그의 관리에 있어서 경제적인 측면의 효율성(생산성 = Productivity)과 인간적인 측면(인간성 = Humanity) 만족성의 두 가지 목적이 동시에 달성되도록 특히 유의하여야 한다.

즉 경영에서 인간개발의 목표는 경영의 성과를 도출시킬 수 있는 합리성과 구성원의 욕구를 충족시킬 수 있는 만족성이 동시에 추구되지 않으면 안 된다. 현실적으로 조직 합리성의 추구는 구성원의 만족성을 저해하는 경우가 자주 발생하고 그 반대로 구성원의 만족성 추구는 조직의 합리성 추구를 무시하는 경우를 종종 볼 수 있다.

4. 인간존중의 과거, 현재, 미래

인간존중 그 자체는 너무나 평범한 철학이요, 전혀 새롭지 않다. 그러나 기업경영의 현실 속에서 그것은 큰 의미를 갖는 것이며 대단한 각오를 필요로 한다.

찰리 채플린의 영화 모던타임즈의 주인공은 컨베이어 벨트에 붙어서 하루 종일 나사를 돌린다. 오늘도 내일도 스패너를 들고 같은 작업을 반복하는 것이다. 그러다 보니 아예 몸이 굳어 버렸다. 휴식 시간에도 우측으로 자꾸 몸이 돌아가고, 무엇이든지 툭 튀어나온 것만 보면 반사적으로 돌림질을 해댄다. 친구 옷에 달린 단추를 보거나, 길거리에 지나가는 아주머니의 브래지어 꼭지를 보거나 말이다.

채플린 특유의 재치가 담긴 이 영화는 관객을 웃기면서도 동시에 울려주고 있다. 영화의 제목이 말하는 현대의 기계화되고 인간이 없어져 버린 '우리들의' 삶을 너무나도 적나라하게 보여주고 있기 때문이다.

기업은 영리를 추구하는 것이고, 경영(관리)은 사람을 통해 무언가를 성취하는 것이라고 오래전부터 이야기되어 왔다. 그래서 기업경영에서 인간은 한동안 노동상품의 제공자요, 하나의 수단으로 간주되었다. 임금을 구하는 경제동물로 취급되었고 엄격한 통제 체계 속에 예속되었다. 모던타임즈의 비극은 바로 여기에 있는 것이다.

산업화 초기에는 말할 것도 없고 20세기에 들어와서도 한동안 그 비극은 없어지지 않았다. 1930년대 초 미국의 서부전기회사 호오손 공장에서 대규모 조사가 실시되고 '인간관계', '인간의 감정', '비공식 조직'의 중요성이 설파되었으나 현실은 쉽게 움직이지 않았다. 그 후 1950년대와 1960년대에 들어 마슬로우의 인간욕구 5단계설이 소개되고 맥그리거의 X–Y이론이 지식사회에 널리 공감대를 형성하고 있었음에도 불구하고 현실은 역시 큰 변화를 보이지 않은 것이다.

그러나 이제 기업에서 인간문제는 윤리적 차원이나 사회적 책임의 관점을 넘어 기업생존의 본질적 차원에서 논의되지 않으면 안 되게 되었다. 일본기업이 급기야 서구기업을 추월한 비결은 무엇인가. 기술, 전략, 아니 그 이전에 인간영역에서의 차이였다. 초우량기업의 조건(In Search of Excellence), 그것은 바로 사람을 통한 고객봉사와 사람을 통한 혁신이었던 것이다.

사회는 바야흐로 산업사회에서 후기산업사회로, 즉 정보와 지식 중심의 사회로 옮아가고 있다. 대량생산, 대량마케팅의 시대에서 소량생산, 다원화시대로 변화되고 있는 것이다. 인간의 창의성, 인간의 열정, 그리고 인간의 비전 창출이 더없이 귀중한 자원이 되고 있다.

많은 기업에서 최근 경영이념을 다시 다듬고 '인간존중'을 높이 외치고 있다. 인간존중 그 자체는 너무나 평범한 철학이요, 전혀 새롭지 않다. 그러나 기업경영의 현실 속에서 그것은 큰 의미를 갖는 것이며 대단한 각오를 필요로 한다. 인간존중은 무엇을 뜻하는가.

인간존중은 첫째, 기업에는 사람, 자본, 기술, 설비 등 여러 요소가 있는데 그중에서 사람이 제일 중요하다는 의미를 담고 있어야 한다. 그래서 인적 자원에 가장 많은 관심을 기울이고 인적 자원의 개발을 위해 가장 많은 투자를 하겠다는 의지가 담겨 있어야 한다. 그러나 그러한 생각만으로는 부족하다. 인간이 무엇인가에 대한 기본시각이 정립되어야 하기 때문이다.

인간존중은 따라서 다음과 같은 의미를 함께 지녀야 한다.

둘째, 사람을 기능인, 지식인으로서가 아니라 종합적 인격체로서 보아야 할 것이다. 기업은 노동현장이다. 따라서 기업 속에서 사람을 볼 때는 그 사람의 노동가치를 중심으로 보기 마련이다. 특히 서구적인 합리주의하에서는 더욱 그렇다. 그러나 사람은 누구나 스스로를 종합적인 개체로 다듬어 하나의 완성품으로 가꾸어 나가려는 강한 욕구(자아실현 욕구)를 지니고 있다. 그 욕구를 무시하고 분석적 시각으로 인간을 다루고 평가하고 대우할 때, 인간은 소외감을 느끼고 삶의 의미를 찾지 못한다.

셋째, 개인차가 존중되어야 한다. 사람을 어떤 고정틀에 의해 분류해 놓고 틀 속에 들어간 사람들을 같은 부류로 취급해서는 안 될 것이다. 개인마다 능력과 재주가 다를 뿐만 아니라 자기만이 가꾸어 온 가치관이나 자기상(self - concept)이 누구에게나 존재한다. 한 사람 한 사람의 세계관과 자아를 경청하고 대화하여야 할 것이다.

넷째, 사람은 고정된 실체가 아닌 변화하는 과정으로서 이해되어야 한다. 열 달 동안의 긴 시간을 어머니 배 속에서 보내고 태어나지만, 사람은 태어나 바로 걷지도 못하고 말도 하지 못한다. 한참 동안을 또 자란다. 언제쯤 사람구실을 할 수 있을까. 발달심리학자들은 인간의 성장은 유아기, 청년기에 그치지 않고 영원히 계속된다고 주장하고 있다. 따라서 'being'의 사고가 아닌 'becoming'의 사고가 필요하다. 사람은 계속 변화하고 자라는 동물이며 무한한 가능성을 지니고 있다. 그러기에 우리는 나쁜 사람을 나쁘다고 말하기보다는 덜된 사람이라고 표현하지 않는가. 끊임없이 성장을 돕는 자세와 계속해서 기대하는 마음, 그것이 인간존중이다.

다섯째, 협력과 팀워크에 대한 강력한 믿음이 있어야 할 것이다. 우리는 전통적으로 인화를 중시한다 하여, 개성을 무시하고 토의를 방해하며 두루뭉술하게 넘어가는 경우가 많다. 그런 인화가 아닌 이질성과 경합보완의 원리에 입각한 팀워크가 존중되어야 할 것이다. 팀워크에 의해 인간의 사회적 욕구가 충족되며 또한 생산적인 인간관계가 형성된다. 나아가서는 여러 사람이 자극을 주고받음으로써 개인의 발전 또한 보장되는 것이다. '더불어 더욱 잘하는' 것이 인간존중의 주요한 과제이다.

여섯째, 인간존중은 평범한 사람의 작은 생각과 작은 재주도 소중히 여기는 데서 비롯된다. 학력이 높고 머리가 좋은 엘리트가 결국 회사를 이끌어 간다는 생각은 위험하기 그지없다. 기업환경은 이제 몇 사람의 분석과 판단으로 극복될 수 없을 정도로 복잡해졌고 또 빨리 변하고 있다. 위에서부터 아래까지 모든 사람의 지혜와 협력이 절대적으로 중요하게 되었다.

그리고 마지막으로 꿈과 보람이 존재하는 일터를 만들어야 한다. 사람은 현실 속에서 살지만 그 현실에서 만족하지 못한다. 보다 더 나은 곳을 꿈꾸고 그것이 조금씩 실현될 때 보람을 느낀다. 일터에서 모든 사람의 상상력이 존중되고 꿈을 꿀 수 있는 여유가 있고 또 그것이 하루하루 영글어 가는 것을 볼 수 있어야 할 것이다. 신바람이 바로 여기에서 피어날 것이다.

그런데 그 무엇보다도 중요한 것은 인간존중의 경영이 현실로 나타나게 하는 것이다. 매일매일의 생산활동과 관리제도의 운영에서, 그리고 관리자의 리더십과 동료 간의 인간관계에서 인간존중의 냄

새가 물씬 풍겨야 한다.

인간존중의 경영을 실천하는 곳에서는 언어부터 달라야 한다. 생산직과 관리직을 구별하는 언어, 사원들을 도구시하거나 차별하는 언어는 없어져야 한다. 또 인간에 대한 투자가 활발해야 하며 인사나 연수를 담당하는 사람들이 회사의 본업을 담당한다는 사명감을 가져야 하고, 인력관리가 섬세하게 발달되어야 할 것이다. 개인차를 감지하고 있는 인사정보체계가 갖추어져야 하며 장기적인 시각 하에 경력관리가 이루어져야 할 것이다. 그리고 원활한 의사소통과 소집단의 활성화가 필요하며 거대한 조직이지만, 제도나 규정에 억눌리지 않고, 개성과 창의성이 발휘될 수 있는 풍토가 만들어져야 한다.

5장
인간존중 지수

기업 경영에서 인재개발의 목적을 어디에 두어야 할 것인가? 이는 무엇 때문에 과학적으로 인재개발을 해야 하며 그 기준을 어디에 두고 행하여야 하는가와 직결된다. 우리는 인재개발의 목적을 쉽게 인적 자원(Human Resource)의 가치화에 있다고 본다. 그러나 인적 자원의 가치화는 경영의 성과와는 다른 한편인 다른 구성원의 만족성을 동시에 기할 수 있도록 해야 한다. 기업의 인적 자원은 다른 자원과 달리 그의 관리에 있어서 경제적인 측면의 효율성(생산성＝Productivity)과 인간적인 측면(인간성＝Humanity) 만족성의 두 가지 목적이 동시에 달성되도록 특히 유의하여야 한다. 즉 경영의 성과를 도출시킬 수 있는 합리성과 구성원의 욕구를 충족시킬 수 있는 만족성이 동시에 추구되지 않으면 안 된다. 현실적으로 조직 합리성의 추구는 구성원의 만족성을 저해하는 경우가 자주 발생하고 그 반대로 구성원의 만족성 추구는 조직의 합리성 추구를 무시하는 경우를 종종 볼 수 있다.

아래 5가지 주제는 인간존중 경영을 위한 경영자가 갖추어야 할 사항이다.

1. 인간존중 경영 전략

1) 인간성(Humanity) 경영인가?

먼저 이에 대면하는 단어로 Productivity(생산성)를 들 수 있다. 이 말은 지금까지 우리의 산업현장에서 생산성을 위주로 한 경영방침에서 조직의 구성원들이 생산수단의 역할을 해 왔다는 의미이다.

그러나 21세기 오늘의 상황에서 이러한 물적 위주의 경영은 경영 내(內)외(外)적 환경에서 심한 도전을 받게 됨으로 부득이 방향전환을 하지 않을 수 없는 상황에 직면했다. 이러한 시점에서 가장 비중 있게 애용할 수 있는 단어로 저자는 Humanity(인간성) 경영을 멘토링 인재개발 전략의 방향으로 선정한 것이다.

먼저 한 사람 한 사람이 인간성이라는 분모(分母)에 — 경영자도, 기술자도, 정치가도, 교육자도, 군인도, 목회자도 — 기능적인 부문을 분자(分子)로 올려놓자는 것이다. 좀 더 구체적으로 거론하자면 멘토링의 인재개발 프로그램은 각 조직에서 Humanity(인간성) 70%, Productivity(생산성) 30%로 적용할 수 있도록 멘토링 프로그램을 체계화했다는 것을 의미한다. 독자의 이해를 돕기 위하여 현재 경영현장에서 다루고 있는 인사관리 업무는 그대로 진행을 원칙으로 한 것이며 위의 수치는 멘토링 시스템이 적용되는 목표 분야에서만 국한하고 있음을 밝혀둔다.

2) 투웨이(TwoWay) 경영인가?

Oneway(일방)경영과 대조되는 단어이다. 일방경영은 사장이나 일부 지도자들이 경영의 업무를 독점하여 일방적으로 처리하는 것을 의미한다. 이는 사원들을 신뢰하지 못하는 데서 오는 점도 있고 경영자 자신이 만능 박사라는 자기도취에서 오는 수도 있다. 아무래도 고도성장에서는 단시간 내에 다량의 물량을 생산하여야 하기 때문에 시간에 쫓기다 보면 그럴 수도 있음 직하다.

그러나 어떤 경우에서든지 경영자의 일방처리는 전 사원의 중지를 모아 시너지 효과를 거둬야 할 때에 결과적으로 많은 두뇌를 잃는 우(愚)를 범하는 것이다. 반면 Twoway 경영은 일정 업무를 적절히 멘토 사원에게 위임함으로 사원들로부터 경영의 신뢰를 얻을 수 있고 사원으로서 자부심과 애사심을 쉽게 얻을 수 있다.

멘토링은 경영자의 정규업무에서 다루기 어려운 특수업무(개인일, 가정일, 취미, 특기생활, 동호회 활동 등)를 멘토에게 위임하는 것으로 회사에서 동기부여 등 관심을 갖고 후원하면 사장과 멘토와의 큰 시너지 효과를 얻을 수 있을 것이다.

3) 고객관계 관리(C.R.M) 경영인가?

영어로는 Customer Relation Management의 약자로 '고객관계관리'기법이다. 이는 회사(Company)의 생산중심의 경영체계를 마케팅, 즉 고객중심의 체계로 전환하고자 하는 최근 기법으로 고객과의 관계를, 먼저 고객의 인적 사항이나 그간 거래사항을 자료(Data Base)화한 후에 그 자료에 의하여 고객의 취향에 맞게 1:1로 마케팅을 하자는 것이다. 이 CRM은 한 회사가 한 고객이 원하는 한 상품을 서비스해 줌으로써 고객의 만족을 얻어내어 재구매의 효과를 얻을 수 있는 것이다. 결국 한 고객을 챙기는 1:1마케팅을 말한다.

멘토링에서는 바로 이 고객관리기법인 CRM을 그대로 내부 사원 고객에게 적용해 보자는 것이다. 왜냐하면 1:1기법은 그 원조가 멘토링이기 때문에 너무나도 자연스럽게 도입이 가능한 것이다. 결국 한 사원을 챙기는 1:1멘토링인 것이다. 사원들도 개개인의 인적 사항, 개인성격, 재능, 특기, 취미, 노하우, 기술, 자격, 학위 등의 자료 등을 멘토링 활동에 적용하고 멘토(Mentor)와 멘제(Menger)를 연결하여 그 활동을 지원해 주면 만족을 얻어내는 데는 어렵지 않을 것이다.

4) 인성중심(HighTouch) 경영인가?

이는 High Tech라는 첨단지식(High Technology)에 대비되는 단어로 오늘날 과학문명의 발달로 인하여 사람의 기술이나 지식은 너무 앞서 가는데 그에 비례해서 사람끼리 관계, 즉 상호 인성(Touch)도 고도로 깊어져야(High) 균형 있는 사회를 이룬다는 뜻이다. 특히 사람의 속성상 지적(知的) 부문, 즉 좌측 뇌에 교육을 집중하면 의식화(意識化)되어서 우리가 원치 않는 문제가 발생되는데 타인을 비판하고, 정죄하고, 자기중심적이 되어서 조직의 분위기를 깨는

데 일조(一助)한다는 것이다. 오늘날 우리의 정규교육 현실과 기업의 교육 프로그램은 이러한 현상(現狀)을 급속도로 확산하는 주역(主役)을 담당하고 있다고 해도 과언은 아니다.

반면 멘토링 시스템은 이러한 이념이나 논리로 의식화되어 있는 상황에서 새로운 틀(New Paradigm)로서 경영의 현장에서 인간적인 배려로 업무촉진을 해 보자는 것이다. 다수를 관리하고 집단 교육하는 데서 오는 문제점을 멘토링에서는 1:1로 관계를 맺어 생활현장에서 개인적인 교제로 감정, 희로애락, 상담, 고백, 나눔 등으로 하이테크(Hightech)를 보완할 수 있는 최적의 하이터치(High Touch) 기법이다.

5) 마음 얻는 리더십(Mindship) 경영인가?

한마디로 사람의 마음(Mind)을 얻어내는 리더십(Leadership)을 의미한다. 그러면 반대되는 용어는 무엇이 있을까? 저자는 궁리 끝에 바디십(Bodyship)을 선택했다. 좀 더 설명을 더 붙인다면 직장에 취업할 때 누구나 제일 먼저 작성하는 서류가 '근로 계약서'이다. 여기에는 중요한 사항으로 근로 시간이 있는데 일반적으로 하루에 8시간의 근로 조건을 제시하고 있다. 이 8시간의 개념은 하루에 노동력, 즉 보이는 몸(Body) 신체를 그 시간만큼 제공한다는 의미가 담겨 있다. 극단적으로 말한다면 몸으로 8시간만 채우면 되는 것이다.

바로 여기에 경영자의 지혜로운 리더십이 발휘되어야 한다. 몸만 얻는 바디십(Bodyship)의 경영자와 마음까지 얻는 마인드십(Mindship)의 경영자의 경영성과는 어떠할까? 바로 멘토링은 마인드십(Mindship)

을 원하는 경영자에게 멘토(Mentor)로 하여금 그 사명을 자연스럽게 이룰 수 있는 계기가 될 것이다.

2. 조직 인간존중지수 체크리스트
(인간존중지수 = Human Respect Index = HRI)

1) HRI의 명칭어원

인간존중지수의 어원은 조직에서 경영자의 인간존중 경영 환경을 체크하는 차원에서 인간존중지수(Human Respect Index = HRI)를 진단도구로 활용하는 데서 유래한 것이다.

2) HRI의 목적

- 조직에서 인간존중의 환경 조성 여부를 인간존중지수(HRI)로 파악하고
- 강점과 약점을 파악하여 멘토링 목표 Projects를 설정하는 데 참고하며
- 조직의 3Win(조직, 멘토, 멘제) 전략으로 '21C 인적 경쟁력'을 갖추는 자료로 활용한다.

3) HRI의 적용방법

멘토링 시스템 도입으로 인한 12가지 활동 목표별 프로젝트를

수행하여 기업의 생산성에 기여하는 것이다. 이러한 상황 전개에서 기업은 나름대로 개인개발을 — 멘토, 멘제 활동촉진 — 위한 구성원의 만족 분위기를 조성해 주어야 한다는 것과 멘토링 프로젝트 수행으로 조직목표 달성을 전제로 한 사원들의 사기앙양과 동기부여 등 경영현장에서 환경조성도 중요시되어야 한다.

이러한 관점에서 저자는 인간존중에 바람직한 환경 조성 대안으로 다음의 5가지 부분에 착안점을 가지고 경영 현장을 측정할 수 있도록 개발한 기법(Tool)이 '인간존중 지수 측정표'다. 그 5가지 측정 부분은 '한 사람의 가치를 중시하는 부분(Humanity)', '신뢰와 위임 부분(Twoway)', '고객과 사원을 만족시키는 부분(C.R.M)', '생활현장에서 인성부분(Hightouch)', '사원의 마음을 얻는 부분(Mindship)'으로, 각 부분마다 10가지 설문(10설문×2점만점＝20점)을 선정하여 측정 방식으로 개발한 것이다.

여기에서 조직의 인간존중지수(HRI)는 5가지 부분마다 만점 20점을 고정지수로 하여 실제 측정지수를 기록하도록 했다.

조직의 인간존중지수의 측정 목적은 인재우대 경영환경 조성을 유도코자 함이며 측정한 자료를 강점과 약점을 분명히 알 수 있으므로 멘토링 목표 Projects설정에 기초 자료로도 활용할 수 있다. 결국은 이 지수를 업그레이드함으로 구성원의 만족감과 개인은 능력개발 그리고 조직에서는 인간중시의 공동체가 구축될 수 있는 것이다.

4) HRI의 측정표

- 조직의 인간존중지수란? 구성원의 만족감과 한 사원이 조직 내에서 경쟁력 있는 인재로 성장할 수 있는 환경 조성이 얼마만큼 되었는가를 5가지로 측정하는 것이다.
- 이는 자사 절대평가이기 때문에 설문에는 어느 것이 맞고, 틀리다고 할 필요는 없다. 측정자가 자사의 지금까지 인재 경영의 흐름을 사실대로 측정하면 된다.
- 이 측정표 작성자는 조직의 전체를 알 수 있는 관리, 인사, 교육, 기획 등의 부서 관리자급 이상이면 더욱 좋고 특히 선배직원 멘토가 작성할 수도 있다.

다음의 각 설문을 읽고 2점 만점에 실 점수를 아래 공란에 기록하라.

탁월	우수	보통	미흡	부족
2.0	1.5	1.0	0.5	0.0

주제	NO	진단설문도구	점수
인간성경영 Humanity	1	우리 조직은 구성원을 위한 포용력이 넓다.	
	2	한 사람의 가치를 업무보다 더 중시한다.	
	3	먼저 적성에 맞게 보직 배치를 한다.	
	4	구성원들이 회사의 비전이나 목표를 뚜렷이 알고 있다.	
신뢰경영 Twoway	5	구성원들을 신뢰하여 위임전결이 확대되어 있다.	
	6	부서 간 업무/상하 간 대화가 잘 이뤄지고 있다.	
	7	경영층의 언. 행 일치로 구성원들에게 신뢰도가 높다.	
	8	새 방침 시행 전에 직원에 알려 공감대가 이뤄진다.	
만족경영 CRM	9	우리 조직의 제품이나 서비스 품질은 우수하다.	
	10	구성원들의 전문성을 위하여 적극 투자한다.	
	11	구성원 개인별 자료 파일(Data Base)로 인사 관리한다.	
	12	경영자가 사원들에게 약속한 내용은 틀림없이 지킨다.	

주제	NO	진단설문도구	점수
감성경영 Hightouch	13	구성원들이 특별히 독서를 많이 하는 편이다.	
	14	구성원들의 성격유형과 취미나 특기 개발되어 있다.	
	15	가족적인 분위기와 팀워크가 중요시되어 있다.	
	16	업무 이외의 인간적인 배려와 개인생활도 지원해 준다.	
마음경영 Mindship	17	고충 처리 등 슬럼프에 빠진 구성원을 바로 챙겨준다.	
	18	공로상, 모범상, 우수상 등 표창을 받은 구성원이 많다.	
	19	구성원들이 일한 만큼 대우를 받아 만족도가 높다.	
	20	우리 조직은 책망보다 칭찬을 훨씬 많이 한다.	
합계		간부급평균( )멘토그룹평균( )	

3. 인간존중지수(HRI) 시각화(視覺化) 작성 요령

HRI 측정표에서 5가지 주제별로 각 지수(점수)를 먼저 확인하고서 다음 단계로 들어간다. 아래 별을 보면 각 꼭지별로 5칸씩 나눠 있음을 발견할 것이다. 그러면 각 지수별의 만점은 한 꼭지당 20점임으로 한 칸에 4점씩 배점하여 실득 점수를 가지고 큰 원 속에서 오각형(실제 득점 지수)을 그리면 소속 회사의 인간존중지수 시각화(視覺化)가 된다.

[참고사례]

차병원 49.9 한전남동발전 66.2 삼성세크론 46.2 농림부 48.1

우정사업본부 47.1 *노동부36.3∼54(노동부는 8개월 후에 54로 향상)

탁월 81 - 100	우수 61 - 80	보통 41 - 60	보완 21 - 40	미달 0 - 20

* 작성자

* 작성자

* 작성일자

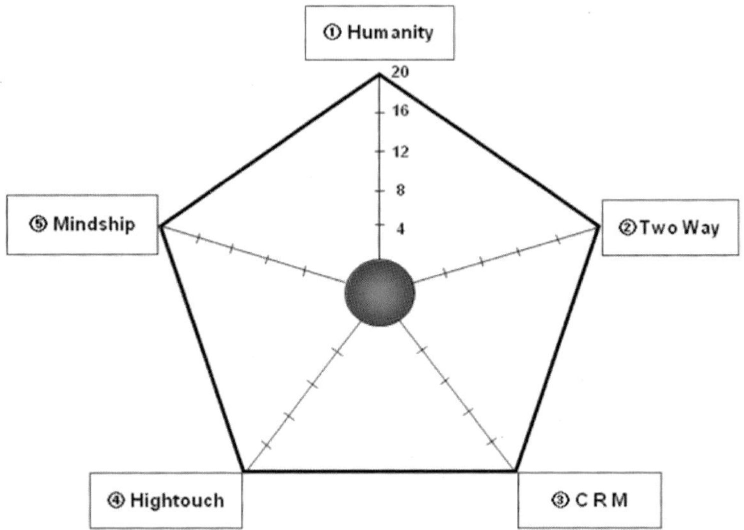

4. 인간존중 지수테스트 후 나의 대안책

직장명: 부서: 직위: 성명:

영역	Humanity	Twoway	C R M	Hightouch	Mindship	합계
점수						

우리 조직의 좋은 점은 무엇인가?
1
2
3
4
5

우리 조직의 문제점은 무엇인가?
1
2
3
4
5

우리 조직이 더 좋은 조직으로 되기 위한 대안책은?
1
2
3
4
5

Part 6

인간 자기개발게임

　"구슬이 서 말이라도 꿰어야 보배"라는 속담이 있다. 오늘날 사회 각계각층에서 인재 개발 기법으로 멘토링을 적용하고 있지만 체계 있게 프로그램을 갖추지 못하여 끝을 제대로 맺지 못하는 사례가 허다하다.

　한국인 정서에 맞게 개발된 멘토링 게임은 먼저 멘토링에 참여하는 멘토/멘제의 개인 성장 개발에 초점을 두고 자신의 가치가 업그레이드되는 과정을 체험함으로 멘토링 활동에 몰입도를 극대화하여 자생력으로 멘토링을 진행하고자 하는 프로그램이다. 이 게임의 특징은 1) 멘토링 게임은 이론에 대응하는 멘토링 현장 프로그램이다. 2) 한국인의 정서를 감안하여 진단도구를 개발하였다. 3) 조직보다는 우선 개인의 인간성장 개발에 역점을 두었다. 4) 멘토/멘제가 Workshop형태로 학습 몰입도에 극대화했다.

예화사례 Episode ◀ 한 사람의 가치

　의사는 환자에게 권했다. "산길을 걸어 보세요." 며칠 후 환자는 시무룩한 모습으로 돌아왔다. "전혀 울적한 마음이 가시지 않는다. 의사 선생님" "그럼 요새 베스트셀러인 이 책을 읽어 보게" 다시 온 환자는 우울증이 더 심해졌음을 고백했다. 그 후 의사는 분위기 좋은 카페를 권했으나 별로 효과를 거두지 못하고 환자는 더 심한 우울증에서 헤어나지 못했다.

　다시 의사는 그 환자에게 "요즘 찰리 채플린의 영화가 많은 사람을 웃긴다는데 한번 보지 않으려나?" 그 소리를 들은 환자는 귀

가 번쩍했고 홀린 듯 뛰어나가서 다시는 돌아오지 않았다. 이것은
찰리 채플린이 데뷔 시절 슬럼프에 빠졌을 때 이야기이다.

게임 1. 인격개발 게임(Star Game)

게임 2. 성격개발 게임(Lynchpin Game)

게임 3. 감성개발 게임(E Q Game)

게임 4. 칭찬개발 게임(Pygmalion Game)

게임 5. 생애개발 게임(Life Plan Game)

게임 1.
인격개발 게임(Star Game)

멘토링 프로그램의 콘텐츠는 인격이다. 최초의 멘토가 텔레마쿠스 왕자를 20년 동안 교재로 수학(知), 철학(情), 논리학(意)을 사용한 데서 기인하며 오늘날 인격을 상징한다. 그러므로 멘토의 존재 이유는 전인적인 삶의 조언자 역할을 하기 위함이다. Star Game은 인격을 5가지 주제로 구분하여 멘토/멘제 상호 간 점검하여 삶을 개선함으로써 인격 지수를 높이고자 하는 프로그램이다.

1. Star(스타) Game의 목적

1) 자기가치를 측정하여 인재개발지수(P.D.I)를 파악하고

2) 강점과 약점을 멘토링 소재로 삼아 그 지수를 업그레이드하여

3) 멘제를 "21C 차세대 리더 멘토"로 재생산하는 일이다.

2. Star Game의 명칭어원

한 사람의 인격의 가치를 5가지 주제로 선정하여 체크하고 별
(Star)의 5가지 각(角)에 표시할 수 있도록 한 차트를 말한다. 한 사
람을 톱스타(Top Star)로 개발한다는 상징적인 의미도 담았다.

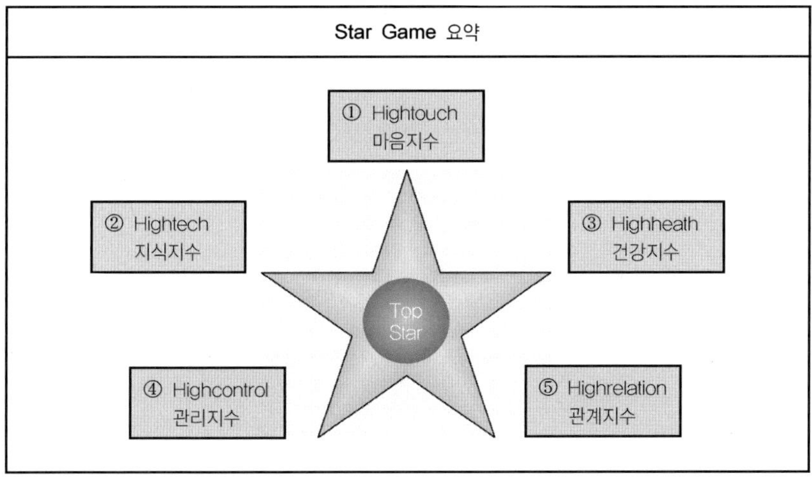

3. Star Game 요약

One to One 멘토링은 단순한 지적 학습과정이 아니다. 사람을
개발하자는 것이다. 그것은 우리의 교육 대상 — 그들이 경영인이
건, 학자건, 주부이건, 직장인이건, 학생이건, 목회자이건 — 을 어
떤 위치로 한정하여 해석하는 것을 그만두는 것이다. 왜 그런가 하
면, 어떤 존재이기 이전에 그는 인간이기 때문이다.

멘토링에서 사람개발은 "한 사람인 멘토(Mentor)가 한 사람인 멘제(Menger)에게 자신을 모델(Model)로 한 전인적(全人的)인 삶를 전이(轉移)하는 것"이다.

다시 전인적인 삶을 세분화(細分化)한다면 마음부분(Hightouch), 건강부분(Highhealth), 지적 부분(Hightech), 자기관리부분(Highselfcontrol), 이웃관계부분(Highrelation)으로 나누었고 각 부분마다 10가지 설문(10설문×2점 만점＝20점)을 선정하여 자기 측정 방식으로 개발 기법(Tool)을 채택한 것이다.

여기에서 개인의 인재개발지수(PDI)는 5가지 부분마다 만점 20점을 지수로 하여 실제 자기 측정하여 얻은 점수를 역시 실제 지수로 활용토록 했다.

인재개발지수의 측정목적은 측정한 자료를 멘토와 멘제가 멘토링 활동하는 동안에 강점과 약점을 분명히 알 수 있으므로 그에 대한 충분한 대응책을 마련하여 5가지 부분의 지수를 업그레이드할 수 있는 것이다.

결국 멘토링에서 Mentor는 Menger 한 사람을 위해 100% 역량을 발휘하여 그의 개성과 재능(Talent)을 최대한 발휘할 수 있도록 하여야 한다. 더욱 구체적으로 5가지, 즉 마음지수, 건강지수, 지식지수, 자기관리지수, 이웃관계지수 등 그의 인간 개발 지수(PDI)를 업그레이드해 줄 수 있는 사람이어야 한다.

Star Game 5가지 분야별 지수 목표		
구분	지수별 착안점	인간개발지수점수표
① Hightouch(마음지수)	포용력, 정서력, 봉사헌신력	만점 20점
② Hightech(지식지수)	지식력, 기술력, 정보력	만점 20점
③ Highhealth(건강지수)	정신과 신체의 건강력	만점 20점 합계 100점 중( )
④ Highcontrol(관리지수)	의지, 절제, 판단, 분별력	만점 20점
⑤ Highrelation(관계지수)	조직원 간, 가족 간, 사회활동	만점 20점

탁월 81 - 100	우수 61 - 80	보통 41 - 60	보완 21 - 40	미달 0 - 20

4. Star Game 측정표

□ 개인의 인재개발지수란? "내가 Star(고품질의 인재)로 얼마만큼 개발되었는가"를 아래 5가지 부분으로 자기(自己)측정 하는 것이다.

□ 절대평가이기 때문에 설문에는 어느 것이 맞고 틀리다고 할 필요가 없다. 자기의 삶의 현장에서의 습관과 행동을 그대로 표시하면 된다.

□ 이 평가지는 남들과 비교하기 위한 것이 아니라 멘토와 멘제가 단지 멘토링 활동에서 인재개발지수를 업그레이드하여 상호 간 개인발전을 하기 위한 참고 자료다.

□ 다음의 각 설문이 당신의 경우에 얼마나 해당되는지 아래 점수를 기록하시오. 설문 한 개당 2점 만점으로 한다.

탁월	우수	보통	잠재	미달
2	1.5	1	0.5	0

번호	High Touch 마음지수	점수
1	나는 타인을 위해 가능한 넓게 포용력을 발휘하는 편이다.	
2	나는 이웃을 위해 구체적으로 헌신 봉사한 사례가 있다.	
3	나는 다른 사람과 다툼이 있을 때 먼저 화해를 청한다.	
4	나는 아름다운 음악을 들으며 그 느낌을 머릿속에 상상해 보곤 한다.	
5	내가 해야 할 일은 힘들고 하기 싫더라도 분명히 해낸다.	
6	다른 사람이 나를 비판할 때 화가 날지라도 그 원인을 곰곰이 찾아본다.	
7	나는 업무 외에도 악기나, 그림과 같은 특기나 취미를 한 가지 이상 가지고 있다.	
8	나는 타인을 책망하기보다는 칭찬을 더 많이 해 주는 편이다.	
9	다른 사람이 훌륭한 일이나 좋은 성과(성적)를 거두었을 때 진심으로 축하해 준다.	
10	나는 정기적으로 교양서적이나 명상에 관한 글을 읽는다.	
	소 계	

번호	High Tech 지식지수	점수
1	내가 소지했거나 준비 중인 자격증의 가치는?	
2	내가 소지했거나 준비 중인 지적 재산권(특허권포함)의 가치는?	
3	내가 소지했거나 준비 중인 업무노하우의 가치는?	
4	내가 취득했거나 준비 중인 학위의 가치는?	
5	내가 취득했거나 다루고 있는 정보의 가치는?	
6	내가 소지했거나 준비 중인 기술의 가치는?	
7	나의 컴퓨터(인터넷 등) 실력은?	
8	내가 다루는 업무에서 전문서적을 활용하는 정도는?	
9	나의 자기개발을 위한 장단기 계획은?	
10	외국인과 의사소통 수준은?	
	소 계	

번호	High Health 건강지수	점수
1	나는 정기적으로 건강을 위해 운동을 한다.	
2	나는 정기적으로 건강 진단을 받는다.	
3	나의 체중과 신체는 균형을 이루고 있다.	
4	나의 기상시간.과 취침시간은 일정하다.	
5	나는 과로 등을 피하면서 정상적인 근무시간을 유지한다.	
6	나는 의료보험증 사용 빈도가 많지 않다.	
7	나는 건강에 무리하지 않게 휴식을 취한다.	
8	나는 건강에 좋은 음식을 고를 수 있다.	
9	나는 정신 수양을 위해 명상의 시간을 갖는다.	
10	나는 직장이나 가정 등에서 스트레스를 받으면 바로 풀려고 노력한다.	
	소　계	

번호	High Selfcontrol 관리지수	점수
1	나는 선(善)과 악(惡)을 판단할 수 있는 능력이 얼마인가?	
2	나는 진리(眞理)와 허위(虛僞)를 판단할 수 있는 능력이 얼마인가?	
3	나는 상(賞)과 벌(罰)을 판단할 수 있는 능력이 얼마인가?	
4	나는 혈기(血氣)를 절제할 수 있는 능력이 얼마나 있는가?	
5	나는 식욕(食慾)을 절제할 수 있는 능력이 얼마나 있는가?	
6	나는 성욕(性慾)을 절제할 수 있는 능력이 얼마나 있는가?	
7	나는 오락(娛樂)을 절제할 수 있는 능력이 얼마나 있는가?	
8	나는 시간(時間)을 계획하고 그대로 지키고 있는가?	
9	나는 나의 수입(收入)과 지출(支出)에 균형을 맞추고 있는가?	
10	나는 나에게 주어진 물자에 대하여 절감 의식이 어느 정도인가?	
	소　계	

번호	High Relation 관계지수	점수
1	나는 직장에서 상급 직원과 인간관계가 좋은 편이다.	
2	나는 직장에서 동료 직원과 인간관계가 좋은 편이다.	
3	나는 직장에서 하급 직원과 인간관계가 좋은 편이다.	
4	나는 가정에서 부모님과 인간관계가 좋은 편이다.	
5	나는 가정에서 부부 또는 형제자매와 인간관계가 좋은 편이다.	
6	나는 가정에서 자녀 또는 친척들과 인간관계가 좋은 편이다.	
7	나는 동창회에 참석하여 두터운 관계로 사귀고 있다.	
8	나는 취미, 오락, 특기 등의 동호회에 참석하여 회원으로 활동한다.	
9	나는 업무상, 교제상, 동업계나 전문인 모임에서 교제를 넓히고 있다.	
10	나는 사회 건전단체나 봉사단체에 참석하고 있다.	
	소　　계	

5. Star Game Chart

Star Game 측정표에서 5가지 주제별로 각 지수(점수)를 먼저 확인하고서 다음 단계로 들어간다. 아래 별을 보면 각 꼭지별로 10칸씩 나눠 있음을 발견할 것이다. 그러면 각 지수별의 만점은 한 꼭지당 20점임으로 한 칸에 2점씩 배점하여 실득점수를 가지고 큰 별 속에서 작은 별(실제득점지수)을 그리면 멘토와 멘제의 별(Star)이 시각화(視覺化)된다.

□ 멘토:

□ 멘제:

□ 작성일자:

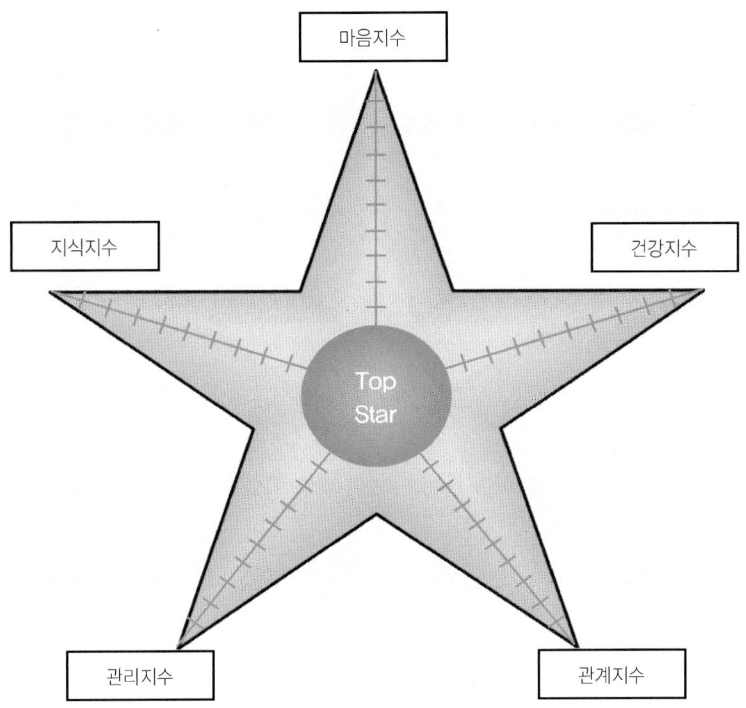

게임 2.
성격개발 게임(Lynchpin Game)

멘토링의 정의는 멘토 / 멘제 상호 간 인간관계 촉진이다. 변하지 않는다는 성격을 전제로 짧은 기간 동안 상대의 성격을 알고 대응함으로 성격 차이를 극복할 수 있는 최적의 Tool이다. 1회에 한하여 실시하고 멘토링 활동 기간 중 상호 간 수시 대응법으로 활용한다.

1. Lynchpin(린치핀) Game 개요

1) Lynchpin(린치핀) Game 목적

(1) 먼저 자기의 성격유형을 찾아 강점과 약점을 알고

(2) 그 후 멘토와 멘제의 연결 도구로 사용하고

(3) 상대방에게 바람직한 대응과 피해야 할 대응으로 좋은 관계를 유지하기 위함.

2) Lynchpin Game의 명칭 어원

Lynch(연결) Pin(핀)은 '연결핀'이라는 뜻으로 트랙터가 트레일러를 끌 때 반드시 둘 사이에 연결핀을 꽂아야 제대로 끌 수 있다는 데서 기인(美 Bobb Biehl)한 것으로 멘토링에서 멘토가 멘제와 연결하는 도구(Tool)로 활용하고 있다.

린치핀 게임에서 활용하고 있는 성격찾기 설문은 페르조나(Persona) 방식임.

3) Lynchpin Game의 성격유형

(1) 설문내용 – 강점 40개 항목, 약점 28개 항목 등 68개 항목임
(2) 성격유형 – 주도형(Dominating Style)

　　　　　　우호형(Facilitating Style)

　　　　　　관리형(Controling Style)

　　　　　　분석형(Analytical Style) 등 4가지 유형임

4) 멘토와 멘제의 연결방법

(1) 적합한 동일성격 – 동일성격끼리 연결 방법
(2) 무난한 보조성격 – 동일성격이 모자랄 경우 보조 성격끼리 연결
(3) 피해야 할 대조성격 – 가능한 대조 성격끼리는 연결을 피해야
　　한다.

5) Lynchpin Game의 핵심사항

린치핀 게임에서 제일 중요한 핵심사항은 멘토와 멘제 상호 간
에 성격을 파악한 후에 바람직한 대응과 피해야 할 대응을 제대로
이해하고 멘토링 기간에 시행해야 한다. 그렇게만 한다면 상호 좋
은 관계를 유지할 수 있을 것이다.

(1) 바람직한 대응 – 이런 내용을 접하게 되면 더욱 좋은 분위기
에서 실적이 향상된다.

(2) 피해야 할 대응 – 이런 내용을 접하면 스트레스를 받고 좋은
실적을 낼 수 없다.

6) Lynchpin Game 설문표

□ 성명:　　　□ 연령:　　　□ 성별:　　　□ 소속:　　　□ 직위:

(1) 이 설문 항목은 4가지 행동유형에서 강점과 약점을 선별할
수 있다.

(2) 가능한 한 4개 한 묶음에서 1개씩을 선택하십시오.

(3) 그러므로 전체 68항목 중에 17개만 0표 하면 된다.

<강점> 1-40번　　　　　　　　　　<약점> 41-68번

No	설문항목	O표	No	설문항목	O표
1	행동이 적극적이다.		37	개방. 쾌락적인 일을 좋아한다.	
2	협력적이다.		38	상대방의 기분을 이해한다.	
3	효율적이다. 능률적이다.		39	스스로 움직인다.	
4	근면하다.		40	분석력이 뛰어나다.	
5	매사에 열중한다.		41	본제에서 벗어난다.	
6	가까이하기 쉽고. 친하기 쉽다.		42	결단이 느리다.	
7	열심히 일한다.		43	남에 대한 배려가 부족하다.	
8	매사를 면밀히 추진한다.		44	유연성이 결여되어 있다.	
9	활기가 넘친다.		45	시간관념이 희박하다.	
10	사교술이 능숙하다.		46	자기주장이 적다.	
11	행동이 민첩. 신속하다.		47	억지를 부린다.	
12	논리적. 체계적이다.		48	결단을 내리는 시간이 걸린다.	
13	대인관계에 능숙하다.		49	감정에 좌우된다.	
14	코치나 상담에 능숙하다.		50	일에 대한 관심이 희박하다.	
15	책임감이 강하다.		51	말투가 억세다.	
16	질을 중시한다.		52	박력이 부족하다.	
17	상대방을 몰두하게 한다.		53	기분 이변하기 쉽다(싫증).	
18	온화하다.		54	남의 일에 너무 신경을 쓴다.	
19	늘 성과(결과)를 중시한다.		55	지나치게 자기중심적이다.	
20	문제발견에 흥미를 느낀다.		56	혼자 일을 한다.	
21	영감(inspiration)을 중요시한다.		57	정리. 정돈이 서툴다.	
22	개인적인 정보에 강하다.		58	비약. 모험을 노리지 않는다.	
23	도중에 포기하지 않는다.		59	안색. 목소리. 표정이 빈약	
24	사실을 중시한다.		60	표정이 없는 편이다.	
25	비약에 목표를 둔다(大志).		61	차근차근 책읽기를 싫어한다.	
26	소집단 활동을 즐긴다.		62	신속하지 못하다.	
27	시간에 정확하다.		63	무리한 목표라도 도전한다.	
28	지식. 정보를 수집한다.		64	보수적으로 비약하지 않는다.	
29	민감하게 반응한다.		65	논리적인 생각을 싫어한다.	
30	긴장을 풀어준다.		66	주저하기 쉽다.	
31	간결하고 낭비가 적다.		67	냉담하다.	
32	일을 제대로 처리한다.		68	사교성이 결여되어 있다.	
33	미래지향적이다.				
34	분위기 조성을 잘한다.				
35	열정적이다.				
36	자기관리를 할 수 있다.				

2. 조합형(Matrix) 성격유형 구분표

앞 페이지에서 선택한 17개 항목의 번호를 아래 중에서 선택하면 귀하의 성격유형(Personality Type)은 가장 많이 집계되는 항목이다. 그러므로 주도형, 우호형, 관리형, 분석형 중에 하나가 된다. 설문 작성 결과에 만족하지 못할 경우에는 다시 작성도 가능하다. 혹시 동점이 되는 경우가 있는데 다음 페이지에서 두 가지 유형의 특성을 읽어보고 자기에 맞는 부분을 최종 선택한다.

4가지 성격유형 구분표

D ominating Style(주도형)	F acilitating Style(우호형)
1, 5, 9, 13, 17, 21, 25, 29, 33, 37, 41, 45, 49, 53, 57, 61, 65	2, 6, 10, 14, 18, 22, 26, 30, 34, 38, 42, 46, 50, 54, 58, 62, 66
C ontroling Style(관리형)	A nalytical Style(분석형)
3, 7, 11, 15, 19, 23, 27, 31, 35, 39, 43, 47, 51, 55, 59, 63, 67	4, 8, 12, 16, 20, 24, 28, 32, 36, 40, 44, 48, 52, 56, 60, 64, 68

3. 멘토, 멘제 연결 원칙

멘토와 멘제의 연결에서 가장 좋은 한 쌍(Best Pair)은 같은 성격끼리 연결한다. 그러나 인원수가 맞지 않을 경우에는 무난한 한 쌍(Gold Pair)인 상호 보완되는 성격끼리 연결한다. 가능한 연결이 부적합한 한 쌍(No Good)은 상호 대조되는 성격이다. 대조되는 성격도 사제 간(師弟 間) 등 신분의 현저한 차이나, 10년 이상 나이 차이, 장기간이나 평생 멘토링에서는 크게 구애받지 않는다. 그러나 단기간이나 나이가 비슷한 사원 간의 멘토링에서는 생산성을 염두에 둔다면 대조 성격 간의 연결은 피하는 것이 좋다. 왜냐하면 대조 성격은 다툼의 확률이 많기 때문이다.

Best Pair
D = D
C = C
F = F
A = A
Gold Pair
D = F
D = C
A = C
A = F
Poor Pair
D ≠ A
C ≠ F

4. 4가지 유형의 특성분석 및 대응방안

• 주도형(Dominating Style)

D	F
C	A

1) 주도형의 특성

▷ 주도형(Dominate)인 사람은 매사에 적극적이며, 자신은 물론 남도 잘 부추긴다. 사교적으로 이야기하기를 즐기고, 늘 주변

에 활발한 분위기를 조성해 낸다.

▷ 주변사람들과 커뮤니케이션을 꾀하면서 일을 추진해 나가지
만, 주도권을 잡는 데도 관심을 기울여, 창조적인 것을 찾아
위험을 무릅쓰고 문제해결에 도전한다.

▷ 전형적인 특징을 정리해 보면

① 외향적 ② 정열적 ③ 설득적 ④ 사교적

⑤ 자발적이라 하겠다.

※ 이 사람의 행동은 **칭찬**(Recognition) 욕구에 의거하고 있다.

강 점	약 점
1. 행동이 적극적이나	1. 본제에서 벗어난다
2. 매사에 열중한다	2. 시간관념이 약하다
3. 활기가 넘친다	3. 감정에 좌우된다
4. 대인관계에 능숙하다	4. 기분이 변하기 쉽다(싫증나기 쉽다)
5. 상대방을 몰두하게 한다	5. 정리, 정돈이 서툴다
6. 영감(inspiration)을 중요시한다	6. 차근차근 책읽기를 싫어한다
7. 비약에 목표를 둔다(大志)	7. 매사를 논리적으로 생각하기를 싫어한다
8. 민감하게 반응한다	
9. 미래지향적이다	
10. 개방적, 쾌락적인 일을 좋아한다	

2) 주도형의 대응

가) 기본욕구

칭 찬	인 정

나) 바람직한 대응

(1) 흉금을 터놓기 위해 세상사나 농담으로부터 이야기를 시
작한다.

(2) 상대방을 치켜세우거나, 최대한 관심을 표시한다. 내놓은 아이디어나 생각을 지지한다.

(3) 크게 논의한다.

(4) 정력적으로 신속하게 큰 소리로 이야기한다.

(5) 다른 사람이나 저명인사의 의견을 인용한다.

(6) 커다란 관점에서 이야기를 전개한다.

(7) 목표달성 과정의 즐거움을 시사한다.

(8) 경쟁심을 부추긴다.

(9) 상대방의 꿈이나 아이디어에 관심을 표명한다.

다) 피해야 할 대응

(1) 소극적이며 인정 없는 태도를 취하지 않는다.

(2) 자질구레한 이야기는 피한다.

(3) 원리, 원칙이나 규칙을 고집하지 않는다.

(4) 상대방의 비판하거나 설득하지 않는다.

(5) 좋고 나쁨, 사실, 숫자 등을 고집하지 않는다.

(6) 일만을 따지는 이야기가 되지 않게 한다.

라) 적극적으로 써야 할 말

(1) 급성장 (2) 창조 (3) 차별화 (4) 영향력

(5) 이미지 (6) 인간

• 우호형(Facilitating Style)

D	F
C	A

3) 우호형의 특성

▷ 우호형(Facilitating)인 사람은 무엇보다도 개인적인 연관을 중
  시한다. 옆에서 보면 차분한 가운데 부드럽고 성실하며 소극
  적이나, 따뜻하고 감정에 가까이하기 쉬운 사람이라는 느낌
  이 든다.

▷ 팀워크를 중시하여 철저한 협력 아래 일을 추진해 가기를 좋
  아하지만, 모험을 별로 하려 들지 않는다. 무엇보다도 책임을
  다 함께 지고 싶어 한다.

▷ 인간관계를 쌓는 데에 관심이 있으며, 결단을 할 때에는 주위
  사람들로부터 지원을 요청한다.

▷ 전형적인 특징을 정리해 보면
  ① 지지적 ② 협력적 ③ 사교적 ④ 인내심이 강하다
  ⑤ 충실하다
  ※ 이 사람의 행동은 **용납(Acceptance)욕구**에 의거하고 있다.

강 점

1. 협력적이다
2. 가까이하기 쉽고, 친하기 쉽다
3. 사교술이 능숙하다
4. 코치나 상담에 능숙하다
5. 온화하다
6. 개인적인 정보에 강하다
7. 소집단 활동을 즐긴다
8. 긴장을 풀어준다
9. 분위기 조성을 잘한다
10. 상대방의 기분을 이해한다

약 점

1. 결단이 느리다
2. 자기주장이 적다
3. 일에 대한 관심이 희박하다
4. 남의 일에 너무 신경을 쓴다
5. 비약이나 모험을 노리지 않는다
6. 신속하지 못하다
7. 주저하기 쉽다

4) 우호형의 대응

가) 기본욕구

| 용납 | 수용 |

나) 바람직한 대응

(1) 흉금을 터놓은 분위기로 개인에 관계된 이야기로부터 들어간다.

(2) 1:1로 대응하고, 개인적인 관심이나 목표를 끌어낸다.

(3) 상대방에게 말을 시켜 의견을 끌어낸 뒤, 그의 말에 귀를 기울인다.

(4) 상대방이 협력해 준 것에 대해서 감사표시를 한다.

(5) 상대방에게 불안감이나 염려를 끼쳤다면 이를 제거한 뒤 격려한다.

(6) 당신이 주도적으로 목표를 정하고, 압력을 가하지 않은 채 동의를 촉구한다.

(7) 온화한 부드러운 말씨로 이야기한다.

(8) 상대방의 생각을 적극적으로 받아들인다.

(9) 결단을 내리는 데에 모험이 적음을 보증한다.

다) 피해야 할 대응

(1) 일에 관한 이야기를 곧바로 하지 않는다.

(2) 냉담한 태도, 무관심한 태도를 나타내지 않는다.

(3) 논리나 책략으로 반론을 피지 않는다.

(4) 지배적으로 군림하거나 과도한 요구는 하지 않는다.

(5) 갈등을 빚지 않는다.

(6) 곧바로 결론을 이끌어 내지 않는다.

라) 적극적으로 써야 할 말

(1) 인간 (2) 서비스 (3) 팀워크 (4) 성실

(5) 커뮤니케이션 (6) 가정

• 분석형(Analytical Style)

D	F
C	A

5) 분석형의 특성

▷ 분석형(Analytical)인 사람은 목표를 향해 착실히 추진해 나감을 높은 가치로 삼는다.

▷ 행동은 언제나 냉정, 침착하고 차분하며, 소극적인데다가 규칙적인 반면, 독립심은 강하다. 일에 있어서는 체계적이며 사실과 논리에 입각한 접근을 중시하고, 정보나 데이터를 수집, 분석하기를 좋아하며 모험은 최소한으로 하는 방법을 철저히 검토한다.

▷ 대인관계는 비즈니스맨답게 감정을 드러내지 않는다. 결단을 내릴 때는 확률이나 확증을 늘 염두에 두고 행한다.

▷ 전형적인 특징을 정리해 보면

① 논리적 ② 완벽주의 ③ 사실중시 ④ 신중함을 들 수 있다

※ 이 사람의 행동은 안전(Security)욕구에 의거하고 있다.

<table>
<tr><td>강 점</td><td>약 점</td></tr>
</table>

강 점	약 점
1. 근면하다	1. 유연성이 결여되어 있다
2. 매사를 면밀히 추진한다	2. 결단을 내리는 데에 시간이 걸린다
3. 논리적, 체계적이다	3. 박력이 부족하다
4. 질을 중시한다	4. 혼자 일을 한다
5. 문제발견에 흥미를 느낀다	5. 표정이 부족하다
6. 사실을 중시한다	6. 보수적(비약하려 하지 않는다)
7. 지식, 정보를 수집한다	7. 사교성이 결여되어 있다
8. 일을 제대로 처리한다	
9. 자기관리를 할 수 있다	
10. 분석력이 뛰어나다	

6) 분석형의 대응

가) 기본욕구

안전	정보

나) 바람직한 대응

(1) 일에 관한 이야기로부터 들어간다.

(2) 신중하게 천천히 진행된다.

(3) 데이터, 자료 등 사전준비는 완벽하게 하여 대응한다.

(4) 충분한 시간을 갖고 차근차근 이야기한다.

(5) 구체적이고 실증적인 데이터로 정보를 풍부하게 주고 뒷
받침해 준다.

(6) 상대방에게 생각할 수 있는 시간을 충분히 준다.

(7) 뜻밖의 결과가 나오지 않게 하고, 모험이 적음을 보증한다.

(8) 논리적 사실에 의거하여 체계적으로 설명한다.

(9) 결론은 서면으로 남겨둔다.

다) 피해야 할 대응

(1) 상대방이 혼란될 만한 이야기는 피한다.

(2) 너무 과장된 이야기는 하지 않는다.

(3) 치켜세우거나 너무 친숙하게 이야기는 않는다.

(4) 다른 사람이나 저명인사의 의견을 사용하지 않는다.

(5) 책략이나 교묘한 수단을 쓰지 않는다.

(6) 결단(의사결정)을 서둘지 않는다.

라) 적극적으로 써야 할 말

(1) 정보데이터 (2) 보증 (3) 의무 (4) 손익 (5) 지식 (6) 정확

• 관리형(Controling Style)

D	F
C	A

7) 관리형(Controling Style)의 특성

▷ 관리형(Controling)인 사람은 일에 강한 관심을 지녀 솔선수범하고, 결과나 성과를 중시하는 데에 높은 가치를 경주한다. 행동은 신속하고, 기회를 교묘히 이용하여 남을 밀어 제치고서라도 자기의 의지를 관철시킨다. 혼자서 일을 하거나 남을 지도하여 일을 하게 하기를 좋아한다. 경쟁심도 왕성하다.

▷ 대인관계는 담백한 편이고, 일 이외의 교제라든가, 세상 돌아

가는 이야기 등은 좋아하지 않는다.

▷ 전형적인 특징을 정리해 보면

① 자립적 ② 솔직 ③ 과단성 ④ 실리주의

⑤ 능률 등을 들 수 있다.

※ 이 사람의 행동은 **성취(Achievement)욕구**에 의거하고 있다.

<table>
<tr><td>강 점</td><td>약 점</td></tr>
<tr><td>1. 효율적, 능률적이다</td><td>1. 남에 대한 배려가 부족하다</td></tr>
<tr><td>2. 열심히 일한다</td><td>2. 억지를 부린다</td></tr>
<tr><td>3. 행동이 민첩, 신속하다</td><td>3. 말투가 억세다</td></tr>
<tr><td>4. 책임감이 강하다</td><td>4. 지나치게 자기중심적이다</td></tr>
<tr><td>5. 늘 성과(결과)를 중시한다</td><td>5. 안색, 목소리, 표정이 빈약하다</td></tr>
<tr><td>6. 도중에 포기하지 않는다</td><td>6. 무리한 목표라도 도전하다</td></tr>
<tr><td>7. 시간에 정확하다</td><td>7. 냉담하다</td></tr>
<tr><td>8. 간결하고 낭비가 적다</td><td></td></tr>
<tr><td>9. 열정적이다</td><td></td></tr>
<tr><td>10. 스스로 움직인다</td><td></td></tr>
</table>

8) 관리형의 대응

가) 기본욕구

<table>
<tr><td>성취</td><td>효율</td></tr>
</table>

나) 바람직한 대응

(1) 일에 관한 이야기를 중심적으로 한다.

(2) 간결하고 알기 쉽게 이야기한다.

(3) 시간을 정확히 지킨다.

(4) 정력적으로 신속하게 이야기한다.

(5) 목표와 결과를 늘 분명히 한다.

(6) 상대방의 결단, 의사결정에 위임한다.

(7) 선택하기 쉽게 조건의 수를 적게 둔다.

(8) 성공할 확률을 사실이나 숫자에 근거하여 설명한다.

(9) 주요 사실을 골라 논리적으로 재빠르게 나타낸다.

다) 피해야 할 대응

(1) 시간낭비는 피한다(두서없이 지루하게 말하지 않는다).

(2) 개인적인 문제나 개인의 생각을 내놓지 않는다.

(3) 지시, 명령, 충고하는 말투를 쓰지 않는다.

(4) 의문스러운 점이나 불명확한 점을 남기지 않는다.

(5) 결론을 먼저 내지 않는다.

(6) 잡담이나 세상사는 말을 하지 않는다.

라) 적극적으로 써야 할 말

(1) 결단 (2) 시간 (3) 목표 (4) 이익 (5) 성공 (6) 통솔력

게임 3.
감성개발 게임(EQ Game)

멘토링 활동에서 멘토 / 멘제의 정서부문을 보완해 주는 감성(E.Q) 개발 게임으로 따뜻한 가슴을 가진 엘리트 양성을 목적으로 한다.

IQ는 사람들의 인지 능력, 다시 말해 분석력, 기억력, 수리력, 언어 능력, 상식 능력, 공간지 각 능력과 같이 냉철한 머리, 즉 객관적인 지성을 측정한다. 그에 비해 EQ는 사람들의 정서 능력, 다시 말해 감정 조절 능력, 타인과의 감정 공유 능력, 비언어적 능력, 직감력과 같이 따뜻한 가슴, 주관적인 감성을 측정한다. 다시 말해 IQ는 지적 능력만을 측정하지만, EQ는 사회적 동물인 인간이 가지고 있는 전반적인 능력을 측정한다.

그러면 EQ가 무엇으로 구성되어 있는지 좀 더 구체적으로 알아보자. EQ는 크게 다섯 가지 요소로 구성되어 있다. 자기감정을 이해하는 능력, 자기감정을 조절하는 능력, 자기 동기부여를 할 수 있는 능력, 타인의 감정을 이해하는 능력, 인간관계 능력이 그것이다.

* EQ 5가지 구성요소

  A) 자기감정 이해 능력

  B) 자기감정 조절 능력

  C) 자기 동기부여 능력

  D) 타인 감정 이해 능력

  E) 인간관계 능력

1. EQ 진단도구

다음 문항을 읽고 자신의 생각이나 행동에 어느 정도 일치하는지를 체크하시오.

매우 동의한다: 3점   어느 정도 동의한다: 2점

약간 동의한다: 1점   전혀 동의하지 않는다: 0점

[A]

1. 나는 내 감정을 표현하는 데 별다른 어려움을 느끼지 않는다.( )
2. 나는 새로운 일을 시작할 때 두렵거나 불안하지 않다.( )
3. 친구가 나를 화나게 하면 나는 기분 나쁘다고 말한다.( )
4. 나는 평소에 내가 하고 싶은 일이 무엇인지를 알기 때문에 전공 선택 문제로 별로 고민하지 않는다.( )
5. 나는 내가 좋아하는 여자(남자)친구 스타일을 가지고 있다.( )
6. 나는 감정과 행위가 다를 수 있다고 생각한다.( )
7. 나는 성격뿐만 아니라 나 자신에 대해 너무나 잘 알고 있다.( )
8. 나는 나 자신과 대화를 자주 하는 편이다. 가령, '나는 누구인가?' '내가 왜 그랬을까?'와 같이 자신과 대화하며 문제에 대처한다.( )
9. 나는 언제나 내 자신의 능력에 맞는 목표를 세워 놓고 행동한다.( )
10. 나는 내가 무엇을 원하는지를 분명히 표현할 수 있다.( )

A점수 합계점:

[B]

1. 나는 성격이 침착하고 차분하다는 얘기를 많이 듣는 편이다.( )
2. 얌체같이 갓길로 달리는 사람들을 보면 욕하기보다는 무슨 사정이 있어서 그럴 거라고 생각한다.( )
3. 식당에서 밥을 먹으려고 줄을 섰는데 누가 새치기를 하면 뭐라고 하기보다 배가 몹시 고프기 때문이라고 생각하며 참는다.( )
4. 맛있는 음식이 있어도 다른 가족들이 식탁에 앉기까지 먹지 않고 기다리는 편이다.( )
5. 누가 내 발을 밟아 놓고 사과하지 않더라도 나는 쉽게 화내지 않는다.( )
6. 나는 상대방이 어떻게 받아들일지 몰라 말을 함부로 하지 않는다.( )
7. 나는 물건을 살 때 충동적으로 사서 후회하는 일이 거의 없다.( )
8. 나는 내 감정을 잘 조절할 수 있다고 믿는다.( )
9. 스트레스를 받더라도 나는 쉽게 흥분하지 않고 스트레스를 풀 수 있는 방법을 가지고 있다.( )
10. 나는 풍부한 정서 생활을 하고 있다고 생각한다.( )

B 점수 합계 점:

[C]

1. 세상은 노력한 만큼 얻을 수 있다고 생각하기 때문에 잘살고 못사는 건 모두 자기 책임이다.( )
2. 나는 어떤 일에 실패하면 그 원인이 무엇인지를 분석해서 대처하는 편이다.( )
3. 나는 내 능력에 맞는 목표를 스스로 세우고 그것을 달성하기 위해 노력한다.( )
4. 나는 '실패는 성공의 어머니'라는 말을 믿는다.( )
5. 나는 내가 부족한 것이 무엇인지를 찾아 그것을 채우려고 한다.( )
6. 집안이 어려워 대학에 가지 못할 상황이라도 대학에 가고 싶다면 나는 반드시 갈 수 있다.( )
7. 여자(남자)친구에게 데이트 신청을 했다가 거절당하더라도 포기하지 않고 다시 도전한다.(   )
8. 나는 평소 말과 행동이 다르지 않고, 내가 한 말을 그대로 실천하는 편이다.( )
9. 누군가 불쌍하다는 생각이 들면 나는 그 사람을 반드시 도와준다.( )
10. 나는 무언가 재미있는 일이 있으면 그것에 몰두해 시간 가는 줄 모른다.( )

C 점수 합계 점:

[D]

1. 나는 다른 사람과 입장을 바꿔 놓고 생각하기 때문에 다른 사람이 무슨 생각을 하는지 잘 안다.( )
2. 나는 부모님이나 선생님, 친구들이 기분이 좋은 상태인지 나쁜 상태인지를 잘 판단한다.( )
3. 사람을 첫인상 가지고 판단하는 것은 옳지 않다.( )
4. 나는 내 주위 사람들이 나에게 무엇을 원하는지 잘 알고 있다.( )
5. 나는 부모님이 단지 자존심 때문에 자식을 대학에 보내려는 것은 아닐 거라고 생각한다.( )
6. 나는 누가 섭섭한 말을 하더라도 그럴 만한 이유가 있을 거라고 생각하고 참는 편이다.( )
7. 나는 친구의 행동이 내 맘에 안 들더라도 그 친구에게 이런저런 잔소리를 하지 않는 편이다.( )
8. 나는 사랑에 빠지더라도 친구나 가족이 눈에 들어오지 않는 것을 이해할 수 없다.( )
9. 나는 친구가 약속할 때마다 늦게 오더라도 뭐라 하기보다는 늦을 만한 이유가 반드시 있을 거라고 생각한다.( )
10. 모처럼 친구와 등산을 가서 정상을 눈앞에 두었는데 친구가 죽어도 못 올라간다고 하면 나는 친구와 함께 내려오겠다.( )

D 점수 합계 점:

1. 나는 다른 사람들과 어울리는 것을 좋아한다.( )
2. 나는 다른 사람이 기분 상하지 않게 내 의사를 잘 표현한다.( )
3. 나는 친구들의 말이 다소 논리가 없더라도 그것을 지적하지 않고 이해하려고 한다.( )
4. 나는 다른 사람들과 슬픔과 기쁨, 분노와 같은 감정을 공유할 줄 안다.( )
5. 나는 사람들이 이기적이기보다는 이타적이라고 생각한다.( )
6. 나는 고정관념이나 편견이 맞을 수도 있지만 실제로는 맞지 않는 경우가 더 많다고 생각한다.( )
7. 어떤 사람을 행동이나 말투를 가지고 판단하는 건 잘못된 것이다.( )
8. 나는 토론할 때 다른 사람이 나와 다른 주장을 하더라도 그것을 불편 없이 받아들일 수 있다.( )
9. 나는 다른 사람이 나를 칭찬하든 비난하든 별로 개의치 않는 편이다.( )
10. 친구가 약속 시간에 늦으면 약간 화를 내도 상관없다고 생각한다.( )

E 점수 합계 점:

각각의 점수를 해당 자리에 표시하고 꺾은선 그래프로 연결해 보자.

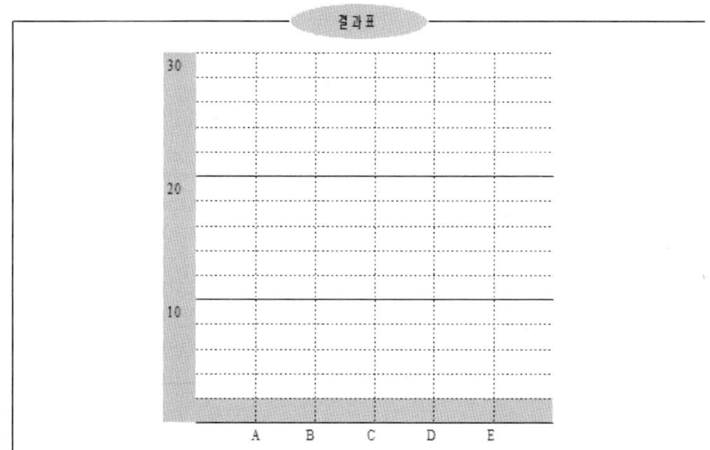

<EQ계산공식>

$$\frac{(A\times1.5)+(B\times2.5)+(C\times2.5)+(D\times1.5)+(E\times2.0)}{5}\times3=$$

A: 자기감정을 이해하는 능력

B: 자기감정을 조절하는 능력

C: 동기부여 능력

D: 타인 감정을 이해하는 능력

E: 인간관계 능력

2. 나는 이런 사람!

[150~180점 ➡ EQ천재]

이런 젊은이들은 자신의 감정을 잘 알고, 자기감정을 잘 다루고, 충동적으로 행동하지 않으며, 기분 나쁜 일이 있거나 스트레스를 받아도 곧 회복할 수 있다. 어떤 일을 계획할 때도 자신의 능력을 고려하며, 타인을 배려하는 측면이 많아 인간관계도 좋다. 연구 결과에 따르면 이런 유형의 사람들은 사회경제적으로 성공할 가능성이 높고, 성격이 낙천적이어서 매사를 긍정적으로 보기 때문에 정신적으로도 무척 건강하다. 어렸을 때부터 서로 격려하고 지지해주는 가정환경, 학교 환경에서 자란 젊은이들 중에서 이런 높은 EQ 수준이 많이 나온다. 그러나 전체적으로 볼 때 이 점수에 해당하는 사람들은 전체 인구의 10% 이하다. 만약 당신이 이 점수에 속해 있다면 희망을 가져도 좋다. 노력을 게을리하지 않는다면 아주 행복하고 아름다운 삶을 영위할 것이다.

[126~149점 ➡ EQ 수재]

대체로 높은 EQ 수준을 가지고 있다. EQ가 높은 사람의 특성을 많이 가지고 있다. 그러나 어떤 한 영역에 문제가 있을 수 있으므로 만약 다섯 가지 영역 중에 어느 한 영역에서 20점 이하의 점수를 받았다면 그 부분을 강화시키려는 노력을 해야 한다. 자기 삶에 충실하고 다른 사람을 잘 이해해 주는 사람들의 전형이라고 할 수 있다. 조금만 노력하면 아주 우수한 EQ 수준을 가질 수 있을 것이다.

[96~125점 ➡ 움트는 EQ에 불을 댕기자]

여기에 해당하는 젊은이들은 대개 자신의 문제를 분명히 할 수 있고 자기의 문제를 잘 다루고, 자신의 감정을 행동으로 잘 표현한다. 그러나 좋고 싫음이 너무 분명하고 그 기복이 심하여 정반대의 대인관계 경향이 뒤섞여 있다. 그래서 친구들에게는 친절하지만 집에서는 짜증을 부리기도 하고, 동성 친구들하고는 잘 어울리지만 이성친구한테는 그렇게 못 할 수도 있다. 또한 긍정적이든 부정적이든 다른 사람들로부터 피드백을 받지 못하고, 매사를 선악으로 구분하려고 한다. 이따금 자신의 감정이 슬픈 건지 기쁜 건지, 화난 건지 두려운 건지를 모를 때가 있다. 그러나 이 점수에 속해 있는 젊은이들도 노력하면 EQ를 우수한 수준으로 높일 수 있다. 그러니 평소에 자기감정을 분명히 표현하고, 실패에 쉽게 좌절하지 말고, 매사를 흑백 논리로 보지 말고, 타인의 입장에 서서 생각하는 습관을 기른다면 아주 우수한 EQ수준으로 발전할 수 있다. EQ는 계발할 수 있다는 게 EQ를 계발한 존 메이어 박사의 얘기다.

[60∼95점 ➡ 잠자는 EQ를 깨우자]

여기에 속하는 젊은이들은 EQ가 낮은 편이다. 자기감정을 잘 알지 못하고, 자기감정을 잘 조절하지도 못한다. 게다가 다른 사람의 아픔을 잘 헤아리지 못하고, 다른 '사람의 얘기를 잘 듣지도 않는다. 그래서 자기감정을 조절하지 못하고, 인간관계가 원만하지 못해 사회적으로 성공할 가능성이 낮으며, 실패했을 때 실패를 극복하지 못하고 주저앉기 일쑤다. 경제적으로 독립할 가능성도 낮다. 이런 상태가 지속된다면 평생을 스트레스와 싸워야 하고, 다른 사람에게 피해를 주는 사람이 될 수도 있다. 그러므로 EQ를 계발하기 위해 적극적으로 노력해야만 한다.

자기 자신의 능력에 맞는 현실적인 목표를 세워 추진하고, 자신의 감정을 분명히 표현하고, 충동적으로 행동하지 않도록 노력해야 한다. 그리고 타인을 돕듯이 자신을 돕고, 비판에 너무 민감하게 반응하지 않도록 의식적으로 노력해야만 한다. EQ를 높이려는 노력이 절실하다.

[59점 이하 ➡ 낙심은 금물! EQ는 "하면 된다."]

여기에 해당하는 젊은이들은 틀림없이 알 수 없는 덫에 걸려 있다. 자기감정을 이해하지 못함은 물론 다른 사람들의 감정을 헤아리지도 못한다. 그리고 충동적이고 이기적이어서 언제나 인간관계 때문에 고민하고, 이성보다는 열정에 사로잡혀 어떤 욕구가 일어나면 즉각적으로 만족시키려고 한다. 만약 EQ가 지금 상태로 유지된다면 당신은 분명히 후회할 날이 올 것이다. 그러므로 적극적으로 EQ를 높이려는 노력을 해야 한다.

그래프 모양이 이런 유형으로 나왔을 경우에는 자기 자신의 감정을 잘 이해하고 조절할 줄 알고, 실패를 성공으로 연결시킬 수 있는 특성을 가지고 있다. 하지만 다른 사람의 관점을 별로 배려하지 않고 자기중심적이어서 인간관계가 좋지 않다. 그러므로 다른 사람의 입장에 서서 생각하고 행동하도록 좀 더 신경 써야 한다.

그래프 모양이 이렇게 나온 경우엔, 자기 자신에게 소홀하면서 다른 사람에게는 지나치게 신경을 쓴다. 심할 경우 자신을 부정하면서까지 다른 사람을 긍정하기 때문에 무조건 의존적인 행동을 하거나 지나치게 타인의 눈치를 볼 수가 있다. 그러므로 자기의 감정을 보다 분명하게 하면서 자기를 긍정할 수 있도록 자신의 능력을 키워야만 한다.

이런 유형의 결과는 자기감정을 잘 표현할 줄 알고, 자기감정을 조절할 줄도 안다. 그리고 다른 사람의 감정을 잘 이해하고, 인간관계에 필요한 사회적 기술이 뛰어나다. 하지만 실패했을 경우 쉽게 좌절하고 거기서 헤어나지 못하는 단점도 있다. 그러니 실패했을 때 너무 실망하지 말고, 실패를 면밀히 분석하여 목표에 재차 도전하는 습관을 기른다면 높은 수준의 EQ를 얻을 수 있을 것이다.

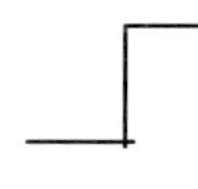

런 유형의 결과는 전반적으로 높은 EQ수준을 보여주지만, 자기감정을 조절하지 못하고 다른 사람의 감정을 무시한 채 행동한다. 충동성이 높아 쉽게 화를 내고, 사소한 것을 가지고 다투길 좋아하고, 욱하는 성질이 있기 때문에 행동하고 나서 후회하는 일이 많다. 게다가 다른 사람의 감정은 무시하고 자기중심적으로 행동하기 때문에 적을 많이 만들 수 있다. 그러므로 평소에 자기화를 이겨내고, 스트레스를 받았을 때 이완할 수 있는 방법을 개발하는 게 좋다. 그리고 다른 사람의 감정이 어떤지를 헤아려서 다른 사람의 감정도 배려하는 습관을 키워야 한다.

래프 모양이 이렇게 나온 경우엔, 자기 자신에게 소홀하면서 다른 사람에게는 지나치게 신경을 쓴다. 심할 경우 자신을 부정하면서까지 다른 사람을 긍정하기 때문에 무조건 의존적인 행동을 하거나 지나치게 타인의 눈치를 볼 수가 있다. 그러므로 자기의 감정을 보다 분명하게 하면서 자기를 긍정할 수 있도록 자신의 능력을 키워야만 한다.

3. 공부 못 하는 이들의 희망, EQ

감성지수, 즉 EQ(Emotional Quotient)란 감성 지능을 수치로 표현한 것이다. 다시 말해 사람들의 정서적인 측면을 수치로 나타낸 것이다. EQ란 용어는 1990년대에 들어서 미국 예일 대학의 심리학

교수인 피터 셀로비 교수와 뉴햄프셔 대학의 존 메이어 교수가 제 안한 개념이다. 그들은 EQ를 '자신의 감정이나 다른 사람의 감정을 잘 읽어 내는 능력'이라고 정의했다.

그 후 하버드 대학의 심리학 박사이자 뉴욕타임스의 과학 전문기자인 다니엘 골먼이 1995년 10월 '감성 지능(Emotional Intelligence)'이란 책을 통해 EQ를 대중들에게 소개하면서 미국은 물론 유럽, 일본 그리고 한국에까지 EQ열풍이 거세게 일어났다. 그러나 EQ는 사실 IQ에서 다루어지고 있었던 것으로 완전히 새로운 개념은 아니다.

그렇다면 갑자기 IQ보다 EQ가 선풍적인 인기를 끄는 이유는 뭘까? 왜 그렇게 EQ가 중요하다고 난리들인가?

첫째, EQ는 지금까지 상용하고 있던 IQ보다 사람들의 사회 - 경제적 성공을 더 잘 예측해 낼 수 있다. IQ가 주로 인지 능력을 예측할 수 있는 데 비해, EQ는 그 사람의 사회성, 판단력, 인내력, 감수성과 같은 다양한 측면을 예측해 낸다. 그동안 IQ는 미래를 예측할 수 있는 능력인 예언 타당도 측면에서 한 사람의 미래 발전 가능성, 성공 가능성을 잘 측정해 내지 못했다. 그러나 EQ는 그러한 문제점을 상당 부분 극복했다. 골먼은 IQ가 사람들의 사회경제적 성공을 20% 정도밖에 예측할 수 없는 데 비해, EQ는 사람들의 사회 - 경제적 성공을 80%까지 예측할 수 있다고 주장한다.

둘째, EQ는 공부 못 해서 고민하는 많은 이들에게도 한 가닥 희망을 준다. EQ는 머리 나빠서 고민하고, 공부 못 해서 눈총받던 사람들에게조차 사회에서 성공할 수 있다는 희망을 주고 있다. 학교에서 공부 잘하던 친구가 사회에서 반드시 성공하는 것도 아니고,

공부도 못 하고 말썽만 피우던 친구가 반드시 실패하는 것도 아니다. 물론 공부를 잘해 좋은 대학에 간 친구들이 성공하는 경우도 많지만, 사회가 반드시 그런 것만은 아니다. 오히려 공부에는 별로 관심이 없던 친구들이 자기 특기를 살려 사업가로, 개그맨으로, 가수로, 소설가로 성공하는 사람들이 비일비재하다.

천재 과학자 에디슨도, 가수 서태지도, 세계적인 영화감독 스티븐 스필버그도 대학은커녕 고등학교조차 제대로 나오지 못했다. 그러한 사람들이 어떻게 성공할 수 있었겠는가? 그러한 아이러니를 IQ는 잘 설명하지 못하지만 EQ는 잘 설명해 준다.

4. EQ는 사회적 능력

IQ는 사람들의 인지 능력, 다시 말해 분석력, 기억력, 수리력, 언어 능력, 상식 능력, 공간지각 능력과 같이 냉철한 머리, 즉 객관적인 지성을 측정한다. 그에 비해 EQ는 사람들의 정서 능력, 다시 말해 감정 조절 능력, 타인과의 감정 공유 능력, 비언어적 능력, 직감력과 같이 따뜻한 가슴, 주관적인 감성을 측정한다. 다시 말해 IQ는 지적 능력만을 측정하지만, EQ는 사회적 동물인 인간이 가지고 있는 전반적인 능력을 측정한다.

그러면 EQ가 무엇으로 구성되어 있는지 좀 더 구체적으로 알아보자, EQ는 크게 다섯 가지 요소로 구성되어 있다. 자기감정을 이해하는 능력, 자기감정을 조절하는 능력, 자기 동기부여를 할 수 있는 능력, 타인의 감정을 이해하는 능력, 인간관계 능력이 그것이다.

첫째, 자기감정을 이해하는(knowing one's emotion) 능력

자기감정을 이해하는 능력은 EQ의 기본이다. 자기감정을 확실히 알면 더 적극적인 삶의 자세를 가질 수 있고, 의사결정을 할 때도 보다 확실한 감각을 가지고 행동한다. 가령 자기감정을 이해하는 사람들은 전공과 직업, 배우자 선택 등 다양한 상황에서 보다 확실한 감각을 발휘한다.

그러기 위해서는 자기감정이 지금 어느 상태인지를 명확히 표현할 줄 알아야 한다. 지금 자기의 기분이 어떤지, 자기의 감정 수준이 어느 정도인지를 명확하게 표현할 줄 알아야 한다. 그래서 EQ 계발 프로그램에서는 자기감정을 명확하게 표현하기 위해 출석을 부를 때도 '네'라고 대답하지 않고, 자신의 감정 상태를 수치로 표현하는 훈련을 한다. 가령 '7점입니다. 오늘 아침에 친구하고 다퉜거나' 하는 식이다.

둘째, 자기감정을 조절하는(managing emotion) 능력

자기감정을 조절하는 능력은 주로 충동 자체 능력과 관련된다. 자기감정을 조절할 줄 아는 사람들은 어떤 상황에 처했을 때 즉각적인 만족을 추구하지 않는다. 다시 말해 충동적이지 않다. 자기와 어깨를 부딪쳤다고 즉각적으로 화를 내지도 않고, 누가 자신의 발을 밟았다고 쉽게 분노하지도 않는다. 그리고 스트레스를 받고 화가 나더라도 그것에서 빨리 벗어나는 방법을 가지고 있다.

'96년 12월 20일 일본의 한 회사에 다니는 여직원이 근무태도가 불량하다는 이유로 직장 상사에게 꾸지람을 듣자 화가 나서 그동안 자신이 만든 컴퓨터 자료들을 몽땅 지워버리고 사라졌다. 그래서 회사는 그녀를 상대로 400만 엔의 손해배상을 법원에 청구했다.

그리고 '96년 여름 한 젊은이가 일도 안 하고 집에서 술만 마시고 빈둥거린다는 잔소리를 듣자 홧김에 잔소리를 하는 아버지를 살해했다. 이 같은 일들은 모두 자신의 감정을 조절하는 능력이 떨어지기 때문에 생겨난다. EQ가 높은 사람들은 욱하며 충동적으로 행동하지 않는다.

셋째, 동기부여(motivating oneself) 능력

동기부여 능력은 자신의 감정을 행동으로 표출하는 능력이다. 이런 능력을 가진 사람들은 자기가 느끼고 말한 것을 행동으로 실천할 줄 안다. 그리고 실패했을 때는 좌절하지 않고 실패를 분석해 새롭게 도전한다.

88올림픽 때 미국의 수영 선수 비욘디는 원래 7개의 금메달이 기대되었던 선수였다. 그러나 그는 처음 2개의 금메달을 놓쳤고, 사람들은 그가 나머지 5개의 금메달도 놓칠 거라고 수군거렸다. 그러나 펜실베이니아 대학의 심리학 교수인 셀리히만은 비욘디가 처음의 실패를 극복하고 나머지 경기에서 반드시 금메달을 딸 것이라고 호언장담했다. 셀리히만 교수가 그렇게 장담할 수 있었던 것은 비욘디가 올림픽에 참가하기 전 측정했던 EQ 테스트에서 매우 높은 점수를 받았기 때문이다. 셀리히만의 예언대로 비욘디는 처음 두 번의 실패를 극복하고 나머지 경기에서 5개의 금메달을 획득했다. 바로 동기부여 능력이 뛰어났기 때문이다.

고등학교밖에 나오지 않았어도 얼마 전까지 영국의 총리였던 존 메이어, 늙은 아버지와 젊은 어머니 사이에 태어나 불우한 환경 속에서 자랐으면서도 학문적으로 일가를 이룬 공자와 프로이트, 일본 프로야구에 진출해 '96년 초라한 성적을 기록했지만, '97년 LA다저

스의 선발투수가 된 박찬호, 민주화 운동을 하다가 감옥에 갇혀서
도 우유곽을 뜯어 만든 종이에 못으로 꾹꾹 눌러 시를 쓴 시인 김
남주, 그리고 옥중에서 '돈키호테'를 남긴 세르반테스 등등. 이들은
모두 자신의 가난과 좌절을 성공으로 연결시킬 줄 알았던 사람들
이다.

넷째, 타인의 감정을 이해하는(recognizing emotions in others) 능력
타인의 감정을 이해하는 능력은 타인의 감정이 어떤 상태인지를
잘 이해하고, 타인의 감정을 배려할 줄 아는 능력을 말한다. 이런
능력을 가진 사람들은 다른 사람과 감정을 공유할 줄 안다. 그런
능력을 계발하기 위해 요즘 일부 기업체나 군대에서는 자신의 감
정 상태에 따라 자기 책상에 카드를 꽂아 놓는다. 가령 기분이 좋
으면 녹색 카드를, 기분이 울적하면 노란 카드를, 기분이 몹시 나
쁘면 빨간 카드를 꽂아 놓고 서로 상대방의 감정을 이해하도록 한다.

사람들은 자기중심적으로 생각하고 자기 입장에서만 상대방을
이해하려고 한다. '남의 염병이 제 고뿔만 못 하다'는 속담이 있다.
이런 일은 다른 사람의 고통과 감정을 헤아리기보다는 자기가 느
끼는 작은 고통만을 중요하게 생각하기 때문에 발생한다. 그러므로
다른 사람의 감정을 잘 이해하려면 입장을 바꿔서 생각할 줄 아는
역지사지(易地思之)의 마음을 몸에 배도록 해야 한다.

다섯째, 인간관계(handling relationships) 능력

인간관계 능력이란 사회적 기술, 커뮤니케이션 기술, 신뢰감 구
축, 사교성, 이타성 등과 같이 원만한 대인관계를 이끌어 가는 능
력을 말한다. 그러기 위해서는 앞에서 이야기했던 네 가지 요소를
잘 발달시켜야 하고, 자기표현 능력과 비언어적 의사소통 능력을

계발시켜야 한다. 특히 커뮤니케이션은 70% 이상의 눈짓, 몸짓, 소리의 강약, 장단, 상황 등과 같은 비언어적 요소에 의해 이루어진다. 그러므로 인간관계 능력을 키우려면 비언어적 의사소통 능력을 키워야 한다. 도입부에서 예로 든 여도죄는 바로 이런 비언어적인 커뮤니케이션 능력이 부족했기 때문에 발생한 것이다.

'아' 다르고 '어' 다르다는 말이 있다. 똑같은 말이라도 어떻게 하느냐에 따라, 상대방이 처해 있는 상황이 어떤지에 따라 인간관계에 미치는 영향은 천차만별이다. 가령 어떤 사람이 아침부터 밤늦게까지 일을 한다고 하자. 그 사람에게 A라는 사람은 "일에 대한 열정이 대단하시군요. 건강도 생각하시면서 좀 쉬엄쉬엄 하세요." 라고 말했고, B라는 사람은 "욕심도 많기는…… 그렇게 돈 벌어서 다 뭐하려고 그러세요."라고 말했다. 그 말을 들은 사람은 똑같은 현상을 두고 표현한 말이더라도 B보다는 A에게 훨씬 호감을 가질 것이다.

5. EQ "하면 된다."

EQ는 IQ와는 달리 후천적으로 계발할 수 있다는 것이 큰 장점이다. IQ는 유전적인 영향, 어머니의 지능, 태내 환경에 의해 80% 정도가 선천적으로 결정되고 나머지 20% 정도가 후천적으로 결정된다. 그래서 노력해서 계발할 여지가 적다. 그에 비해 EQ는 20% 정도가 유전, 기질, 호르몬 등과 같은 선천적인 요소에 의해 결정되고 나머지 80% 정도가 후천적으로 결정된다. 그래서 노력해서 계발할 여지가 다분하다. 그러니 앞의 테스트에서 EQ 점수가 낮다고 좌절하지 말고 자신의 EQ를 높이려고 노력하라. 그러다 보면 자연스럽게 EQ가 높아질 것이다.

그러면 EQ를 계발하고 EQ점수를 높이는 방법에 대해서 알아보자

1) 나는 나만의 공간을 가지고 있는가?

EQ가 높은 사람들의 특징은 자기만의 휴식 공간, 사색 공간, 창조 공간을 가지고 있다는 점이다. 그러므로 자신의 공간을 확보하도록 노력하라. 그렇다고 집안형편을 무시하고 자기 방을 확보하라는 것은 아니다. 그런 행동 자체가 EQ가 낮은 사람의 행동이다. 자기만의 공간은 조용한 산책길, 공원, 옥상, 분위기 있는 카페와 같이 어느 곳이든 자기가 가장 편안한 곳이면 된다.

2) 나는 나 자신과 대화를 하고 있는가?

EQ가 높은 사람들은 자신과의 대화를 즐길 줄 안다. 가령 일기를 쓰거나 글을 쓰면서 자신의 행동과 하루를 반성하는 게 좋다. 다시 말해 자기 삶을 스스로 피드백해 보아야 한다.

3) 나는 취미 생활을 하고 있는가?

EQ가 높은 사람들은 자기 전공 분야 이외에 한 가지 이상의 취미 생활을 하고 있다. 가령 학생이라면 좋아하는 운동을 하거나 동아리 활동을 하고, 직장인이라면 업무와 관련되지 않은 동호회 모

임에 참여해서 활동한다. 물론 취미 활동에 너무 몰입해서 자신의 전공이나 업무에 영향을 주어서는 안 된다.

4) 나는 규칙적으로 운동을 하고 있는가?

EQ가 높은 사람들은 건강관리를 위해서뿐만 아니라 규칙적인 운동을 통해 적대감, 스트레스, 공격성을 해소할 줄 안다. 일주일에 서너 번은 운동을 함으로써 스트레스를 풀어 주어야 한다.

5) 나는 내가 되고자 하는 존경하는 인물이 있는가?

EQ가 높은 사람들은 존경하고 흠모하는 인물을 설정해 놓고 자기도 그런 인물이 되려고 노력한다. 지금이라도 내가 존경하는 인물을 설정하라. 그리고 그 사람과 같이 되려고 노력하라.

6) 나는 상대방의 입장에 서서 생각하고 행동하는가?

EQ가 높은 사람들은 자기의 감정과 충동만을 앞세워 사랑을 표현하지 않는다. 그래서 상대방을 난처하게 하는 프러포즈를 하지도 않고 키스를 요구하지도 않는다. 성인의 경우에는 성생활에서 상대방의 기분과 감정을 배려할 줄도 안다. 항상 상대방의 입장에 서서 생각하고 행동하도록 노력한다.

7) 나는 여행을 즐기고 있는가?

EQ가 높은 사람들은 출장이 아닌 여행을 즐기며 자연과 대화하는 걸 좋아한다. 여행을 통해 새로운 문화, 새로운 사람들을 접하고, 자연에 묻혀 자신의 감정을 편안하게 하는 습관을 가져라.

8) 나는 평소 '욱'하는 기질이 있는가?

충동적인 행동은 하루아침에 자신을 무너뜨릴 수도 있다. 그러니 충동을 조절하는 습관을 길러라. EQ가 높은 사람들은 평소 나름대로 기(氣)운동, 이완 훈련, 종교 생활을 통해 자신의 충동성을 조절하려고 노력한다.

9) 나는 스트레스 관리를 하고 있는가?

EQ가 높은 사람들은 평소 자신의 스트레스 관리를 잘하고, 스트레스로부터 빨리 벗어나는 특징을 가지고 있다. 특히 정신적인 노동을 하는 사람들은 스포츠나 노동 같은 신체적인 스트레스를 일부러 체험하는 게 좋다.

10) 나는 세상을 긍정적으로 보려고 노력하는가?

EQ가 높은 사람들은 가능한 한 세상을 긍정적으로 보고, 다른 사람의 단점보다는 장점을 보려고 노력한다. 게다가 자신에게도 매우 긍정적이어서 죄의식이나 죄책감에 시달리지 않는다. 자기에게 너그러워지고 가능한 한 세상을 긍정적으로 보아라.

EQ 점수에 연연하지 않는 사람이 EQ가 높다

EQ를 계발하기란 쉬운 일이 아니다. 그러나 이런 항목들을 체크해 보고 평소 생활에서 그런 것들을 실천하려고 꾸준히 노력하면 반드시 좋은 결과를 거둘 수 있을 것이다. 이제 똑똑한 아이, 학교에서 공부 잘하는 아이, IQ가 높은 사람들만 출세하고 성공하는 시대는 지났다. 실제 사회생활에 필요한 것은 자기감정을 잘 알고 조절할 줄 아는 능력과, 타인의 감정을 이해하고 인간관계를 잘할 줄 아는 능력이다. 그러니 지금 학교에서 공부를 못 한다고, IQ가 낮다고 좌절하거나 포기하지 마라.

뿐만 아니라 EQ 점수가 낮게 나왔다고 해도 실망하지도 마라. 실제 EQ는 아무리 좋은 테스트라도 기껏해야 전체 EQ의 50－60% 정도밖에 측정해 내지 못한다. 그러니 자신의 EQ가 점수가 낮다고 실망하지 마라. EQ가 높은 사람들은 EQ의 숫자에 좌우되지 않고 EQ가 높다고 자만하지도 않는다. 진정 EQ가 높은 사람들은 EQ 점수에 연연하지 않는다. 사실 야망을 가지고 사람을 사랑하며 인간답게 살려고 노력하는 젊은이들에게는 EQ 역시 시답지 않은 존재일지도 모른다.

게임 4.
칭찬개발 게임(Pygmalion Game)

심리학자 로젠탈(T. L. Rosenthal)과 제이콥슨(Jacobson)은 어린 학생들을 대상으로 다음과 같은 실험을 했다고 한다. 어느 초등학교에서 선생님에게 "어린이 지능향상을 예측할 수 있는 새로운 테스트입니다(사실은 거짓말)."라고 설명을 해놓고 검사를 실시했다.

그 테스트 결과 후 20% 정도의 아이를 뽑아 놓고 "이 얘들은 앞으로 지적 발달이나 학업이 틀림없이 급상승할 것입니다."라고 선생님에게 결과 보고를 해 주었다.

그런 암시 후 8개월이 지난 다음 과거에 했던 것과 똑같은 지능 테스트를 하여 지난번의 지능 테스트 결과와 비교해 보았다. 그랬더니 앞으로 잘할 것이라는 기대를 품게 했던 아이들의 지능이 다른 아이들의 지능에 비하여 현저하게 향상되었다는 것이다.

이런 현상을 심리학에서는 피그말리온의 이름을 따서 '피그말리온 효과(Pygmalion Effect)'라고 한다. 피그말리온 효과는 선생님이

20%의 아이들을 지적 발달과 학업 성적이 향상되리라는 기대를 가지고 정성껏 돌보고 칭찬한 결과 나타난 것이다. 그러한 사랑을 받은 아이들은 선생님이 자신에게 관심을 보여주니까 공부하는 태도도 변하고 공부에 관한 관심도 높아져, 결국 능력까지 변하게 된다는 것이다. 이결과 '칭찬하면 칭찬한 만큼 잘한다.'는 것을 알 수 있다.

멘토링은 멘제의 가치를 긍정적인 면에서 인정, 칭찬, 장점, 부각 등으로 치켜세우는 것이 기본이다. 여기에 칭찬기법으로 피그말리온 효과(Pygmlaion Effects)를 적용해 보고자 한다.

 - 멘토링 활동 촉진 기법 중에 하나가 멘토는 멘제에 기대를 갖고 칭찬해 주고 긍정적으로 잠재가치를 인정해 주는 것이 필수적이다.

* 행동유형

1) 봄형—행동유형—성취욕이 강하므로 목표를 달성한 순간 바로 칭찬하라.

2) 여름형—자발유형—작은 성과에도 감탄사를 붙여서 아낌없이 칭찬하라.

3) 가을형—협력유형—아무리 사소한 일이라도 중요한 역할을 했다고 칭찬하라.

4) 겨울형—성실유형—구체적인 내용을 짚어서 칭찬하면 2배로 효과가 있다.

1. Pygmalion의 원리는?

피그말리온은 그리스 신화에 나오는 조각가의 이름이다. 뛰어난 조각 기술을 가졌던 그는, 자신이 만든 조각상과 사랑에 빠진 나머지 신에게 조각상에 생명을 불어넣어 주기를 간청했다. 그리고 신은 그의 간절한 소망에 감동해서 결국 그의 부탁을 들어 주었다는 이야기다.

멘토링 활동에서도 멘토(Mentor)가 '피그말리온'처럼 마음속에 강렬하게 기대하고 있으면 멘제(Menger), 즉 상대방이 그 기대에 부응해 주는 현상을 '피그말리온 효과'라고 부른다.

피그말리온 효과에 대한 연구는 심리학과 교육학에서 먼저 시작되었다. 선생님으로부터 학습 능력이 낮다고 인정받은 집단과 학습 능력이 뛰어나다고 인정받은 집단 간의 비교에서 학습 능력이 뛰어나다고 인정받은 집단의 학습 성과가 실제로 훨씬 크다는 사실이 발견되었던 것이다.

오늘날 각 기업들은 인재의 중요성을 깨닫고 유능한 핵심 인재를 확보하기 위해 치열한 경쟁을 벌이고 있다. 유능한 인재를 발굴하여 채용하는 것도 중요하지만, 이에 못지않게 사람이 갖고 있는 잠재 능력을 제대로 발휘할 수 있도록 돕는 것 역시 중요하다. 이러한 측면에서 최근 주목받고 있는 개념이 피그말리온 효과(Pygmalion Effect)이다.

이러한 결과는 기업에서 팀 리더와 팀원 간의 관계 속에서도 똑같이 적용될 수 있다. 팀원에 대한 팀 리더의 긍정적인 기대가 팀원의 성과와 태도에 영향을 미치고 결국 생산성의 증가에까지 이어진다는 것이다. Dow Chemical은 자사의 임원 육성 프로그램 (Executive Education Program)을 통해 피그말리온 효과를 체험한 경우이다. 리더로부터 이 프로그램에 참여하도록 권유받은 팀원은 그렇지 못한 팀원에 비해 훨씬 높은 성과를 나타내었다. 이것은 본 인이 미래의 임원으로 성장할 수 있는 가능성을 리더로부터 인정 받았다는 사실이 개인으로 하여금 목표 달성을 위한 동기를 부여 하고 성과 향상에 기여하였음을 보여주는 사례이다.

'**피그말리온 효과**'란 기대감을 갖고 사람을 대하게 되면 상대방 의 말과 행동에 변화가 생긴다는 불가사의한 마음의 작용이다. 그 리스 신화에 나오는 '피그말리온'이라는 조각을 잘하는 왕(王)은 상 아에 여성상을 조각한 다음, 이 여성상을 살아 있는 현실의 여인으 로 변하게 하고 싶다고 강렬하게 원했는데 이 왕의 진지하고 강렬 한 믿음에 감동을 받은 여신 '아프로디테'가 그 조각에 생명을 불 어넣어 왕의 소원을 들어 주었다는 내용이다.

멘토링 활동에서도 멘토(Mentor)가 '피그말리온'처럼 마음속에 강렬하게 기대하고 있으면 멘제(Menger), 즉 상대방이 그 기대에 부응해 주는 현상을 '피그말리온 효과'라고 부른다.

– 오늘날 현실에 적용은?

자료 1. 엘리자(Eliza) 이야기와 피그말리온 효과

조지 버나드쇼(George Bernard Shaw)의 희곡 "피그말리온(Pygmalion)" 에서 넝마를 걸친 런던 토박이 소녀 엘리자는 음성학자인 히긴스 교수의 관심을 끌게 된다. 히긴스는 자신이 돌볼 경우, 엘리자가 영국귀족영어를 완벽하게 구사하는 숙녀로 변할 수 있음을 증명해

보이려고 그를 맞게 된다. 멘토로서 히긴스는 결국 그의 꿈을 넘어서 성공을 거두고, 그 과정에서 멘제인 엘리자와 자기 자신마저 변화시키게 된다. 바로 우리가 잘 알고 있는 영화 "마이 페어 레디(My Fair Lady)"가 그것이다.

오늘날 산업계의 가장 큰 도전은 가장 가치 있는 자원인 구성원들을 충분히 개발하지 못하고 충분히 이용하지 못하고 또한 효과적으로 관리하지 못하는 상황을 바로잡는 것이다. 그것뿐만이 아니다. 히긴스 교수는 "인재들이 완전히 개발된 상태로 조직에 합류하는 일은 거의 없다."라고 말했다. 사람들은 상당한 잠재력을 가지고 있다. 제대로 영양분을 공급받고 적절한 훈련을 받아야 잠재력을 충분히 발휘할 수 있는 것이다. 이런 점에서 히긴스 교수는 넝마주이 엘리자를 귀부인으로 개발하는 데 '멘토링의 놀라운 힘'을 시범으로 보여주었던 것이다.

자료 2. 에밀리(Emily) 이야기와 피그말리온 효과

엘리자와는 반대로 에밀리는 영어와 종교학을 복수 전공하여 대학을 우등으로 졸업했다. 그러나 졸업 후 거친 세계에 들어갈 준비가 전혀 되어 있지 않다는 점에서는 엘리자와 마찬가지였다. 졸업 후 그는 기술 컨설팅 회사에 입사했으나 아무도 그녀의 잠재력을 확장할 수 있는 기회를 주지 아니했다. 에밀리는 현재의 직무에서 더 이상 개인적인 도전이나 발전의 기회를 찾을 수 없다는 것을 알고 핫잡닷컴(Hotjobs.com)으로 자리를 옮겼다.

그녀는 나중에 회사의 대변인이 되었으며 컴텍스 컴퓨터 회사로부터 소프트웨어 부문의 영예로운 상을 수상하기도 했다. 다음에

그녀는 제품관리부문의 부사장이 되었다. 개인적 재능과 노력에 의해 에밀리는 성공할 수 있었다. 그러나 성공에는 또 다른 요소의 도움이 있었다. 그녀는 전(前) 최고경영자인 리처드 존슨(Richard Johnson)으로부터 받은 개인적인 격려와 가르침이 없었다면 그렇게 빨리 성공할 수 없었을 것이라고 인정했다.

멘제인 에밀리는 말했다. "내가 처한 상황에서 나는 20년의 경력을 쌓은 멘토인 리처드 존슨처럼 행동할 수 있을 것으로 많은 사람이 기대했다. 나는 마치 멘토의 20년의 경력을 단 2년에 농축하여 경험한 것 같은 느낌이 듭니다." 그렇다. 멘제인 에밀리가 멘토인 존슨으로부터 10배의 놀라운 속도로 경력업무를 숙달한 것은 바로 멘토링의 놀라운 힘을 그대로 보여준 것이다.

2. Pygmalion의 기대와 칭찬기술 프로그램

멘토제도(Mentor Program)는 기업체, 학교, 교회, 군대, 공공기관 등 모든 조직의 구성원들에게 폭넓게 적용할 수 있다고 생각한다. 이런 조직에는 효과적이다, 저런 조직에는 효과적이지 않다고 할 만한 것이 별로 없다는 것을 경험에 비추어 판단할 수 있다. 다만 멘토제도를 일회성 교육 이벤트식으로 도입하여 그 후 제대로 프로그램을 유지하느냐 못 하느냐에 따라 성패가 좌우된다는 것을 알아야 한다.

그러므로 멘토는 멘제에 관하여 날마다 관심을 갖고 준비된 적절한 프로그램을 적용하는 것이 무엇보다도 중요하다는 것은 두말할 필요도 없다.

특별히 피그말리온 게임은 멘토/멘제가 도입 교육 후 일정 기간이 지나면 열이 식어질 가능성을 염두에 두고 활동 촉진 프로그램으로 개발한 것으로 멘토가 멘제에게 기대감과 칭찬 서비스를 제공하여 멘제의 자존감을 높여 줌으로 멘토링 활동 기간에 계속해서 인간관계 활성화와 담당업무촉진에 크게 기여하는 데 목적이 있는 것이다.

오늘날 조직의 관리자들의 스트레스는 실적은 오르지 않고, 부하직원은 말을 듣지 않고, 그렇다 보니 상사로부터 꾸중을 듣게 되어 어려운 경우에 처하게 된다. 관리자 멘토에게 자신이 담당하고 있는 멘제나 또한 부하직원에게 아래 내용의 구체적이고도 체계적인 칭찬기술 프로그램인 피그말리온 게임을 통해 새로운 분위기를 시도해 볼 기회를 찾기 바란다.

3. 인간 행동유형의 원리

우리 속담에 "한마디 말로 천 냥 빚을 갚는다."라는 말이 있다. 그 말 중에는 아마도 칭찬이라는 단어도 포함되지 않을까 생각해 본다. 칭찬은 자식에게 물려줄 수 있는 최고의 유산이다. 칭찬은 사랑보다 강한 에너지이다. 그럴수록 칭찬은 사람에게 맞게 쓸 줄 알아야 한다.

서양란은 물을 자주 주지 않으면 죽는다. 반면 동양란은 물을 자주 주면 죽는다. 사람 중에도 서양란이 있고 동양란이 있다. 무턱

대고 칭찬만 한다고 좋은 것은 아니다. 마찬가지로 다양한 활동 유형을 가지고 있는 조직 구성원들의 각자 활동 유형에 따라 칭찬하는 법을 달리해서 유형에 맞게 칭찬한다면 보약과 같은 것이다. 그러면 4가지 활동유형에 따른 칭찬법을 아래 내용으로 소개하고자 한다. 참여하는 모든 사람에게 의욕과 열정을 불러일으키는 계기가 되었으면 한다.

- 봄형(SP) — 행동유형 — 성취욕이 강하므로 목표를 달성한 순간 바로 칭찬하라.
- 여름형(SU) — 자발유형 — 작은 성과에도 감탄사를 붙여서 아낌없이 칭찬하라.
- 가을형(AU) — 협력유형 — 아무리 사소한 일이라도 중요한 역할을 했다고 칭찬하라.
- 겨울형(WI) — 성실유형 — 구체적인 내용을 짚어서 칭찬하면 2배로 효과가 있다.

멘토링 도입교육에서 멘토/멘제는 성격개발게임(Lynchpin Game)을 통하여 타고난 성격유형(Personal Type)으로 주도형, 섭외형, 관리형, 분석형 등 4가지 유형으로 구분하였다.

금번 칭찬기술에서는 개인의 사고의 패턴과 외부세계에 반응하는 방식, 즉 활동유형(Activity Type)에 따라 봄형, 여름형, 가을형, 겨울형으로 구분하여 설명하고 유형에 맞게 칭찬법을 제시해 보고자 한다.

1) 봄형(활동형)

봄형은 야심만만한 활동파로 자신이 생각하는 대로 일을 진행하는 것을 좋아한다. 과정보다는 결과를 중시하고 위험을 두려워하지 않으며 목표 달성을 위해 매진한다. 결단력이 있고 표현 방법도 단도직입적이다. 진행속도가 빠르고, 자신의 속도에 상대를 맞추려 한다. 자신의 나약한 모습을 타인에게 내비치는 일이 거의 없고, 감정을 표현하는 데도 서툴다. 타인의 지시에 따르는 것을 무엇보다도 싫어하고, 사람을 통제하려고 한다. 반면, 의리나 인정은 매우 두텁고, 다른 사람을 의지해 오면 거절하지 못하는 점도 있다.

좀 더 이해하기 쉽게 전형적인 봄형을 묘사하면, 상대의 얘기가 조금이라도 길어지면 불만스러운 감정이 얼굴에 드러나며 맞장구가 빨라지고 서두르는 경향을 보인다. 질문에도 쓸데없는 에너지 소비를 줄이기 위해 무척 짧게 대답한다. 자세한 설명을 요구해도 꼭 필요한 최소한의 얘기밖에 하지 않는다. 반면, 질문의 내용과 상관없이 자기가 얘기를 시작하면 성이 찰 때까지 달변을 늘어놓기도 한다. 인사치례를 하거나 애교 띤 웃음 짓는 일은 거의 없고, 다소 거리감이 느껴지는 빈틈없는 표정을 짓고 있는 경우가 많다.

2) 여름형(자발형)

여름형은 자신의 독창적인 아이디어를 소중히 여기고, 타인과 활동성 있는 일을 함께 즐기는 것을 좋아한다. 맺고 끊는 것이 확실하고, 또 능숙하기도 하다. 매사에 자발적이고 에너지가 넘치며, 호기심도 강하고 즐거운 인생을 꿈꾸고 지향하기 때문에 사람들이 대부분 그를 좋아한다. 새로운 일을 시작하는 것은 잘하지만, 중장기 계획을 세우거나 계획대로 진행하는 데는 서툴다. 타인과 관계에서는 감정 표현이 풍부하고 말할 때 몸짓이나 손짓이 큰 것이 특징이다. 전형적인 여름형은 말을 잘한다. 이야기 전개가 매우 빨라, 어떤 한 가지 일에 대해 얘기하고 있는가 하면 어느새 다음 화제로 옮겨가 있기도 하다. 몸짓과 손짓이 크고 의성어와 의태어, 그리고 '진한 감동이 느껴지는', '단번에 가자!'라는 표현을 자주 쓴다. 기분을 항상 솔직하게 표현하며, 표정이 무척 풍부하다. 가만히 꼼짝않고 있는 일이 거의 없고, 언제나 여러 사람에게 말을 걸거나 여기저기 돌아다닌다. 모임에서는 화제를 이끌어 나가는 중심에 있는 경우가 많다.

3) 가을형(협력형)

가을형은 타인을 돕는 것을 좋아하고 협력관계를 소중히 여긴다. 주위 사람의 기분에 민감하고, 배려도 잘한다. 일반적으로 사람을 좋아한다. 자기 자신의 감정은 억제하는 편이고, '노(No)'라는 말을 가능한 피하는 경향이 있다. 자신이 내놓는 제안이나 요구에 대해 소극적이다. 또한 사람들로부터 인정받고 싶다는 욕구가 강한 것이 특징이다.

전형적인 가을형은 이른바 '착한 사람'으로, 상대가 하는 말에 빈번하게 맞장구를 치면서 귀를 기울인다. 질문을 던져도 엉뚱한 답변을 한다거나 자기 방어를 위해 대답을 최소한으로 줄이지는 않는다. 상대가 의도한 대답을 들려주려고 애쓴다. 얘기하기에 앞서 '전에 들은 적이 있을지도 모르지만'이라는 서두를 붙이는 경우가 많고, 얘기한 다음 상대의 기대에 부합하는 대답을 했는지 확인하는 경향이 있다. 함께 있으면 상대가 기분 좋게 시간을 보낼 수 있도록 무척 신경을 쓴다.

4) 겨울형(성실형)

겨울형은 행동하기 전에 많은 정보를 모으고, 분석하고, 계획을 세운다. 일을 객관적으로 처리하는 능력이 뛰어나고, 매사에 성실한 모습을 보인다. 또 완벽주의자여서 실수를 싫어한다. 반면 변화에는 약하고 행동은 신중하다. 사람과의 관계도 신중하고, 감정을 겉으로 드러내는 일이 거의 없다. 조언자나 해설자와 같은 '방관자'가 되기 싶다.

전형적인 겨울형은 말할 때 신중하게 단어를 선택한다. 봄형처럼 생각에 앞서 먼저 입을 여는 일이 없고, 생각을 잘 모으고 정리하여 결론을 이끌어 낸다. 게다가 질문을 받으면 그 자리에서 바로 대답하지 않기 때문에 다소 반응이 더딘 편이다. "글쎄요", "그런가요?" 등 시간을 벌기 위한 말을 많이 한다. 감정 표현도 "너무 기뻐!"와 같이 직접적인 것이 아니라 "그때는 꽤 기쁘다고 느꼈지요."처럼 객관적인 표현을 주로 사용한다. 차분히 생각하는 경우가 많아 대개 표정은 차갑고 때로는 의식이 깨어 있는 사람으로도 보이기도 한다.

이상으로 네 가지 인간형에 대해 알아보았다. 그런데 예를 들어 어떤 사람이 봄형이라고 해서 그 사람이 활동의 면모만 갖고 있다고는 말할 수 없다. 당연히 다른 유형의 요소도 겸해서 갖추고 있다. 그러나 네 유형의 특징을 편중됨 없이 골고루 갖추기는 힘들다. 사람에 따라 비교적 경향이 두드러지는 유형이 한두 개 정도는 있는 것 같다.

4. 인간의 활동 유형 구분법

여기, 자신이 어떤 인간형에 속하는지 판단할 수 있는 간단한 테스트를 준비했다. 멘토/멘제나 가족 또는 가까운 사람을 머릿속에 떠올려 진단해 보는 것도 좋을 듯싶다. 아래 유형은 완전하지 않지만 20항목이다. 어느 정도 경향을 살필 수 있을 것이다.

평소에 당신의 인간관계나 사고방식 및 현장 활동을 떠올리면서 아래 항목을 읽고 해당되는 숫자에 O표를 하라. 직장을 비롯해 생활상에서 드러나는 역할을 조금 벗어나, 본래의 자신은 어떠한가에 초점을 맞추어서 판단하라.

▲1 = 딱 들어맞는다　　　　▲2 = 들어맞는다

▲3 = 별로 해당되지 않는다　　　▲4 = 해당되지 않는다

NO	인간 유형 설문 항목	설문 진단 점수			
		1	2	3	4
1	자기주장을 하는 데 서툴다고 생각한다.				
2	평소 미래에 대한 열정을 갖고 있는 편이다.				
3	타인을 위해 한 일에 대해 고맙다는 인사를 받지 못하면 불쾌하게 생각하는 경우가 자주 있다.				
4	싫은 것은 싫다고 분명하게 말할 수 있다.				
5	타인에게는 좀처럼 경계를 풀지 않는다.				
6	타인에게 유쾌한 사람이라는 말을 곧잘 듣는다				
7	짧은 시간에 가능한 많은 것을 하려고 한다.				
8	실패하고 다시 훌훌 털고 일어나는 것이 빠르다.				
9	타인의 부탁을 여간해서는 거절하지 못한다.				
10	많은 정보를 검토하고서 결단을 내린다.				
11	타인의 얘기를 듣기보다는 자신이 얘기하는 경우가 많다.				
12	낯가림을 하는 편이다.				
13	남과 자신을 자주 비교한다.				

NO	인간 유형 설문 항목	설문 진단 점수			
		1	2	3	4
14	변화에 대처하는 적응력이 뛰어나다.				
15	감정을 표현하는 데 서툴다				
16	상대의 기분이 어떻든 다른 사람을 잘 돌보는 편이다.				
17	생각한 바를 직접적으로 말한다.				
18	일의 성과에 대해 사람들에게 인정받고 싶다.				
19	경쟁심이 강하다.				
20	무엇이든지 완벽하지 않으면 성이 차지 않는다.				

■ 진단방법

1. 20개 항목에 자신의 점수를 표시했으면, 각 인간형에 대한 항목의 점수를 각각 더한다. 각 인간형에 해당하는 항목은 아래와 같다.

봄 형	4	7	17	19	20	합계
여름형	2	6	8	11	14	합계
가을형	3	9	13	16	18	합계
겨울형	1	5	10.	12	15	합계

2. 자신의 인간 유형 점수

계산방법 (3) = (1) − (2)

인간유형	(1) 설문진단 점수합계	(2)기준점수	(3) 차감 내 점수
내 봄형 점수			
내 여름형 점수			
내 가을형 점수			
내 겨울형 점수			

3. 진단 결과

　2의 (3)에서 얻은 각각의 점수를 다음 그래프에 0표로 표시하라. 그래프에서 가장 수치가 높은 것(＋쪽이나, －쪽이나 관계없이 높은 수치)이 비교적 강하게 두드러지는 그 사람의 인간형이라고 할 수 있다.

유형	-6	-5	-4	-3	-2	-1	0	1	2	3	4	5	6
봄형													
여름													
가을													
겨울													

* 이 테스트는 어디까지나 경향을 판단하기 위한 것이지 각 항목의 점수가 우열을 가리기 위한 용도는 아니다.

5. Pygmalion 칭찬의 기술

1) 봄형(SP) 멘제 칭찬하기

　다음 대화의 예를 살펴보자. 그리고 무엇이 문제인가 살펴보도록 하겠다.

　멘토: 최근 영업 활동을 아주 열심히 하고 있다는 평판이 돌더군.

　멘제: 고맙습니다.

　멘토: 자네는 프레젠테이션 능력도 선천적으로 타고났어.

　멘제: 네?

　멘토: 자네 후배도 자네가 함께 있으면 안심하지 않나?

　멘제: 뭐, 꼭 그렇지도 않습니다.

　멘토: 아냐, 자네만 있으면 모든 공모전은 휩쓸게 될 거라고 생

각하던걸.

멘제: 글쎄요, 그렇지도 않은 것 같습니다만.

멘토: 어쨌든 앞으로 열심히 해 주게. 기대하겠네.

〈봄형 멘제에게는 그가 속한 팀 전체를 칭찬하라〉

멘토는 멘제에게 칭찬을 해 줌으로써 동기부여를 하려 한다. 그러나 이런 과잉칭찬은 봄형에게는 좀처럼 먹혀들지 않는다. 전형적인 봄형은 무엇보다도 '주도당하고 싶지 않는다'는 경향이 강하다. 그래서 상대가 지나친 인사치례로 들릴 만한 표현을 사용하면, 일단 칭찬해서 기분을 띄워 놓은 다음 자기 뜻대로 유도하려는 것이 아닐까. 다시 말해 조정하려는 것이 아닐까 하고 그 저의를 읽어내려 애쓴다. 따라서 너무 지나치게 칭찬은 봄형에게는 별로 효과적인 칭찬기술로 볼 수 없다. 그럼, 어떻게 하면 효과적으로 봄형을 칭찬할 수 있을까?

우선 그 사람 개인이 아니라 그가 속해 있는 팀에 일하는 모습이나 분위기에 대해 칭찬하는 것이 좋다. "자네 팀의 K 씨는 요즘 실적이 꽤 좋더군." 혹은 "자네 팀은 일에 대한 열정이 다른 팀보다 훨씬 뛰어나더군."처럼 말이다. 이런 칭찬은 봄형의 내면에 생길 수 있는 '조정당한다'는 느낌을 일시에 날려준다. 특히 봄형의 멘제가 팀 리더라면 리더의 역량을 인정받고 싶은 마음이 강하기 때문에 그러한 칭찬으로도 가능하다고 볼 수 있다.

〈강한 성취욕을 가진 봄형 멘제는 목표 달성 순간에 자연스럽게 칭찬하라〉

멘제의 출신학교에 대해 칭찬해도 좋고, 담당하고 있는 고객에 대해 칭찬해도 좋고, 가족에 관해 언급해도 좋다. 그 사람 자신이 아닌 그 주변을 대상으로 칭찬 공세를 펼쳐 보도록 하자. 이것이 우선 하나의 방법이다.

만약 그 사람 개인의 성과에 대해 인정해 주고 싶다면, 그 사람이 어디까지 가겠다고 설정한 그 목표를 달성한 순간 과장하지 말고 중립적인 입장에서 "잘했네." 하고 칭찬하는 것이 효과적이다.

강한 성취욕을 타고난 봄형에게 업무 도중에 '대단하다'고 말하면 "이 사람은 잘 모르는군. 그게 나의 최종 목표가 아니라는 걸" 하며 반발을 초래할 수 있다. '달성한 순간에 딱 맞춰서 자연스럽게!' 이것이 그에게 잘 먹히는 칭찬 기술이다.

〈봄형 인간에게는 단호하고 정직하게 껄끄러운 말을 해 보라〉

그리고 마지막으로 하나 더 말하자면 단도직입적으로 '껄끄러운 문제'를 전달하는 것이 봄형에게는 놀라울 만큼 효과적인 반응을 유도할 수 있는 기술이기도 하다. 그러한 상황이 전개될 때 일반적으로 봄형 멘제는 "봄형 인간은 타인을 별로 믿지 않아요. 항상 상황을 주도하고 싶어 하기 때문에, 과격한 표현을 빌리자면 타인의 배신에 매우 민감하죠. 그런 사람에게 말하기 껄끄러운 상황을 무릅쓰고, 게다가 들으면 얼굴 굳힐 게 뻔한 부정적인 사항을 솔직히 지적해 주는 거잖아요. 그러면 봄형은 '이렇게까지 나를 염려해 주고 있구나' 하고 생각하게 되죠. 진심으로 나를 염려해 주고 있다고."

어떤가? 주변에 가까이 다가가기 힘든 분위기를 자아내는 멘제가 있는가? 그러한 사람에게 단호하고 정직하게 '쓴소리'를 전달해 보는 것은 어떨까? 물론 '당신을 돕고 싶다'는 마음을 담아서 말이다.

2) 여름형(SU) 멘제 칭찬하기

봄형과는 달리 칭찬을 들으면 들을수록 기분이 상승하는 것이 여름형이다. 그들은 칭찬을 받더라도 상대가 무슨 생각을 하고 있는지 알아내려는 경향은 보이지 않는다. 다른 사람이라면 그저 인사치레려니 하며 잠시 저항감을 가질 만한 칭찬도 아무런 문제가 되지 않는다. 여름형은 대부분 칭찬을 순수하게 받아들인다.

여름형의 에너지원은 뭐니 뭐니 해도 자신을 향한 주위의 '관심'이다. 어떤 표현이든 상관없다. 스포트라이트를 받으면 그것으로 '만사 OK'이기 때문이다. 극단적인 표현을 빌려 "한 덩치 하는군!"이라고 풍채를 칭찬해도 "그런가?" 하며 웃음을 터뜨리는 것이 여름형이다. 멘토링 데이 때 멘토/멘제로 참가자들은 네 가지 유형으로 나눠 토론을 하면 효과적일 것이다. 주제는 '동기부여가 잘될 때와 그렇지 않을 때' 등으로 정하면 좋다. 여름형 팀에게 이 테마를 발표하게 한 다음, 서로가 여름형이 좋아할 만한 포인트를 몇 가지 지적해 주면 더욱 토론의 열기가 더해 갈 것이다.

〈여름형은 보통 순수하므로 감탄사를 붙여서 아낌없이 칭찬하라〉

여름형에게 동기부여를 하려면 매일 한 가지라도 좋으니 감탄사를 붙여서 칭찬해야 한다. 이유는 없어도 된다. 어쨌든 칭찬을 아끼지 마라. 월요일에는 "대단하네!" 화요일에는 "천재구만!" 수요일에는 "최고야, 최고!" 목요일에는 "자네밖에 없네!" 금요일에는 "자네뿐이야!" 하라. 주말에도 "자네한테 완전히 위임할 테니 맘대로 펼쳐봐!"라는 메일을 보내라. 이렇게 하면 여름형 동기부여는 절대 저하되지 않는다.

특별히 누군가의 이름을 거론해 "천재야!"라고 말한 것도 아닌
데. 여름팀은 일반적으로 그러하다는 얘기를 하고 있음에도 불구하
고, 전원이 마치 자신에 관해 언급한 듯 싱글벙글 좋아한다. 그만
큼 이런 표현에 '약하다'는 것이다. 반면 겨울형은 '대체 뭐가 좋은
거야. 그런 소리가.'라는 듯한 냉담한 표정을 바꾸지 않는다.

반복하는 말이지만, 여름형에게는 아무튼 칭찬을 하자. 관심을
보이자. 가령 칭찬할 만한 점을 발견하지 못했다 해도 우선은 덩치
라도 칭찬해 주자. 이 말은 뒤집어 말하면 여름형은 자신의 존재를
부정당하는 것에 약하다는 뜻이 된다.

**〈여름형은 이상적인 자기 이미지를 갖고 있으므로 부정적인 메
시지는 전달하지 않는 것이 좋다〉**

여름형은 이상화된 자기 DLL지를 분명히 갖고 있는 사람이 많기
때문에, 특히 스스로 잘될 것으로 생각한 아이디어를 부정당하면,
그것을 계기로 분발하기보다 오히려 움츠러들어 행동이 정체되는
경우가 많다. 따라서 가능하면 부정적인 메시지는 전하지 않는 것
이 좋다. 상대의 방식에서 뭔가 하나라도 긍정적인 부분을 찾아내
고, 그것을 더욱 잘 살리려면 이렇게 하는 게 좋지 않을까 하는 제
안을 평소에 해야 한다. 그것이 여름형에게 조언할 때의 철칙이다.
여름형에게는 '속는 셈 치고 단 일주일이라도 좋으니까 칭찬해 보
라' 그러면 일주일 뒤, 놀랍게도 바뀔 것이다.

3) 가을형(AU) 멘제 칭찬하기

가을형 멘제에게는 현재 하고 있는 일에 대하여 인정해 주는 것

이 효과적이다. 이 유형은 무의식중에 자신이 쏟은 애정에 대해 상대의 보답을 바라는 경향이 있다. 상대가 그것을 평가해 주지 않으면 노여움으로 바뀌어 과격하게 공격하는 경우도 있다.

그리고 가을형은 주위의 기대에 부응하려고 꾸준히 노력하지만, 그 노력을 인정받기를 바란다는 강한 메시지는 좀처럼 보내지 않는다. 그렇지만 사실은 상대가 그 노력을 평가해 주는지 어떤지 호시탐탐 관찰하고 있으며, 만약 상대가 그 노력을 가볍게 취급하면 큰일이 벌어지기도 한다.

현실적으로 살펴보더라도 봄형 경향이 강한 정치지도자들, 또한 기업, 학교, 교회, 군대, 공공기관 등 조직의 CEO들이 가을형 경향이 강한 측근이나 가신, 참모나 임원들을 제대로 칭찬하지 못해서 그 조직이 문제가 생기고 급기야는 와해가 되는 상황이 자주 일어나는 것을 볼 수 있다.

〈가을형 인간은 자신이 쏟은 노력을 상대방이 인정해 주기를 무의식적으로 기대한다〉

기업체에서 갑자기 사표를 던지는 사원 중에는 가을형이 압도적으로 많은 것을 볼 수 있다. 이는 스트레스를 누르다가 더 이상 쌓아 둘 수 없어 어느 날 갑자기 돌변해 버리는 것이다.

봄형에는 그런 일이 별로 없다고 한다. 불평이나 불만이 있으면 평소에 비교적 기탄없이 말하기 때문이다. 조직에서 가을형의 측근들이 어느 날 갑자기 그만두겠다는 얘기를 꺼내 어찌할 바를 모르고 당황하는 경영자들을 지금까지 많이 보았다.

가을형은 '시험하지 말라'고 말하고 싶다. 가을형에게 일을 주면 아무리 사소한 것이라도 "정말 도움이 됐다, 고맙다." 하고 칭찬해야 한다. 다른 사람의 기대에 부응하고, 협력하고 싶다고 생각하는 가을형에게는 될 수 있는 한 감정을 말로 표현해 주어야 한다. 도와주어서 고맙다고, 기쁘다고, 정말로 도움이 되었다고 빈번하게 메시지를 전하는 것이다.

가을형은 자신이 받는 칭찬이 적어지면 다른 타입보다 훨씬 내면의 불안감이 커진다. 멘제가 혹시 마음속에 불만이 쌓이고 있지 않은가? 그 원인이 적절한 칭찬이 뒤따르지 못한 원인이 아닌가? 멘토는 유심히 관찰해 볼 필요가 있다.

4) 겨울형(WI) 멘제 칭찬하기

혹시 주위에 이런 사람은 겨울형이다 싶은 사람이 없는가? 있다면 그 사람에게 지금까지 시도해서 좋은 결과를 낳는 칭찬기술은 어떤 것이 있는가? 여러 가지 시도해 봤지만 좋은 결과를 얻지 못한 사람도 많을 것이다. 겨울형을 칭찬하려면 다른 어떤 타입보다 관찰이 필요하다.

겨울형은 여름형에게 하듯 '불쑥' 칭찬해서는 거의 효과가 없다. 그런 말을 하는 근거가 무엇인지 살피는 듯한 표정을 짓는 경우가 많다. 굳이 칭찬이라는 형태를 빌리고 싶다면 구체적으로 어떤 부분이 좋았는지 명확하게 짚어 주어야 한다. 그래야 상대는 비로소 칭찬을 받았다고 생각한다. 스포트라이트를 필요로 하는 여름형과 달리, 겨울형에게 필요한 것은 자신의 '전문성에 대한 인정'이다. 그래서 조금 까다롭게 느껴질지도 모른다.

〈겨울형을 칭찬할 때는 구체적으로 어떤 점이 좋은지 지적하라〉

예를 들어 프레젠테이션을 하러 멘제와 함께 거래처를 방문했다고 하자. 그때 멘제가 프레젠테이션을 무척 잘했다고 하자. 만약 그가 여름형이라고 하면 "오늘 정말 대단했어! 자넨 천재야!"라고 칭찬하는 것만으로 충분히 칭찬기술의 효과를 볼 수 있다. 그러나 그 멘제가 겨울형인 경우는 이런 칭찬 방법이 오히려 의구심을 부르기도 한다. '내 프레젠테이션에 대해 이해는 하고 있는 걸까?' 하고 말이다. 따라서 어디가 좋았는지, 왜 좋았는지를 가능한 구체적으로 전달해야 하는 것이다.

"오늘 프레젠테이션이 좋았어. 특히 다른 회사와 비교한 사례는 눈길을 끌더군. 듣고 있자니 무척 이해하기 쉽게 설명하더라고. 파워포인트 사용도 잘했고. 속도감도 있어서 좋았어." 이렇게 전달해야 비로소 그 멘제는 인정받았다고 생각한다.

겨울형에 대한 칭찬기술에서 또 하나 중요한 것은 상대의 속도감을 존중하는 것이다. 자신의 페이스를 인정받았다는 사실이 그에게는 무척 큰 자부심으로 느껴지게 된다. 다음의 사례를 참고하라.

관리자 멘토십 연수과정에 참석한 한 과장 멘토의 말을 빌리면 "겨울형 멘제가 있는데 지금까지 면담을 해 봐도 별로 얘기를 하지 않았어요. 질문을 해도 시큰둥할 뿐이니. 그만 조바심이 나서 제가 먼저 결론을 내버리곤 했죠. 하지만 이번 면담에서는 지난번 연수에서 배운 칭찬기술을 실천해 봤습니다. '가을형에게는 생각할 시간을 주는 게 좋다'는 명제를 적용해 봤죠. 사전에 구체적으로 이러이러한 것에 대해 듣고 싶다는 포인트를 적어 메일로 보냈어요. 그랬더니 그날로 A4 용지 가득 나름대로 생각을 정리해서 주더군요. 게다가 지금까지와는 달리 그 뒤로 많은 얘기를 해 주었습니다."

〈겨울형은 업무에 대해 스스로 생각할 시간을 주어라〉

겨울형은 어차피 할 거라면 자신의 생각을 가능한 정확히 정리해서 얘기하고 싶어 하는 경향이 있다. 그렇기 때문에 출력에 다소 시간이 걸린다. 이 시간을 배려해 주면 겨울형은 자신이 존중받고 있다고 생각한다.

상대의 페이스를 존중해 주고, 때로는 그의 전문성에 대해 제대로 가치 인정을 해 준다. 이것이 냉랭한 겨울형의 기분을 파악하기 위해 빼놓을 수 없는 인정과 칭찬기술이다.

6. Pygmalion Game Workshop

[진행요령]

1. 먼저 멘토 중심의 봄, 여름, 가을, 겨울형 팀별로 자리하고 팀장이 주관한다.

2. 멘토 / 멘제가 그동안 활동 기간에 겪었던 것을 참고로 개인별로 상호 간 칭찬소재 아이디어개발 브레인스토밍을 한다. 여기에서 아이디어 힌트는 Stargame 50개 설문도구를 참고로 하며 기타 칭찬 소재개발에 대한 내용과 수량 제한이 없다고 생각하자.

3. 시간은 지도강사로부터 배정받은 시간 내에 하도록 한다.

4. 위의 개인별 도표에 의하여 아이디어를 팀장이 중복을 제하고 집계한다.

5. 팀별로 선수 한 명씩 출전하여 릴레이식 칭찬아이디어를 발표

한다.

6. 지도강사는 가장 많이 개발한 팀 순서대로 1, 2, 3, 4 등 발표
   한다.

7. 지도강사는 최종으로 4개 팀에서 개발한 칭찬 아이디어를 종
   합하여 멘토/멘제에 제공하고 활동 촉진 자료로 활용할 수 있
   도록 한다.

◀ 개인별 아이디어 작성표

칭찬소재NO	성명: 멘제( ) 멘토( )
1	
2	
3	
4	
5	
6	
7	
8	
9	
10	

◀ 팀별 집계표

봄( ) 여름( ) 가을( ) 겨울( )	팀장:
1	6
2	7
3	8
4	9
5	10

게임 5.

생애개발 게임(Life Plan Game)

인간으로 태어나 꿈과 마음으로부터 진실로 뜻한 바를 이루기 위해 자신에게 주어진 인생 영역을 시대와 환경에 맞게 새롭게 설정하고 이의 실현을 위하여 멘토(Mentor)와 구체적 계획을 세워 인생 목표를 성취하기 위한 멘제 스스로를 동기 부여시켜 주는 프로그램이다.

1. 생애 설계 개요

당신의 강한 신념이 기적을 낳는다.

당신 마음속에 지금까지 상상도 하지 못했던 훌륭한 것을 현실의 것으로 만들어 주는 한 알의 씨앗이 잠자고 있다. 뛰어난 바이올린 연주자가 바이올린 현에서 훌륭한 명곡을 이끌어 내는 것과

마찬가지로, 당신도 마음속에 잠자고 있는 훌륭한 재능을 끌어내
주기 바란다.

아브라함 링컨은 마흔 살이 넘을 때까지는 하는 일마다 실패의
연속이었다. 어디를 가나 누구도 상대해 주지 않는 존재였다. 그러
나 어느 사건이 계기가 되어 그는 마음속에서 잠자고만 있던 천재
적 재능이 눈을 떴다. 그리고 그는 세계적인 지도자가 되었다. 그
사건이란 슬픔과 애정에 얽힌 것으로 그가 진실로 사랑했던 앤래
트리지가 원인이었다.

사랑의 감정은 신념과 유사한 마음의 상태이다. 사랑도 신념과
마찬가지로 인간을 변화시키는 힘을 가지고 있다. 이것은 내가 대
성공을 거둔 수많은 사람을 조사하는 도중에 발견한 것인데, 위대
한 성공자 뒤에는 그를 사랑으로 굳게 지탱해 준 사람이 있었다는
사실이다. 좀 더 상세하게 신념의 힘을 알기 위해 '신념에 산 사람
들'을 알아보자.

우선 첫째로 들어야 할 대표적인 사람이 예수 그리스도이다. 누
가 어떠한 반론을 세운다 할지라고 그리스도교의 근본은 '신념'이
라는 것을 부정하지 못할 것이다. 그리스도의 가르침이나 위업은
기적이라고 말해 왔으나 기적은 신념 이외의 다른 아무것도 아니
다. 기적은 신념의 힘으로 일어나는 것이다.

또한 인도의 마하트마 간디는 어떤가? 그는 신념의 놀라운 가능
성을 마음으로부터 믿은 사람이다. 그에게는 한 벌의 옷을 살 돈도,
군함도, 그리고 한 사람의 병사도 없었으나, '신념'이라고 하는 위
대한 재산을 가지고 있었다. 그 신념의 힘이 2억 국민의 마음을 흔
들어 움직이게 하여, 한 사람의 마음처럼 한곳에 모았던 것이다.

도대체 신념 외에 이런 아슬아슬한 곡예를 수행할 힘이 달리 무엇이겠는가.

1) 자신감 있는 행동으로 생애 계획을 생활화하자

당신의 자신감도 자기훈련에 의해 기를 수 있다. 다음의 다섯 가지 공식을 암기하여 매일 복창하고 실천해 보자.

첫째, 나에게는 훌륭한 인생을 구축할 능력이 있다. 그래서 참고 기다린다. 나는 절대로 단념하지 않는다고 마음속에 다짐한다.

둘째, 무엇이든지 내가 마음속에서 강렬하게 소망하는 것은 반드시 언젠가는 실현될 것이라고 확신한다. 그래서 매일 30분간 내가 이루고 싶다고 생각하는 모습을 마음속에 생생하게 그려낸다.

셋째, 나는 자기암시의 위대한 힘을 알고 있다. 그래서 매일 10분간 정신을 통일하여 자신감을 기르기 위한 '자기암시'를 건다.

넷째, 나는 인생의 목표를 명확하게 종이에 쓴다. 다음은 한 걸음 한 걸음 자신감을 가지고 전진해 가는 일뿐이다.

다섯째, 나는 진리와 정의에 따라 행동하지 않고는 어떠한 성공도 결코 오래 지속되지 않는다는 사실을 알고 있다. 그래서 이기적인 목표는 세우지 않겠다. 성공은 다른 사람들의 협력에 의해 이루어지는 것이다. 그러므로 나는 우선 남을 위해 봉사한다. 사랑을 몸에 익히고 증오와 시기, 이기심이나 짓궂은 마음을 버린다.

이 자신감을 기르는 다섯 가지 공식은 누구나 다 실행할 수 있는 것이다. 절망을 원하는가, 행복을 원하는가. 결과는 당신이 소망하는 대로 이루어짐을 충분히 이해하고 있어야 한다. 지금까지 실패를 거듭하여 가난과 절망과 비참함에 시달려 온 사람들은, 실은 자신도 모르는 사이에 자기암시의 법칙을 잘못 사용하고 있었던 것이다.

2) 실행 가능한 목표를 만들자

목적에 대한 뚜렷한 인식이 있는 사람의 사전에는 불가능이란 말이 없다. 성공은 목표에 대한 뚜렷한 인식에서 출발한다. 이 세상의 모든 것은 자신이 설정한 목표에 근거해 실천하는 사람들의 것이다.

목적지와 그 목적지로 가는 길이 그려진 지도 한 장 없이 장거리 자동차 여행을 떠날 사람은 없다. 하지만 자신의 인생목표와 그 목표를 달성하기 위한 구체적인 계획을 갖고 삶을 살아가는 사람은 천 명 가운데 두 명 정도에 불과하다. 사회 요소요소에서 지도자가 되는 사람, 자신이 설계한 삶대로 커다란 성공을 거두는 사람은 바로 이런 사람이다. 이런 사람이 성공적인 인생을 살아가는 이유는 다른 사람에 비해 훨씬 많은 기회를 누리기 때문이 아니다. 단 한 번의 기회가 주어져도 그것을 달성할 목표와 계획을 명쾌하게 세우기 때문이다.

자신이 무엇을 바라는지 알고 있다면 그것을 반드시 이루겠다는 뚜렷한 신념이 있다면, 당신 역시 성공할 수 있다. 자신의 인생목표가 무엇인지 분명하지 못한 사람은 지금 당장 자신의 인생 목표가 무엇인지, 언제까지 그것을 달성하고 싶은지, 그것을 달성하려면 얼마나 강한 열정이 필요한지를 구체적으로 결정하여야 한다.

3) 인생목표를 달성하기 위한 네 가지 단계를 참고하라

(1) 자신이 가장 절실하게 원하는 것을 명확하게 적는다. 가장 절실하게 원하는 것은 그것을 달성했을 때 성공적인 인생을 살았다고 생각할 수 있는 것이어야 한다.

(2) 목표를 달성하기 위한 계획을 명확하게 적는다. 동시에 그 대가로 희생시켜야 할 것도 적는다.

(3) 목표를 달성하는 시기를 구체적으로 적는다.

(4) 자신이 적은 내용을 뇌리에 새긴 다음, 날마다 수시로 반복하여 되뇐다. 그리고 자신의 계획에 걸맞은 성과를 올릴 때마다 감사하는 마음을 갖는다.

위의 지침을 철저하게 따르는 사람은 자신의 모든 생활이 순식간에 바람직한 방향으로 바뀌는 것을 보고 놀랄 것이다. 그래서 성공의 길을 막는 장애물을 지혜롭게 뛰어넘어 전에는 꿈도 꾸지 못했던 좋은 기회를 연이어 잡을 수 있을 것이다. 또한 위에 제시한 지침이 얼마나 중요한가를 이해하지 못하는 사람의 입김에 흔들리지 않고, 자신의 길을 꾸준히 걸어갈 수 있을 것이다.

명심하라. '까닭도 없이 우연히 일어나는 일'은 없다. 누군가 그렇게 되도록 만들었기에 가능하다. 당신의 성공도 마찬가지다. 어떤 일에 성공하려면 그 일에 성공할 수 있다는 확신을 갖고 세밀한 계획을 세워 꾸준히 실천해야 한다.

월트 크라이슬러는 젊은 시절, 한 푼 두 푼 돈을 모아 자동차를 구입했다. 자동차를 자세히 알고 난 뒤에 그 분야에 뛰어들고 싶었던 것이다. 자동차를 분해하고 다시 조립하기를 수도 없이 되풀이

하는 그를 보고 주위에서는 머리가 돈 게 분명하다고 놀려댈 정도
였다. 하지만 그는 자신의 목적을 달성했고, 이 시대의 최고의 성
공인이 되었다. 크라이슬러의 성공사례는 밝은 희망을 준다. 학력
이 짧고 자본이 부족하다고 해서 인생의 목표를 크게 갖지 못한다
는 것은 변명에 불과하다.

퀴리 여사는 세계 최초로 라듐을 발견했다. 앨버트 아인슈타인은
원자가 분열하면서 엄청난 에너지를 발산한다는 사실을 발견했다.
그 당시에는 누구나 불가능하다고 고개를 가로젓던 일이다.

목표를 뚜렷하게 인식한 사람의 사전에는 불가능이란 단어가 없
다. 성공은 목표에 대한 뚜렷한 인식에서 출발한다. 목표를 설정하
는 데는 돈이 드는 것도, 어떤 대가를 지불해야 하는 것도 아니다.
당신을 비롯하여 어느 누구라도 마음만 먹으면 뚜렷한 목표를 설
정할 수 있다.

4) 목표를 설정할 창의력만 있으면 된다

이 세상의 모든 것은, 자신이 설정한 목표에서 눈을 떼지 않으면
서도 현재 서 있는 위치에 걸맞게 실천하는 사람들이 차지하게 되
어 있다. 자신이 무엇을 바라는지도 모르는 채 인생을 살아가는 사
람, 그래서 그것을 달성하려는 단호한 의지가 없는 사람, 성공한
사람들이 남겨놓은 부스러기나 받아먹고 살 수밖에 없다.

눈부시게 성공하려면 우선 목표를 세우고 그 목표를 달성하는
일에 전적으로 몰두해야 한다. 당신이 무엇을 원하는가를 생각하고
계획을 세워라, 당신이 원하지 않는 일에 한눈팔지 마라. 이제 당

신은 인생에 성공한 사람들이 어떤 원칙과 단계를 밟아 실천했는
지 낱낱이 알게 되었다.

5) 성공한 사람들의 7가지 공통점

성공한 사람들은 어떤 공통점을 가지고 있을까? 성공학 전문가들
은 오랫동안 이 질문의 답을 얻기 위해 노력해 왔다. 여러 분야에
서 다양한 형태로 성공한 사람이 존재하기 때문에 이 문제를 푸는
것은 결코 쉬운 일이 아니다. 그리고 많은 사람들은 성공한 사람의
정확한 성공요인이 아닌 엉뚱한 요인을 가지고 착각을 하는 오류
를 범하고 있다. 그동안 문헌조사나 인터뷰를 통해 얻어낸 성공한
사람들의 특성은 일반인의 상식과는 거리가 먼 것이었다. 특히 21
세기라는 새로운 환경은 새로운 성공요인을 필요로 하고 있다.

예를 들어 지능이 뛰어난 사람이 성공할 수 있는가? 그러나 지능
이 뛰어난 사람이 그 지능 때문에 오히려 범죄자가 된 경우도 있
다. 그렇다면 부모의 후광이 도움이 되는가? 그러나 실제는 자수성
가한 성공인이 더 많이 있다. 미국에서 성공한 사람들의 70%가량
이 자수성가형이라는 보도도 있었다. 그렇다면 성공한 사람들의 특
징은 무엇일까? 그것은 마음속의 성공인자를 에너지로 해서 좋은
행동과 좋은 습관을 가지고 꾸준히 실천하는 것이다. 우선 자신의
마음을 잘 다스리고 나아가 다른 사람의 마음까지 움직일 수 있는
사람, 이런 사람이 성공할 수 있다. 악착같이 일하고 악착같이 절
약하고 악착같이 경쟁자와 싸우는 사람이 성공할 것 같지만 이들
은 금방 무너져 내린다.

우리 마음에는 플러스에너지와 마이너스에너지가 섞여 있다. 플러스에너지를 활용하면 모든 게 잘 풀려 가지만 마이너스에너지를 쓰게 되면 자꾸 일이 꼬여가게 된다. '플러스에너지'는 양심, 열심, 합심, 자긍심, 관심, 호기심, 진심, 조심, 협동심 등에서 나오고, '마이너스에너지'는 적개심, 한심, 무관심, 방심, 흑심, 자만심, 욕심, 앙심 등에서 나온다. 그러므로 20세기에는 지능이 높은가 낮은가 또는 학력이 높은가 낮은가가 중요한 성공의 요소였다면 이제는 머리보다는 마음이 중요하고 결국 마음속에 어떤 에너지가 들어 있는가 하는 것이 중요한 것이다. 이처럼 마음의 에너지를 기반으로 해서 이것이 개별적인 행동(Attitude)과 습관(Habits)으로 뿌리를 내려야 한다.

6) 좀 더 구체적으로 성공하는 사람들의 특징을 정리하면 대체로 다음과 같다.

첫째, 긍정적인 사고와 낙천적 태도
매사를 긍정적으로 해석하고 낙천적인 생활태도를 지니고 있다. 이는 창의력 향상, 건강유지, 대인관계 등 모든 곳에 유리하게 적용하게 된다.
둘째, 열정과 집중
가치 있는 일을 설정하고 일단 일에 임할 때는 뜨거운 열정과 집중력을 보인다. 이것은 많은 장애물을 극복하는 에너지라고 할 수 있다.
셋째, 핵심 역량이 있다.

남과는 차별화된 전문성이 있다. 이를 위해 꾸준히 정보, 지식, 기술을 향상시키는 자기개발 노력을 지속한다.

넷째, 인본주의와 좋은 대인관계

매사를 인간중심으로 해석하며 다른 사람과 좋은 인간관계를 유지한다. 또한 팀워크를 통해 상승효과를 창출하는 능력이 있다.

다섯째, 인격적 성숙

자신의 감정을 조절할 줄 알고 나아가 타인의 감정을 이해하고 공감하는 능력이 있다. 요즘 유행하는 감성지능(EQ)이 높은 사람이다.

여섯째, 아이디어와 창의력

학력이나 이론적 지식보다 창의적 지식과 실용적 지식을 존중하며 끊임없이 새로운 아이디어를 찾아낸다.

일곱째, 원만한 가정생활

가정을 통해 재충전과 삶의 질을 높이는 사람이다. 양보, 관용, 여유의 미덕을 지니고 있다.

물론 이런 7가지 이외에도 성공인의 특징은 더 있을 것이다. 그러나 '마음(감성) – 두뇌(이성) – 행동(실행)'이라는 연결고리가 선순환하는 패턴이야말로 공통점이라고 할 수 있다. 21세기에 성공을 꿈꾸는 사람이라면 이제 새로운 성공패턴을 받아들여야 할 것이다.

7) 미래 당신의 모습은?

당신의 장래를 내다보았을 때 10년 후에 당신의 나이, 가정, 직장에서의 모습은 어떠한가?

가급적 현실적이고 객관적 입장에서 전망해 보라.

당신이 원하고 있는 측면과 정말 그렇게 되리라고 믿는 측면 두
가지 모두 고려하라.

10년을 예측하기가 힘들면 5년을 예상하라.

▶10년 후의 나의 나이:

- ____
- ____
- ____

▶자신의 직업 또는 하는 일

____
____
____

▶자신의 연간 소득은?

____
____
____

▶자신의 가족관계와 가정에서의 책임사항은?

____
____
____

2. 생애 직업진로 설계 순서

1) 자신이 원하는 삶이 무엇인지를 결정해야 한다

(1) 자신의 가치관 이해하기

당신은 살아가는 동안 어떤 목표들을 성취하기에 앞서서 먼저 그 목표를 설정해야만 한다. 그리고 그것들을 제대로 설정하기에 앞서서 당신은 자신에게 가장 중요한 것이 어떤 것이며 그것이 얼마나 중요한 것인지를 결정해야 한다.

당신의 소유물 중의 어떤 것들은 다른 것들보다 더 중요한 것이 많다. 또한 당신의 활동 중 어떤 것은 다른 것들보다 더 즐겁고 더 의미가 깊은 것이 있다. 당신이 미래의 목표들을 설정했다고 할 때 어떤 것들은 리스트의 상단에 놓일 것이고 또 어떤 것들은 하단에 놓이게 될 것이다. 우리는 많은 활동의 내용들을 포괄해 주는 용어로 '가치'라는 용어를 사용하곤 한다.

당신의 개인적인 가치관은 당신의 소유물들, 종교, 우정, 결혼, 일 혹은 그 밖의 어떤 것들에 특별한 중요성을 부여할 수 있다. 자신에게 무엇이 중요한 것인가 ― 무엇을 가치 있게 여기는가 ― 를 명확하게 알기 전까지는 자신의 미래에 관한 분명한 결정을 내리기 어려울 것이다.

▶자신이 생각하는 최고의 가치관은?

____
____
____
____

2) 나의 꿈과 소망의 목표들 – 생애목표

나는 나의 주요한 꿈과 욕망을 나열해 보고자 한다. 내가 평소에 소원했던 것, 갖고 싶은 것, 가고 싶은 곳, 되고 싶은 것, 이루고 싶은 것들을 열거하면 다음과 같다(당신의 상상력을 총동원하고 어떤 제한도 가하지 마십시오).

기록일자	꿈과 소망의 목표들

3) 인생의 기적을 만드는 사명문을 만들자

(1) 사명의 중요성

중세시대, 길을 가던 한 신부가 돌을 다듬고 있는 세 명의 석공과 마주쳤다. 신부가 한 석공에게 물었다. "지금 무엇을 하고 있소?" 그러자 석공은 "보면 모르오? 돌을 다듬고 있지 않소?"라고 대답했다. 신부는 다시 두 번째 석공에게 똑같은 질문을 던졌다. 그는 "먹고살기 위해 돌을 다듬고 있소."라고 말했다. 마지막으로 신부는 세 번째 석공에게 물었다. 그러자 그 석공은 이렇게 말했다. "저는 우리의 새로운 성전을 건축하는 데 놓일 주춧돌을 다듬고 있답니다."

이 세 석공의 차이점은 무엇일까? 자신이 무얼 하는지도 모르는 사람, 먹고살기 위해 할 수 없이 일하는 사람, 비록 주춧돌을 다듬는 하찮은 일이지만 신축될 성전의 모습, 즉 미래의 비전을 가지고 자신의 사명에 충실한 사람. 과연 누가 더 많이, 더 빨리, 더 아름다운 주춧돌을 다듬을까? 과연 어느 인생이 행복하고 성공적일까? 이 일화는 우리의 인생과 일에 있어서의 '사명'의 중요성을 뚜렷하게 일깨워준다.

우리는 사실 희망이나 꿈, 비전, 목표 등은 흔히 이야기하지만 '사명'이라는 말에 대해서는 아직 생소하다. 그러나 역사상 위대한 인물들은 자신만의 확고한 사명을 가지고 있었다. 꿈이나 희망이 '미래에 무엇이 될까?'라고 한다면 사명은 '왜, 무엇을 위해'라고 할 수 있다. 이유가 없는 꿈은 성취에의 열망도 그만큼 흔들릴 수밖에 없다. 그리고 설령 그것이 이루어졌을 때에도 또 다른 허무가 찾아오거나 부작용을 경험하게 된다. 그러나 사명은 자신의 존재이유, 삶의 근거이기 때문에 그 어떤 유혹과 고난 속에서도 꿋꿋이 자신을 지켜내는 힘이 된다.

따라서 세계적 베스트셀러인 '성공하는 사람들의 7가지 습관'을 비롯한 수많은 성공지침서들은 한결같이 이 사명의 중요성을 강조하고 자신만의 뚜렷한 사명을 찾아내어 그것을 명문화한 사명선언문을 만들어 가질 것을 역설하고 있다.

그러나 실상 자신만의 사명이 무엇인지, 또 그것을 어떻게 찾아내어 작성하는지에 관한 자료는 지금까지 전무했다. 예수님의 행적을 통해 바람직한 경영자상을 제시, 세계적 베스트셀러가 된 <최고경영자 예수>의 저자 로리베스 존스는 이번에 자신의 두 번째 저서 <기적의 사명선언문>을 통해 서명 선언문을 효과적으로 만드는 사명의 중요성을 강조하고, 사명선언문의 놀라운 효과를 증언한다. 또 개인은 물론, 가정에서, 조직에서 그리고 교회에서 사명이 어떠한 가치를 지니며, 어떻게 주체를 변화시키는지 보여주고 있다.

최근 가치관의 부재로 혼돈을 겪고 있는 기업이나 조직, 가정 등도 이 같은 사명선언문을 만들어 가진다면 그 구성원들의 문화적, 세대적 갈등으로 인한 사소한 혼란은 쉽사리 극복할 수 있게 될 것이다.

작성일: 년 월 일

사명자: 서명

4) 자신의 비전을 만든다

(1) 비전문이란?

비전이란 집단과 개인이 추구하는 장기적인 목표와 바람직한 미래상을 의미한다. 비전은 막연한 꿈이나 희망이 아니라 장기적인 안목에서 미래의 목표와 현실을 연결하는 전략 구상이다. 명확한 비전의 설정은 조직이나 개인의 목표의식과 의미를 부여하고, 활동의 전략방향과 집단운영의 행동기준을 제공하며, 집단 구성원에게 동기부여와 참여의식을 유발함으로써 집단 활성화에 기여한다. 비전은 집단의 다양한 이해관계자들의 요구와 필요를 반영하여 설정되는데, 일단 설정된 비전은 조직이나 개인의 전략방향을 결정하고 각 조직 단위들과 개인의 전략수립과 실천을 집단 전체의 틀 속에서 조정하고 통합하는 역할을 한다.

▶ 좋은 회사의 조건 – 개인, 조직(회사)
* 자부심, 에너지, 성취감들을 불어넣으며
* 보다 명확하고 명백한 미래에 대한 시각을 제공하고
* 높은 이상을 반영하는 탁월한 기준을 설정하고, 필수적이지 않은 것은 가려내고
* 조직의 역사와 문화 및 가치를 일치시키며, 충성심을 고취시키며
* 야망이 넘치며, 목표와 방향을 분명히 하고
* 의도에 초점을 맞추고, 주위를 집중시키고
* 일상의 행동을 조절하며 조직의 특유성을 반성하고
* 일상적 행동에 중요한 의미를 부여하고, 사람들을 실행하도록 한다.

▶ 위대한 지도자, 헨리 포드의 비전 사례
* 나는 많은 대중을 위해 자동차를 만들 것이다.
* 자동차 가격이 매우 저렴해서 웬만한 임금을 받는 사람이라면 누구나 소유할 수 있으며 그의 가족과 함께 신이 창조한 넓은

공간에서 행복한 시간을 즐길 수 있을 것이다.

* 내가 이 차를 완성했을 때 모든 사람들은 이 차를 하나씩 소유할 수 있는 능력이 될 것이다. 고속도로에서 말(馬)들은 사라질 것이며 자동차는 더 이상 특별한 것으로 취급되지 않을 것이며 많은 사람들에게 고임금의 고용 기회를 줄 것이다.

⊙ 나의 비전 선언문

작성일: 년 월 일

비전선포자: 서명

5) 생애영역별 목표를 설계한다

자신이 성취하고자 하는 생애 목표들을 영역별로 구분 정리하여 상호 균형 있게 설계할 수 있도록 연구원이 설계한 자료를 참고하되 생애영역 확대가 필요한 부분을 추가해서 설계해도 좋다.

NO	영역	영역 설계
1	가정	1. 부부관계 증진 2. 부부활동 3. 가장의 리더십 4. 본인 결혼 5. 자녀결혼 6. 자녀교육 7. 노후 대책
2	경제	1. 신혼기 재테크 2. 가족 형성기 재테크 3. 가족 성장기 재테크 4. 가족 성숙기 재테크 5. 은퇴기 재테크 6. 집 장만 설계 7. 부업 설계 8. 맞벌이 설계
3	건강	1. 건강 검진 2. 체력 증진 3. 스포츠 계획 4. 몸 가꾸기 5. 연령별 운동 설계 6. 금연 설계 7. 성인병 대책 8. 노후 건강
4	직업	1. 직장인 사명 설계 2. 업무 목표 설계 3. 업무 전문성 설계 4. 승진 설계 5. 경력 개발 설계 6. 40대 위기 대책 설계 7. 정년 은퇴 설계 8. 개인 생산성 향상 설계 9. 개인 리더십 개발
5	정신	1. 취미 활동 설계 2. 스트레스 해소 설계 3. 갈등관리 4. 종교, 신앙계획 5. 사회봉사 활동 6. 가족 간의 여가 시간 활용 7. 여행 계획 8. 교양 설계 9. 시간관리 설계
6	창조	1. 자기 개발 투자 2. 생애 영역 확대 3. 평생 교육 설계 4. 창업 설계 5. 자격 취득 6. 회사업무 관련 자격취득

6) 나의 생애 진로 영역 목표들

직업 ▶ ▶ ▶ ▶		가정 ▶ ▶ ▶ ▶
건강 ▶ ▶ ▶ ▶	My life Plan Map	경제 ▶ ▶ ▶ ▶
정신 ▶ ▶ ▶ ▶		창조 ▶ ▶ ▶ ▶

7) 나의 인생 목표 설계서

영역	설계

계획일 20 년 월 일	시작일 20 년 월 일	성취일 20 년 월 일

① 자신의 목표를 간략히 요약·기록한다(무엇을 얼마만큼 언제까지).

▶

▶

② 목표 달성 시 얻게 성과를 기록한다.

▶

▶

③ 예상되는 문제를 찾아내어 기록한다.

▶

▶

④ 문제해결방안을 기록한다.

▶

▶

⑤ 목표 성취를 위한 구체적인 실행단계를 순서대로 기록한다.

▶

▶

실행순서	실행일	완성일
(1)		
(2)		
(3)		
(4)		
(5)		
(6)		
(7)		
(8)		
(9)		
(10)		

⑥ 목표 성취를 지원하기 위한 관련 자료, 협력(자) 기관, 소요비
  용을 기록

관련 자료	
협력(자) 기관	
소요비용	

8) 목표의 시각화

① 목표를 시각화하는 데 도움을 주는 그림, 사진, 상징물을 그리거나 붙이십시오.

3. 성취목표의 구체화

1) 꿈과 욕망을 현실화하기 위해서, 그것들을 인생 설계 6대 영역을 목표화하려 한다.

1. 각 영역이 주는 의미를 확실히 이해하라.

2. 6대 영역을 중요한 순서로 순위를 정하라.

3. 제시한 6대 영역 이외에 추가하거나 바꾸어도 무방하다.

가정	건강	정신
순위: 나의 첫 번째 가정 목표	순위: 나의 첫 번째 건강 목표	순위: 나의 첫 번째 정신 (지적, 영적, 신앙적) 목표
창조	**직업**	**경제**
순위: 나의 첫 번째 창조 (개선, 개혁) 목표	순위: 나의 첫 번째 직장 목표	순위: 나의 첫 번째 경제적 목표

② 성취목표의 집계표

영역별	순위	세부항목	성취일
가정 건강 정신 창조 직업 경제	1번	목표: ○ ○ ○	
	2번	목표: ○ ○ ○	
	3번	목표: ○ ○ ○	
	4번	목표: ○ ○ ○	
	5번	목표: ○ ○ ○	
	6번	목표: ○ ○ ○	
	기타	목표: ○ ○ ○	

* 멘제(Menger)가 꼭 이루고자 하는 영역별 성취 목표 세부 항목

③ 다짐 선언

목표성취를 위한 구호나 다짐 문장을 간단히 기록하십시오.

____

____

____

____

4. 성공을 위한 자가진단법

자기와의 싸움에서 이겨야 성공한다. 성공을 향한 제1단계는 스스로를 제대로 알고 자신을 극복하는 것이다. 그것이 바로 확실한 성공의 출발점이 된다. 현재의 나는 어떤 상황, 어떤 모습일까? 먼저 나 자신을 돌아보고 성공을 향한 힘찬 발진을 시작한다!

다음 각 항에서 자신에게 해당되는 난에 체크한다. 해당되는 것이 없으면 체크하지 않는다. 완전히 체크를 마친 후 득점표에 따라 점수를 집계한다.

1) 능력
① 자신은 능력이 없다고 생각한다.
② 자신의 능력은 평균적이라고 생각한다.
③ 평균 이상이라고 생각한다.
④ 자타가 공인한 유능한 인재이다.
⑤ 아무도 인정해 주지 않지만 유능하다.

2) 기능
① 첨단기술에 익숙해 있고 OA기기 사용에도 자신 있다.
② 외국어, 계산능력 등의 능력이 있다.
③ 일에 직접 관계는 없지만, 특수한 면허를 갖고 있다.
④ 면허는 없지만, 섭외에 자신 있다.
⑤ 요리에 자신 있다.

3) 건강

① 스포츠에 자신 있고, 체력에는 더욱 자신 있다.

② 특별히 체력에 자신 있는 것은 아니나, 2~3일의 철야는 문
제없다.

③ 특별히 좋지도 나쁘지도 않고 보통이다.

④ 최근 아무래도 체력에 자신이 없고 건강잡지를 보거나 건강
음식을 시음하고 있다.

⑤ 솔직히 말해서 체력에는 자신 없다.

4) 정보수집 능력

① 경제지, 비즈니스지, 전문서적 등을 통해 항상 최신 정보를
수집하고 있다.

② 상식 정도로 최신의 정보 수집을 하나 대부분의 시간은 취미
에 할애한다.

③ 힘닿는 데까지 정보를 수집하는 것은 아니다.

④ 정보라면 사내정보 수집을 마음에 두고 있고, 그 면에서는 어
느 정도 알려져 있는 편이다.

⑤ 정보 수집을 하지 않는다. 흥미도 없다.

5) 교섭력

① 회의나 교섭을 착수하면, 십중팔구 성립된다. 교섭력은 자신
있다.

② 보통 정도라고 생각한다.

③ 실수했을 때에 책임을 회피하기도 하고, 다른 사람의 책임으
로 전가시킨 적이 있으므로 교섭력은 있는 것이 아닐까 생각

한다.

④ 교섭력이 아주 서투르다. 생각한 대로 일을 진행시켜 나갔던
   적이 없다.

⑤ 사람과 이야기하는 것이 부끄럽다. 교섭에는 능력이 없다.

6) 인맥

① 동종기업의 사장 아들이다.

② 처 또는 약혼자가 사장의 딸이다.

③ 각계의 유력인사의 강력한 비호세력을 무수히 갖고 있다.

④ 회사 외에 다채로운 인맥을 형성하고 있다.

⑤ 사내에 풍부한 인맥이 있고, 무엇이든 해결할 수 있다.

⑥ 부·과·동기생 사이에 친한 사람이 몇몇 있는 정도다.

7) 환경

① 현재 출세라인에서 멀어져, 상당히 절망적인 상황이다.

② 업무 이외의 부분에 시간을 쓰는 경우가 많고 업무에는 흥미
   가 없다.

③ 상사에게 잘못 보여 무엇을 해도 인정받지 못한다.

④ 상사나 현재의 업무가 마땅치 않아 불만이 있다.

⑤ 왠지 상사의 마음에 들어 신뢰를 받고 있다.

⑥ 왠지 사장의 마음에 들어 순풍에 돛단배 격이다.

8) 회사규모

① 사원 수 10명 미만

② 10명 이상 50명 미만

③ 50명 이상 1백 명 미만

④ 1백 명 이상 5백 명 미만

⑤ 5백 명 이상 1천 명 미만

⑥ 1천 명 이상

9) 운

① 아주 운이 좋다.

② 운이 좋은 편이다.

③ 보통이다.

④ 운이 나쁜 편이다.

⑤ 지금까지 철저하게 운이 나쁜 인생을 걸어 왔다.

▶ 득점표

구분	1	2	3	4	5	6
능력	4	2	3	4	5	
기능	3	2	5	4	1	
건강	4	5	4	3	2	
정보수집능력	1	6	8	10	3	
교섭력	5	10	8	4	2	
인맥	80	60	15	3	10	5
환경	−20	3	5	4	8	10
회사규모	10	8	6	4	2	0
운	20	15	10	5	0	

▶ 점수별 행동지침

득점표를 보고 자신의 각 항목별 점수를 파악한다. 이를 합계하여 아래의 점수별 자신의 행동 지침을 알아본다.

1) 마이너스에서부터 21점까지

크게 출세할 기회에서 밀려난 위치에 있는 사람이다. 일로매진을 목표로 과감하게 대 출세작전을 전개한다. 그래도 실패한다면, 다른 곳에 눈을 돌려 스스로 일을 시작하는 것이 좋지 않을까? 요즘과 같이 어지러운 세상에는, 창업사장이 된다면 그것도 대출세의 방법일 수 있다.

2) 21점에서부터 50점까지

한 번이라도 대출세작전을 전개하기 어려운 사람이다. 착실하게 일해도 그에 상응하는 출세를 할 수 없기 때문에, 큰 출세를 바라는 것은 상당한 모험이다. 우선 현상유지의 노선인지 대출세 노선인지에 대한 선택을 분명히 해둬야 한다. 이 그룹 사람들의 사고방식은 낯선 것에 약한 경향이 있다.

3) 51점에서부터 75점까지

그 나름대로 폭넓은 사고방식을 취하고 있는데도 대출세에 대한 의욕이 약한 경향이 있다. 반드시 출세해야 한다고 하는, 자기에 대한 동기화를 부여해 줄 필요가 있다. 대출세를 위한 기원을 간절히 바라는 것이 어떨까?

4) 76점 이상

이미 자신이 노력하지 않아도 된다. 대출세에 대한 의도도 방법도 자신은 충분히 알고 있다. 모르는 사람이라도 스스로 느끼지 못할 뿐이지 자질은 충분하다. 그동안에 비록 출세에 대한 꿈이 사라진다 해도 자신이라면, 즐거운 인생을 살 것이다.

Part 7

인간 멘토링 행동지침

멘토링 활동은 두 사람 간의 상호 협정으로 이루어진다. 상호 간 이해의 범위에서 현장 활동을 성공적으로 할 수 있도록 일정한 형식으로 12주제에 104 Tip으로 실무 행동 지침서를 소개한다.

Episode ◀ 영원한 청년

미국의 낭만파 시인인 롱펠로는 백발이 될 때까지 열심히 시를 쓰고 후학을 가르쳤다. 비록 머리카락은 하얗게 세었지만 또래의 친구들보다 훨씬 밝고 싱그러운 피부를 유지하며 활기찬 노년을 보냈다.

하루는 친구가 와서 비결을 물었는데, 그의 대답은 이랬다. "정원에 서 있는 저 나무를 보게. 이제는 늙어 고목이 되었지. 그러나 꽃을 피우고 열매도 맺는다네. 그것이 가능한 건 저 나무가 매일 조금이라도 계속 성장하고 있기 때문이야. 나도 그렇다네."

나이가 들어간다고 생각하기보다 매일 조금씩 성장하고 있다고 생각하는 것, 그것이 바로 시인 롱펠로를 영원한 청년으로 살게 한 비결이었다.

1. 멘토링 스타트(Mentoring Start)

2. 멘토링 테크닉(Mentoring Technic)

3. 멘토링 스타일(Mentoring Style)

4. 멘토링 스마일(Mentoring Smile)

5. 멘토링 테마(Mentoring Theme)

6. 멘토링 마인드(Mentoring Mind)

7. 멘토링 보이스(Mentoring Voice)

8. 멘토링 카리스마(Mentoring Charisma)

9. 멘토링 에티켓(Mentoring Etiquette)

10. 멘토링 액션(Mentoring Etiquette)

11. 멘토링 유익(Mentoring Benefit)

12. 멘토링 마무리(Mentoring Complete)

1. 멘토링 스타트(Mentoring Start)

멘토링을 시작할 때 주의해야 할 점이다

멘토 자신이 효과적으로 멘토링할 수 있는 멘제를 찾는 것이 성공적인 멘토링의 첫 단추다. 여기에 한 가지 더하자면, 멘제와의 관계가 어떤 모습이 될 것인지 미리 구상하고 있어야 한다. 멘제가 멘토에게 무엇을 어느 정도 기대해야 하는지, 서로 관계의 선은 어느 정도 설정하는지, 멘토링의 잠재적인 위험과 이득은 어떤 것인지 서로 공유해야 한다.

뛰어난 멘토 가운데는 처음부터 시작과 전개는 물론 언제 끝날 것인가까지 계획하고 멘토링을 시작하는 사람도 있다. 멘토는 반드시 장기적인 목표를 가지고 시작해야 한다. 멘토는 멘제가 성장할수록 자립할 수 있는 능력도 커질 것을 계획에 넣고 공식적으로 멘토링을 끝낼 시점을 예상하고 있어야 한다.

그리고 멘토링이 진행되는 동안에는 멘제에게 얼마나 생산적인 도움을 주고 있는지를 주기적으로 평가해야 한다.

〔행동지침〕

1) 물과 기름처럼 절대 어울릴 수 없는 멘토와 멘제가 있다.

2) 서로의 기대 수준을 명확히 밝히고 솔직하게 이야기하라.

3) 해야 할 것도 많지만 하지 말아야 할 것도 있다.

4) 인간관계 스타일에 따라 멘토링의 양상도 달라진다.

5) 멘토링 관계의 득과 실을 숨김없이 이야기하라.

6) 남성 멘토와 여성 멘제 사이는 더욱 세심한 주의가 필요하다.

7) 멘토링 초기부터 관계의 발전, 변화, 종료를 대비하라.

8) 정기적인 반성과 평가의 자리를 계획하고 마련하라.

2. 멘토링 테크닉(Mentoring Technic)

반드시 알아야 할 기본적인 멘토 기술이다.

멘토링의 기술은 모두 쉽게 배우고 익힐 수 있는 것들이다. 적절한 태도와 필요한 지식을 갖춘다면 누구나 훌륭한 멘토가 될 수 있다.

하지만 여기에 소개할 멘토링 기술은 일류 기술자의 공구 상자에 불과하다. 사실을 잊지 말자. 실제로 공구를 제대로 사용하는 것은 전적으로 기술자의 재량에 달려 있다. 실력 있는 기술자라면 주어진 일에 맞게 적절한 공구를 사용할 수 있다. 또한 한꺼번에 모든 공구를 사용할 수 없다는 것, 어떤 일에는 특별히 더 중요한 공구가 있다는 사실을 잘 알고 있다.

훌륭한 멘토도 마찬가지다. 멘제 개인의 특성과 상황을 파악해 적절한 멘토링 기술을 사용해야 한다. 공구 상자 속에 공구를 갖추는 것만으로 훌륭한 멘토가 될 수 없다. 좋은 결과를 얻으려면 공구 사용법을 잘 알아야 한다.

[행동지침]

1) 멘제를 선정할 때는 최대한 신중하라.

2) 멘제의 모든 것을 속속들이 연구하라.

3) '완벽'이 아니라 '최고'를 기대하라.

4) 멘제는 멘토의 칭찬을 먹고 산다.

5) 세심한 스폰서가 되어 권력을 나누어 주라.

6) 비공식적인 가르침이 더 오래 남는다.

7) 정신적 지주가 되어 격려하고 지지하라.

8) 경험자의 조언은 어려울 때 힘이 된다.

9) 신중하고 적극적인 태도로 멘제를 보호하라.

10) 어렵고 힘든 과제는 멘제의 성장을 촉진한다.

11) 멘제의 성공을 널리 알려 존재감을 부각시켜라.

12) 엉뚱하고 기발한 상상력에 끊임없는 응원을 보내라.

13) 잘못된 것은 즉시 지적하고 바로잡아라.

14) 칭찬은 아끼지도 말고 미루지도 마라.

15) 멘토의 실수담에 멘제는 용기를 얻는다.

16) 친밀감과 우정을 자연스럽게 받아들여라.

17) 일중독에 빠진 멘토는 가장 나쁜 본보기다.

18) 백문이 불여일견! 업무현장에 멘제를 초대하라.

19) 멘제의 시간과 약속은 무조건 지켜라.

3. 멘토링 스타일(Mentoring Style)

멘토가 갖추어야 할 스타일과 성격을 소개한다.

훌륭한 멘토의 스타일과 성격은 대인관계에서 표출되는 공통점이 분명이 있다. 누구나 그렇듯이 멘제는 따뜻한 성품에, 상대의 말을 잘 들어주며, 넓은 포용력을 가진 멘토에게 쉽게 마음을 열고, 또 가장 많은 도움을 받는다.

멘제의 가치관에 대한 존중심, 멘제에 대한 예민한 감수성, 신뢰감과 유머감각도 중요하다. 멘토는 멘제와 관계에서 어떤 스타일로 접근할 것인가의 문제는 스스로 노력하면 혼자서도 충분히 개선할 수 있다.

[행동지침]

1) 따뜻한 태도와 열린 마음은 중요한 양분이 된다.

2) 적극적으로 듣고 진지하게 대답하라.

3) 실패를 겪고 있을 때도 일관된 관심과 애정을 보여라.

4) 이상적인 모델이 되어 멘제의 숭배를 받아라.

5) 유머감각은 걱정, 근심, 두려움을 없애 준다.

6) 멘제의 인간적인 결점까지 있는 그대로 받아들여라.

7) 인간관계가 생산적인 멘토링의 열쇠다.

8) 있는 그대로 말하고 말한 그대로 행동하라.

9) 이상과 목표, 가치관이 다르더라도 받아들이고 존중하라.

10) 멘제의 성공을 질투하지 마라.

4. 멘토링 스마일(Mentoring Smile)

멘토의 웃는 얼굴은 멘제를 즐겁게 한다.

'웃는 얼굴에 침 뱉지 못한다'는 속담이 있다. 멘토가 밝게 웃는데 멘제가 화난 얼굴로 멘토의 감정을 무너뜨리는 멘제는 극히 드물다. 오히려 멘토의 미소에 전념되어 멘제도 즐거운 미소를 머금게 될 것이다. 유창한 화술보다 더 큰 힘을 지닌 것이 바로 미소다.

많이 웃으면 웃을수록 에너지가 생성되어 건강에까지 좋은 영향을 미친다는 웃음. 멘제를 만났을 때 멘토가 가장 먼저 해야 할 일은 바로 미소 짓는 것이다. 미소 짓는 얼굴, 그 얼굴에 말보다 더 소중한 아름다운 언어가 숨어 있음을 알아야 한다.

[행동지침]

1) 멘제와 첫 번째 언어는 미소다.

2) 멘토가 되려면 미소부터 익혀라.

3) 눈이 웃어야 한다.

4) 멘제도 웃게 하라.

5) 어려운 대화일수록 미소를 담아라.

6) 큰 소리 내어 웃지 마라.

7) 입을 다 벌리거나 몸을 크게 움직이지 마라.

8) 웃을 때는 시원하게 웃어라.

9) 위트(Wit)는 대화의 장벽을 무너뜨린다.

5. 멘토링 테마(Mentoring Theme)

핵심 있는 대화가 멘제를 끌어 잡아당긴다.

말을 오랫동안 많이 하는 것이 결코 말을 잘하는 것은 아니다. 한 시간 동안 대화보다 10분간의 대화가 더 알차고 효과적일 수 있다. 바로 테마가 있는가 없는가이다.

사랑하는 연인들의 속삭임이 아니라면 멘제와 대화는 목적이 뚜렷해야 하며 그에 따른 효과가 있어야 한다. 의미 없이 떠들어대는 말은 대화가 아닌 그저 잡담 내지는 수다일 뿐이다. 멘토 당신은 평소 대화에서 당신이 전하고자 하는 테마를 얼마나 잘 이끌어 가는가?

[행동지침]

1) 주제를 정확하게 밝혀라.

2) 멘제의 수준에 맞춰라.

3) 멘제의 관심사를 건드려라.

4) 멘토 혼자서만 말하지 말고 질문을 던져라.

5) 멘제가 말할 때 공감한다는 표정을 지어라.

6) 멘제의 표정을 읽어라.

7) 사례가 길면 테마가 흐려진다.

8) 숫자는 가장 빠르게 신뢰를 불러온다.

9) 테마를 잃지 않으려면 사전에 글을 디자인해라.

10) 시작과 마무리는 같아야 한다.

6. 멘토링 마인드(Mentoring Mind)

멘토가 멘제에게 마음속의 진실을 말할 때 감동한다.

'마음에도 없는 말 하지 마라.' '내가 당신 속을 모를 줄 알아. 그 입에 발린 얘기 좀 하지 말라구.' 멘토가 진실을 말하는가에 대해서는 듣는 멘제가 더 잘 안다. 멘제는 멘토의 말이 진실하기를 원한다. 입으로 말하는 것이 아닌 가슴으로 하는 말이길 원한다. 마음에서 비롯된 언어는 진실이 담겨 있기 때문이다.

죄를 지은 자일지라도 진실을 말했을 때는 그에게 상응하는 도움을 주는 이유가 무엇이겠는가? 그만큼 우리에게는 진실한 말이 소중하다는 것이다. 멘제는 멘토가 진실만을 말하는 사람이길 원하며 멘토인 당신의 마음을 들을 때 멘제는 감동한다.

[행동지침]

1) 가슴속의 진실을 말하라.

2) 시간을 기다리게 하지 마라.

3) 미련을 남기지 마라.

4) 멘토의 경험을 예로 들어라.

5) 멘제 외의 주위사람 말에 쉽게 흔들리지 마라.

6) 열등감을 자극하는 말은 하지 마라.

7) 주저 없이 당당하게 말하라.

8) 칭찬은 많이 할수록 좋다.

9) 멘제는 멘토의 숨은 진실을 원한다.

7. 멘토링 보이스(Mentoring Voice)

멘토의 목소리 크기에 따라 멘제도 움직인다.

소리는 사람의 마음을 움직이는 힘을 지니고 있다. 슬픔 울음소리는 가슴을 찡하게 하고 밝고 명랑한 목소리는 새로운 희망과 즐거움을 갖게 한다. 알아들을 수 없을 만큼 힘없는 멘토의 목소리는 멘제로 하여금 짜증감을 갖게 하고 지나치게 큰 목소리는 과장과 허풍이 느껴진다.

대화를 나룰 때 어떤 톤의 목소리가 좋을까? 목소리는 당신의 운명을 바꿔 놓을지도 모른다. 멘토 목소리의 크기에 따라 색깔 따라 멘제와의 희비가 엇갈리기 때문이다.

[행동지침]

1) 멘토의 목소리 톤(Tone)을 낮추어라.

2) 발음을 정확히 하라.

3) 멘제와 전화 대화 시에 동시에 두 가지 답을 요구하지 마라.

4) 멘토의 힘없는 목소리가 멘제의 사기를 저하시킨다.

5) 지나치게 큰 목소리는 신뢰를 떨어뜨린다.

6) 주위 상황이 바뀌어도 목소리는 변함이 없어야 한다.

8. 멘토링 카리스마(Mentoring Charisma)

멘토의 카리스마는 뭔가 독특하고 강렬한 색깔이 있다.

말로 불쾌감을 주거나 모난 성격으로 거리감을 느끼게 하는 사람은 아니다. 하지만 카리스마를 지닌 멘토에게는 뭔가 특별한 힘이 있다. 특히 멘토의 말에는 멘제를 빨아들이는 흡인력 같은 것이 느껴진다. 대체 그게 무엇일까?

멘토의 말과 행동 자체에서 멘제를 자기 사람으로 만드는 강렬한 파워가 있는 사람, 그가 갖고 있는 것은 바로 카리스마(Charisma)다.

[행동지침]

1) 멘토의 멘제에 관한 열정은 기본이다.

2) 멘제와 활동 시에 강해야 할 때 강하게 쏟아라.

3) 말을 짧게 해야 할 때도 있다.

4) 첫마디부터 멘제를 끌어당겨라.

5) 멘토의 독특한 외모도 힘이다.

6) 멘토의 살아 있는 눈빛에서 카리스마가 쏟아진다.

7) 멘토에게 지식의 깊이가 있어야 한다.

8) 멘토의 말에 개성을 담아라.

9) 멘토 스스로 과소평가하는 말을 쓰지 마라.

9. 멘토링 에티켓(Mentoring Etiquette)

멘제와 지킬 것은 철저히 지키면서 말하라.

"같은 말을 해도 그건 예의가 아니지. 지가 잘났으면 잘났지. 어디 대화할 때 팔짱을 끼고 말을 해. 건방지게. 우리가 초등학생이야 중학생이야. 다들 20이 넘은 성인인데. 그 무시하는 말투 좀 보라구. 또 손가락질은 왜 하는 거야. 교양강좌 강의하는 선배 보라구. 그분하고 비교되잖아."

사람들은 똑똑하고 말 잘하면서 거만한 사람보다는 겸손하면서도 말 잘하고 매너가 좋은 사람에게 갈채를 보낸다. 멘토가 자기 잘난 멋에 길들여져 멘제에게 예의를 갖추지 않고 무례한 행동을 보이면 멘제는 마음이 상하여 또다시 만나기를 거부하게 된다. 멘토에게 원하는 에티켓은 매너와 겸손 그리고 인간미인 것이다.

[행동지침]

1) 때와 장소를 가려서 말하라.

2) 멘제를 또 다른 멘제와 비교하지 마라.

3) 멘제의 말을 끊지 마라.

4) 멘토가 멘제 앞에서 절대 하품을 해서는 안 된다.

5) 공공장소에서는 톤을 낮춰라.

6) 멘제의 나이와 존칭을 동일하게 보지 마라.

7) 멘제에게 언어 선택에 주의를 기울여라.

8) 멘제에게 무의미한 단어를 번복하지 마라.

9) 멘제의 실수를 감싸주어라.

10. 멘토링 액션(Mentoring Action)

멘토는 먼저 매너를 생각하고 액션을 취하라.

멘토가 말을 할 때 손 처리를 잘하는 것은 매우 중요한 일이다. 손은 자칫 잘못 사용하면 오버 액션이 되거나 멘제에게 매너 없는 사람으로 평가받기 십상이다. 또 서서 말을 하거나 강의할 때는 손 처리가 의외로 어렵기 때문이다.

주머니에 한 손을 넣거나 뒷짐을 지는 일, 팔짱을 끼거나 팔로 턱을 고이는 일은 아주 좋지 않는 액션이다. 멘토인 당신에게는 멘제와 대화할 때 액션의 문제가 없는가?

[행동지침]

1) 손은 필요할 때만 써라.
2) 손으로 턱을 고이거나 팔짱을 끼지 마라.
3) 어수선하게 움직이지 마라.
4) 엉덩이를 보이지 마라.
5) 멘제와 대화 도중 자리에서 일어나지 마라.
6) 대화 도중 물건을 던지는 것은 폭력이다.

11. 멘토링 유익(Mentoring Benefit)

멘토링을 통해 멘토가 얻을 수 있는 것이다.

멘토가 되기 위해서는 반드시 자기 자신을 알고, 자신의 한계를 인식해야 한다. 자기 자신을 스스로 가꾸고 발전시켜 그의 존재 자체만으로도 멘제에게 모범이 되고자 한다. 훌륭한 멘토가 되는 법을 알고 있을 뿐만 아니라 멘토로서 자신의 행동에도 책임질 줄 아는 멘토십 실현에도 인정을 받아야 한다.

멘토는 조직에서 상급자로부터 통제를 벗어나므로 자기 스스로를 다스려야 한다. 멘제에 대한 감정도 현실적으로 통제하고, 자신이 멘제에게 행사하는 엄청난 영향력도 항상 의식해야 한다. 또한 멘토들은 무조건적인 찬사와 아부를 듣는 위치에 있으므로 겸손한 마음을 늘 가슴에 새기고 살아야 한다.

그리고 멘제와의 관계를 악용하거나 멘제를 이용하려는 것은 절대 금물이다. 자신의 욕구보다 멘제의 이익과 안전을 우선적으로 생각하는 마음이 바탕이 되어야 할 것이다.

[행동지침]

1) 멘토링에는 얻는 것도 많지만 책임과 위험도 따른다.

2) 스스로 돌보는 데 게을리하지 마라.

3) 현업에서 가장 왕성하게 활동하는 사람이 가장 훌륭한 멘토다.

4) 전문가로서의 능력에 자신이 없다면 좋은 멘토가 될 수 없다.

5) 신뢰란 멘토와 멘제를 단단하게 묶어주는 끈이다.

6) 감정을 존중하되 냉정한 자기 판단을 잊지 마라.

7) 권력과 영향력을 좋은 곳에 사용하라.

8) 비판을 받아들이는 겸손한 멘토는 언제나 존경받는다.

9) 멘토링을 통해 부당한 이익을 취하지 마라.

12. 멘토링 마무리(Mentoring Complete)

위기를 극복하고 유종의 미를 거두는 멋진 마무리를 어떻게 할 것인가?

완전무결한 사람은 없다. 그러나 훌륭한 멘토라면 관계에서 여러 가지 문제점들 ― 자신의 멘토나 멘제의 배경, 가치관 차이, 상호 관심사의 불이치, 성격 차이, 의사소통 차이, 기대 이하 역할 갈등, 무관심, 무능함 ― 이 발생할 수 있다는 사실을 인정하고, 문제를 빨리 파악하여 해결하고자 노력한다.

멘토/멘제 관계에서 문제가 생겼을 때는 모니터의 도움을 받아 멘토가 앞장서서 문제를 해결하고 관계를 회복하여야 한다. 그러나 회복이 불가능해서 관계를 정리하는 것이 최상의 해결책인 경우도 있다는 사실을 염두에 두어야 한다. 그런 경우에 멘토링 관계를 쳬임감 있게 마무리하는 것도 멘토의 몫이다.

수많은 멘토/멘제 관계가 제대로 된 마무리 없이 끝을 맞는다. 사려 깊은 멘토는 관계의 끝을 준비하는 것이 얼마나 중요한지를 잘 알고 있다. 훌륭한 멘토는 멘제의 자율성이 확대되고 멘토의 적극적인 개입이 줄어드는 단계에서 현명하게 마무리를 대처한다.

나아가 좋은 관계를 유지해 준 멘제에게 감사와 이별의 슬픔, 멘제의 성장과 발전을 지켜본 만족감 등을 솔직하게 표현하기도 한다. 한 걸음 더 나아가 멘토나 멘제가 상호 간 자신들의 멘토링 활동을 효과적인 면을 뒤돌아보면서 진정한 멘토의 삶의 방식을 재음미해 보는 것이다.

[행동지침]

<위기극복>

1) 멘제를 보호하는 것은 가장 기본적인 임무다.

2) 충동적으로 반응하거나 문제를 회피해서는 안 된다.

3) 상황이 어려울수록 진실만을 말하라.

4) 모든 문제를 혼자 해결할 수 있는 사람은 없다.

5) 기록은 반드시 유용하게 쓰인다.

6) 지나치게 가혹하거나 편협하거나 완고하지는 않는가?

<마무리>

7) 변화와 성장이 없다면 침체와 퇴보뿐이다.

8) 멘제의 헤어짐을 감사하는 마음으로 받아들여라.

9) 뿌듯한 성취감을 가지고 이별을 준비하라.

10) 마지막 순간까지 멘토로 산다는 것.

인간 그리고 멘토링

초판인쇄 | 2010년 3월 5일
초판발행 | 2010년 3월 5일

지 은 이 | 류재석
펴 낸 이 | 채종준
펴 낸 곳 | 한국학술정보㈜
주   소 | 경기도 파주시 교하읍 문발리 파주출판문화정보산업단지 513-5
전   화 | 031) 908-3181(대표)
팩   스 | 031) 908-3189
홈페이지 | http://www.kstudy.com
E-mail | 출판사업부 publish@kstudy.com
등   록 | 제일산-115호(2000. 6. 19)

ISBN   978-89-268-0866-5 13320 (Paper Book)
       978-89-268-0867-2 18320 (e-Book)

이담 Books 는 한국학술정보(주)의 지식실용서 브랜드입니다.